Heiermann/Linke · VOB-Musterbriefe für Auftraggeber

VOB-Musterbriefe für Auftraggeber

Bauherren, Architekten,
Bauingenieure

Formularbuch für die Baupraxis
mit Erläuterungen zu den Formerfordernissen
der VOB

von
Prof. Wolfgang Heiermann
Rechtsanwalt in Frankfurt/Main, Berlin und Dresden

Liane Linke
Rechtsanwältin in Frankfurt/Main

3., durchgesehene Auflage

BAUVERLAG · WIESBADEN UND BERLIN

Die Deutsche Bibliothek – CIP-Einheitsaufnahme

Heiermann, Wolfgang:
VOB-Musterbriefe für Auftraggeber : Bauherren, Architekten,
Bauingenieure ; Formularbuch für die Baupraxis mit
Erläuterungen zu den Formerfordernissen der VOB / von
Wolfgang Heiermann ; Liane Linke. – 3., durchges. Aufl. –
Wiesbaden ; Berlin : Bauverl., 1997
　ISBN 3-7625-3295-8
NE: Linke, Liane:

1. Auflage 1983
2. Auflage 1994
3. Auflage 1997

Das Werk ist urheberrechtlich geschützt. Jede Verwendung auch von Teilen außerhalb des
Urheberrechtsgesetzes ist ohne Zustimmung des Verlags unzulässig und strafbar. Das gilt
insbesondere für Vervielfältigungen, Übersetzungen, Mikroverfilmungen sowie die
Einspeicherung und Verarbeitung in elektronischen Systemen.
Autor(en) bzw. Herausgeber, Verlag und Herstellungsbetrieb(e) haben das Werk nach bestem
Wissen und mit größtmöglicher Sorgfalt erstellt. Gleichwohl sind sowohl inhaltliche als auch
technische Fehler nicht vollständig auszuschließen.

© 1983 Bauverlag GmbH, Wiesbaden und Berlin
Gesamtherstellung: Wetzlardruck GmbH, Wetzlar
ISBN 3-7625-3295-8

Vorwort zur 3. Auflage

Für die 3. Auflage wurden die geringfügigen Änderungen berücksichtigt, die durch den Ergänzungsband zur VOB 1996 notwendig waren.

Die Verfasser   Im November 1996

Vorwort zur 2. Auflage

In den seit der Veröffentlichung der 1. Auflage (1983) vergangenen mehr als 10 Jahren hat der europäische Einigungsprozeß große Fortschritte gemacht und zur Einrichtung des viel diskutierten Binnenmarkts geführt. Das ist an der VOB nicht spurlos vorübergegangen. Auch dieses Regelwerk spiegelt in der Fassung 1992 den Einigungsprozeß wider, wie sich an den EG-Richtlinien (Baukoordinierungsrichtlinie und Sektorenrichtlinie), die Eingang in die Fassung 1992 gefunden haben, erkennen läßt. Die VOB ist besonders in dem Teil A an die Forderung nach einem europaweit einheitlichen Vergabeverfahren angepaßt worden, was zu einer neuen Einteilung in vier Abschnitte geführt hat. Auf diese vier Abschnitte und ihre Bedeutung für die nationalen Bauvorhaben mußte in den einleitenden Teilen dieser Musterbriefe besonders eingegangen werden. Es läßt sich als generelle Erkenntnis an dieser Stelle darauf hinweisen, daß die wesentlichen Grundzüge des deutschen Vergabeverfahrens der Europäisierung standgehalten haben. So entsprechen das Offene und das Nichtoffene Verfahren sowie das Vergabeverfahren in ihrer Ausgestaltung der ursprünglichen Öffentlichen und der Beschränkten Ausschreibung sowie dem Freihändigen Vergabeverfahren. Auf der anderen Seite hat die Bürokratie auch in die VOB/A eingegriffen, indem ein durchaus aufwendiges Melde-, Bekanntmachungs- und Überwachungsverfahren eingeführt wurde. In die Musterbriefe sind diese Änderungen eingearbeitet worden, die im wesentlichen den Teil A betreffen. Im übrigen haben wir die Musterbriefe auf den neuesten Stand der Rechtsprechung (und auch der Literatur) gebracht. Selbstverständlich soll dieses Werk praxisnahe Hinweise und Hilfestellungen geben und den immer wieder notwendigen Bezug auf die einschlägigen Kommentierungen in der Fachliteratur nicht ersetzen.
Wie immer sind wir für Ihre Anregungen und Hinweise zu diesen Musterbriefen dankbar.

Die Verfasser   Frankfurt am Main, Januar 1994

Vorwort zur 1. Auflage

Die Praxis zeigt, daß es für den Auftraggeber oft schwer ist, sämtliche für den Bau maßgeblichen Bestimmungen bei der Vergabe und Ausführung von Bauleistungen so anzuwenden, daß eine ordnungsgemäße Vergabe der Bauleistungen und Gestaltung der Bauverträge erfolgt. Ebenso bestehen für den Auftraggeber gerade während der Ausführungsphase eine Vielzahl von Rechten und Pflichten, deren Beachtung notwendig ist.

Aus diesen Gründen haben es sich die Verfasser, die seit Jahren auf dem Gebiet des Baurechts tätig sind, zur Aufgabe gemacht, den Auftraggebern bzw. Architekten und Ingenieuren durch das vorliegende Buch eine Hilfestellung zu leisten. Mit den einzelnen formularmäßigen Schreiben sind die vielfältigen Probleme im Zusammenhang mit der Vergabe und Ausführung von Bauleistungen auf der Grundlage der VOB in einer für die Auftraggeberseite verständlichen und übersichtlichen Form dargestellt worden. Die jeweiligen Erläuterungen zu den Musterschreiben sollen dazu beitragen, dem Auftraggeber darzulegen, welche maßgeblichen Bestimmungen der VOB zur Anwendung kommen und welche eventuellen rechtlichen Konsequenzen sich hieraus ergeben. Mit den Erläuterungen sind außerdem die wichtigsten rechtlichen Hinweise zu den einzelnen Bestimmungen der VOB/A und B gegeben. Sie erheben jedoch nicht den Anspruch auf Vollständigkeit. Zur Vertiefung soll hier auf die einschlägige Kommentarliteratur verwiesen werden. Im übrigen wurden die Hinweise so gestaltet, daß es ohne weiteres möglich ist, die aufgezeichneten Probleme durch weiterführende Hinweise auf Fachliteratur und Rechtsprechung zu vertiefen.

Für eventuelle Hinweise und Anregungen jeder Art sind die Verfasser dankbar.

Die Verfasser   Frankfurt am Main

Inhaltsübersicht

Vorbemerkung 11

Abkürzungsverzeichnis 15

Literaturverzeichnis 17

Kurzübersicht über die Formerfordernisse nach der VOB/B 18

Allgemeines zur Vergabe von Bauleistungen 22

1. Vergabe

Muster 1.1
Aufforderung zur Abgabe eines Angebots gemäß §§ 16, 17, 17 a, 18, 18 a, 19, 20 VOB/A .. 27

Muster 1.2
Bewerbungsbedingungen gemäß §§ 4, 5, 8, 10, 17, 21 VOB/A 33

Muster 1.2 a
Bewerbungsbedingungen gemäß §§ 4, 5, 8, 8 a, 10, 10 a, 17, 17 a, 21 VOB/A 37

Muster 1.3
Angebot gemäß § 21 VOB/A 41

Muster 1.4
Niederschrift über den Eröffnungstermin gemäß § 22 VOB/A 45

Muster 1.5
Aufhebung der Ausschreibung gemäß § 26 VOB/A 48

Muster 1.5 a
Aufhebung der Ausschreibung gemäß §§ 26, 26 a VOB/A 49

Muster 1.5 b
Aufhebung der Ausschreibung aus schwerwiegenden Gründen gemäß § 26 Nr. 1c VOB/A . 50

2. Zuschlagserteilung – Bauvertrag – Bürgschaften – Schiedsgerichtsvereinbarung

Muster 2.1
Auftragsverhandlung 54

Muster 2.2
Auftragserteilung 59

Muster 2.3
Bauvertrag 62

Muster 2.4
Vertragserfüllungsbürgschaft 68

Muster 2.5
Abschlagszahlungs- und Vorauszahlungsbürgschaft 69

Muster 2.6
Gewährleistungsbürgschaft 70

Muster 2.7
(Anhang zum Bauvertrag) Schiedsgerichtsvereinbarung 73

Muster 2.8
Anderweitige Zuschlagserteilung gemäß §§ 27, 27 a VOB/A 82
Muster 2.9
Mitteilung gemäß § 27 Nr. 2 VOB/A 83
Muster 2.10
Vergabevermerk gemäß § 30 VOB/A 86

3. Ausführung des Vertrages
Muster 3.1
Übergabe von Ausführungsunterlagen gemäß § 3 Nr. 1, 3 VOB/B 88
Muster 3.2
Aufforderung zum Ausführungsbeginn gemäß § 5 Nr. 2 VOB/B 91
Muster 3.3
Nachfristsetzung für den Ausführungsbeginn gemäß § 5 Nr. 4 VOB/B 93
Muster 3.4
Behinderungsanzeige gemäß § 4 Nr. 3 VOB/B 95
Muster 3.5
Entfernung von nicht den vertraglichen Vereinbarungen entsprechenden Baustoffen und Bauteilen gemäß § 4 Nr. 6 VOB/B 98
Muster 3.6
Mangelhafte Leistungen gemäß § 4 Nr. 7 VOB/B 100
Muster 3.7
Ausführung von Leistungen durch Nachunternehmer gemäß § 4 Nr. 8 VOB/B 104
Muster 3.8
Behinderungsanzeige gemäß § 6 Nr. 2 Abs. 2 VOB/B 107
Muster 3.8 a
Behinderungsanzeige gemäß § 6 Nr. 2 Abs. 2 VOB/B 108
Muster 3.9
Verlängerung der Ausführungszeit gemäß § 6 Nr. 1, 3, 4 VOB/B 111
Muster 3.9 a
Verlängerung der Ausführungszeit gemäß § 6 Nr. 1, 3, 4 VOB/B 112
Muster 3.10
Schadensersatzanspruch gemäß § 6 Nr. 6 VOB/B 115
Muster 3.11
Kündigung wegen anhaltender Unterbrechung der Ausführung gemäß § 6 Nr. 7 VOB/B 118

4. Nachtragsvereinbarungen
Muster 4.1
Mengenüberschreitung gemäß § 2 Nr. 3 Abs. 1 und 2 VOB/B 120
Muster 4.2
Mengenunterschreitung gemäß § 2 Nr. 3 Abs. 3 VOB/B 123
Muster 4.3
Änderung des Pauschalpreises gemäß § 2 Nr. 3 Abs. 4 VOB/B 125
Muster 4.4
Geänderte Ausführung gemäß § 2 Nr. 5 VOB/B 127

Muster 4.4a
Geänderte Ausführung gemäß § 2 Nr. 5 VOB/B 128
Muster 4.5
Zusätzliche Leistungen gemäß § 2 Nr. 6 VOB/B 131
Muster 4.5a
Zusätzliche Leistungen gemäß § 2 Nr. 6 VOB/B 132
Muster 4.6
Wegfall der Geschäftsgrundlage gemäß § 2 Nr. 7 VOB/B 135
Muster 4.7
Beseitigung vertragswidriger Leistungen gemäß § 2 Nr. 8 Abs. 1 VOB/B 138
Muster 4.8
Anerkennung vertragswidriger Leistungen gemäß § 2 Nr. 8 Abs. 2 VOB/B 141
Muster 4.9
Vergütung für Unterlagen gemäß § 2 Nr. 9 VOB/B 144

5. Kündigung des Bauvertrages
Muster 5.1
Kündigung des Bauvertrages gemäß § 8 Nr. 1 VOB/B 146
Muster 5.2
Kündigung aus vom Auftragnehmer zu vertretenden Gründen gemäß § 8 Nr. 2 VOB/B ... 149
Muster 5.3
Kündigung wegen Verzugs des Auftragnehmers gemäß § 8 Nr. 3 VOB/B 152
Muster 5.4
Absprache gemäß § 8 Nr. 4 VOB/B 156

6. Abnahme
Muster 6.1
Förmliche Abnahme gemäß § 12 Nr. 1, 4, 5, 6 VOB/B 158
Muster 6.2
Teilabnahme gemäß § 12 Nr. 2 VOB/B 162
Muster 6.3
Abnahmeprotokoll 164
Muster 6.4
Abnahmeverweigerung gemäß § 12 Nr. 3 VOB/B 165
Muster 6.5
Abnahmeverweigerung – Niederschrift 167

7. Gewährleistung
Muster 7.1
Mängelrüge gemäß § 13 Nr. 1, 2, 3, 4, 5 Abs. 1 VOB/B 168
Muster 7.2
Nachfrist für die Mängelbeseitigung gemäß § 13 Nr. 5 Abs. 2 VOB/B 174
Muster 7.3
Kostenvorschuß für die Mängelbeseitigung gemäß § 13 Nr. 5 Abs. 2 VOB/B 177
Muster 7.4
Ablehnung der Mängelbeseitigung gemäß § 13 Nr. 6 Satz 2 VOB/B 180

Muster 7.5
Schadensersatz wegen wesentlicher Mängel gemäß § 13 Nr. 7 VOB/B 183
Muster 7.6
Gewährleistungsschema 186

8. Zahlung
Muster 8.1
Kürzung der Abschlagsrechnung gemäß § 16 Nr. 1 und § 4 Nr. 7 VOB/B 191
Muster 8.2
Fehlende Prüffähigkeit der Abschlags-/Schlußrechnung gemäß § 14 Nr. 1 VOB/B 194
Muster 8.3
Kürzung der Schlußzahlung gemäß § 16 Nr. 3 VOB/B 198
Muster 8.4
Erstellung der Schlußrechnung durch den Auftraggeber gemäß § 14 Nr. 3 VOB/B 200
Muster 8.4 a
Schlußzahlungshinweis gemäß § 16 Nr. 3 Abs. 2 VOB/B 201
Muster 8.5
Zahlung an Gläubiger gemäß § 16 Nr. 6 VOB/B 204
Muster 8.5 a
Zahlung an Gläubiger gemäß § 16 Nr. 6 VOB/B 205
Muster 8.6
Schlußzahlung gemäß § 16 Nr. 3 Abs. 2 – 6 VOB/B 207
Muster 8.6 a
Hinweis auf Schlußzahlung gemäß § 16 Nr. 3 Abs. 3 VOB/B 208
Muster 8.7
Vergütung gemäß § 16 Nr. 3 VOB/B – Verjährungseinrede 211
Muster 8.8
Rückgabe von Sicherheiten gemäß § 17 Nr. 8 VOB/B 214

Anhang – EG-Sektorenrichtlinie (SKR) 217

Vorbemerkung

1. Die Neufassung der Verdingungsordnung für Bauleistungen (VOB 1992) hat in der Hauptsache zu einer einschneidenden Änderung des Teils A geführt, da wegen des Inkrafttretens des europäischen Binnenmarktes (Januar 1993) die novellierte EG-Baukoordinierungsrichtlinie (89/440/EWG vom 18. 7. 1989) und die EG-Sektorenrichtlinie (90/531/EWG vom 17. 9. 1990) umgesetzt werden mußten. Neben der Verfolgung des Zieles, einen europaweiten Wettbewerb auf dem Bausektor sicherzustellen, mußte durch weitere Richtlinien die Anwendung des Gemeinschaftsrechts gewährleistet werden. In diesem Zusammenhang ist insbesondere das Nachprüfungsverfahren zu erwähnen, mit dem Vergabeentscheidungen einer gerichtlichen Kontrolle unterworfen werden sollen.

Mit der neuen Fassung (1992) des Teils A sind die aktuellen EG-Vergabevorschriften umgesetzt worden, was zu einer Aufteilung in folgende vier Abschnitte geführt hat:
1) Basisvorschriften für nationale Bauvergaben (unterhalb des Schwellenwerts von 5 Mio. Ecu),
2) Basisparagraphen und a-Paragraphen bei Vergabe, die den Schwellenwert aus der Baukoordinierungsrichtlinie überschreiten (= bislang geltende VOB/A),
3) Basisparagraphen und b-Paragraphen (entsprechend der EG-Sektorenrichtlinie für die Bereiche Wasser-, Energie- und Verkehrsversorgung sowie Telekommunikation bei Überschreitung des Schwellenwerts),
4) wie Abschnitt 3), jedoch für privatrechtlich organisierte Auftraggeber.

Nach den von der Bundesregierung vorgelegten Entwürfen zur Umsetzung der EG-Richtlinien – auf die hier kurz eingegangen werden soll – wird der Kreis der Adressaten, die die VOB/A anzuwenden haben, erheblich erweitert (siehe Entwürfe der Vergabeverordnung und Änderung der Haushaltsgrundsätze-Gesetze). In diesen Adressatenkreis sollen die Gebietskörperschaften (einschließlich Sondervermögen und Verbände), juristische Personen des öffentlichen und privaten Rechts (sofern sie von den Gebietskörperschaften überwiegend finanziert und entsprechend kontrolliert werden und öffentliche Aufgaben wahrnehmen) und Verbände (die entsprechend organisiert und finanziert werden) aufgenommen werden. Dabei wird mit der EG-Sektorenrichtlinie bezweckt, Großbaumaßnahmen auf den Gebieten der Wasser-, Energie- und Verkehrsversorgung sowie der Telekommunikation einem europaweiten Wettbewerb zuzuführen – und zwar auch dann, wenn der Bauherr/Betreiber ausschließlich dem privaten Recht unterliegt.

Abschließend ist auf die Rangfolge der Vergabeverfahren hinzuweisen, wie sie der Neufassung (1992) des Teils A zu entnehmen ist. § 3a Abschnitt 2–4 (VOB/A 1992) sieht insoweit vor: Offenes Verfahren, Nichtoffenes Verfahren und Verhandlungsverfahren. Für die Abschnitte 3 und 4 fehlt eine derartige Regelung der Rangfolge. Das könnte im Ergebnis dazu führen, daß beispielsweise die Bundesbahn in Zukunft nur nach dem Verhandlungsverfahren vorgeht, was wiederum dem Sinn und Zweck der VOB widersprechen würde. Hier ist eine Klarstellung notwendig.

Die EG-Überwachungsrichtlinie wird nach dem Regierungsentwurf zur Änderung des Haushaltsgrundsätze-Gesetzes (§ 57b) insoweit umgesetzt, als die Einrichtung von Vergabeprüfstellen und Vergabe-Überwachungsausschüssen des Bundes und der Länder (§ 57c) vorgesehen ist. Wegen der Einzelheiten ist auf die endgültige Fassung des Änderungsgesetzes zu verweisen.

Den Abschnitten 2 (vgl. §§ 17a Nr. 1 Abs. 2, 30a Nr. 2, 32a Nr. 2), 3 und 4 sind Anhänge beigefügt worden, die in bestimmten Vergabeabschnitten verwendet werden müssen (vgl. u. a.

§ 6 SKR). Darauf wird an dieser Stelle bereits hingewiesen. Dies gilt für die Vorabinformation, die Vergabeverfahren und das Prüfsystem sowie für die Veröffentlichung bzw. Bekanntmachung vergebener Aufträge.

2. Grundsätzliche vertragliche Regelungen

2.1 Der im deutschen Recht vorherrschende **Grundsatz der Vertragsfreiheit** bewirkt, daß private Auftraggeber, die keine staatlichen Mittel für die Ausführung ihrer Bauleistungen verwenden, bei der Vergabe von Bauleistungen nach ihren Vorstellungen verfahren können. Bezüglich des Zustandekommens des Bauvertrages sind sie insoweit lediglich an die einschlägigen gesetzlichen Vorschriften der §§ 145 ff. BGB gebunden. Hiernach kommt ein Bauvertrag in der Weise zustande, daß der Bieter ein Angebot abgibt, welches der Auftraggeber annimmt. Dieser Vertragsabschluß kann sowohl mündlich als auch schriftlich erfolgen. Wünscht der private Auftraggeber Abänderungen oder Ergänzungen bezüglich des Angebots des Bieters, so kommt eine bauvertragliche Vereinbarung hierüber nur dann zustande, wenn der Bieter diesen Abänderungen oder Ergänzungen seines Angebots zustimmt.

2.2 Anders hingegen ist die rechtliche Situation, wenn es sich um einen **öffentlichen Auftraggeber** handelt. Dieser ist aufgrund der einschlägigen Bestimmungen in den Haushaltsordnungen von Bund, Ländern und Gemeinden gezwungen, die einschlägigen Vergabevorschriften der VOB/A sowie für die Gestaltung des Vertrages die VOB/B anzuwenden. Maßgeblich für diese Regelungen ist, daß die öffentlichen Auftraggeber aufgrund der Tatsache, daß sie öffentliche Mittel für die Ausführung ihrer Bauleistungen benutzen, zu äußerster Sparsamkeit und Wirtschaftlichkeit bei der Vergabe von Bauleistungen verpflichtet sind. Hierzu gehört auch, daß deshalb die Vergabe von Bauleistungen gemäß der VOB/A nach Grundsätzen durchzuführen ist, die ein größtmögliches Maß an Wettbewerb gewährleisten. Deshalb muß verlangt werden, daß das Vergabeverfahren transparent verläuft und eine Gleichbehandlung der Bieter erfolgt. Nur dann ist ein ordnungsgemäßer und geregelter Wettbewerb möglich. Hierzu gehört insbesondere auch, daß der Auftraggeber seinerseits die einschlägigen Vergabebestimmungen der VOB/A einhält und insbesondere sämtliche Maßnahmen unterläßt, die den Wettbewerb beeinträchtigen können. Aus diesem Grunde ist das Nachschieben von Angeboten nach Eröffnung des ersten Angebotes im Submissionstermin ebenso unstatthaft wie das Verhandeln mit Bietern über die Angebotspreise.

2.3 Die VOB hat sich seit ihrer erstmaligen Verabschiedung 1926 in der Praxis **weitgehend bewährt**. Dies gilt nicht nur für die Vergabevorschriften der **VOB/A**, sondern auch für die Allgemeinen Bestimmungen für die Ausführung von Bauleistungen, die **VOB/B**. Gerade die letzteren Bestimmungen sind auf Besonderheiten des Bauens abgestimmt und deshalb besser geeignet, Bauverträgen zugrunde gelegt zu werden als die zu allgemein gehaltenen Regelungen über den Werkvertrag nach den §§ 631 ff. BGB. Aus diesem Grunde wurde auch die Aufstellung von Musterbriefen auf der Basis der VOB konzipiert und nicht auf den gesetzlichen Vorschriften.

2.4 Zum anderen hat aber auch die Baupraxis gezeigt, daß die VOB tatsächlich den an sie **gestellten Anforderungen gerecht wird**, weil sie gleichermaßen sowohl die Interessen der Auftraggeber- als auch die der Auftragnehmerseite in ausgewogener Weise berücksichtigt. Als Beispiel kann hier insbesondere angeführt werden, daß auch eine Vielzahl von privaten Auftraggebern sowohl die Vergabe von Bauleistungen als auch die Vertragsgestaltung selbst auf der Grundlage der VOB vornimmt.

2.5 Von besonderer Bedeutung ist in diesem Zusammenhang auch, daß die VOB den Grundsätzen des am 1. April 1977 in Kraft getretenen Gesetzes zur Regelung des Rechts der Allgemeinen Geschäftsbedingungen (**AGB-Gesetz**) entspricht.

2.6 Was die VOB/A anbelangt, so ist sie als **reine Verfahrensvorschrift**, die die Vergabe als solche regelt, im allgemeinen nicht als Allgemeine Geschäftsbedingung anzusehen. Auf sie findet dementsprechend auch das AGB-Gesetz nur eingeschränkt Anwendung, weil dieses nur für Allgemeine Geschäftsbedingungen gilt, die Bestandteil des Vertrages werden. Soweit die VOB/A jedoch Bestimmungen von vertragsrechtlicher Bedeutung enthält (z. B. §§ 1,19), sind diese den AGB zuzuordnen.

2.7 Was jedoch die VOB/B anbelangt, so ist sie als **Allgemeine Geschäftsbedingung im Sinne des AGB-Gesetzes** zu werten. Im Hinblick auf den ihr innewohnenden gerechten Interessenausgleich zwischen Auftraggeber und Auftragnehmer kann man die VOB als eine Muster-AGB im Sinne des AGB-Gesetzes bezeichnen. Dies ergibt sich einmal daraus, daß bisher in keiner Weise sowohl in der Literatur als auch in der Rechtsprechung die Vereinbarkeit mit dem AGB-Gesetz angezweifelt wurde. Aus dem AGB-Gesetz ergibt sich vielmehr das Gegenteil. Zwar geht das AGB-Gesetz davon aus, daß auch in AGBs grundsätzlich die gesetzlichen Regelungen gelten sollen. Insoweit wird allerdings bezüglich der VOB eine Ausnahme gemacht, wenn sie dem Bauvertrag als Ganzes zugrunde liegt. In diesem Falle sind selbst die Abnahmefiktion nach § 12 VOB/B und die zweijährige Verjährungsfrist für Gewährleistungsansprüche nach § 13 Nr. 4 VOB/B wirksam. Dies folgt aus § 10 Nr. 5 AGB-Gesetz, wonach für den Fall, daß die VOB/B als Ganzes Vertragsbestandteil ist, das Verbot fingierter Erklärungen nicht gilt. Das gleiche gilt bezüglich des § 11 Nr. 10ff. AGB-Gesetz für die Verkürzung der Verjährungsfrist auf 2 Jahre. Dies ist in § 23 Abs. 2 Nr. 5 AGB-Gesetz ausdrücklich klargestellt. Damit ist gleichermaßen aber auch zum Ausdruck gebracht, daß der Gesetzgeber die VOB/B als eine dem AGB-Gesetz entsprechende Allgemeine Geschäftsbedingung anerkannt hat (BGH, NJW-RR 1990, 156).

2.8 Eine besondere Problematik ergibt sich, wenn Auftraggeber die VOB **abändern oder ergänzen**.

2.8.1 Zunächst muß festgestellt werden, daß **öffentliche Auftraggeber und solche, die öffentliche Mittel für die Ausführung ihrer Bauleistungen verwenden, zur Einhaltung der VOB/A bei der Vergabe von Bauleistungen verpflichtet sind**. Sie sind deshalb nicht berechtigt, die Vergabevorschriften abweichend von der VOB/A abzuändern oder zu ergänzen. Dies ergibt sich daraus, daß es sich bei der VOB/A um zwingende Vorschrift für die Vergabe von Bauleistungen, die mit öffentlichen Mitteln ausgeführt werden, handelt. Verstoßen sie hiergegen, kann ein Schadenersatzanspruch des Bieters mit dem annehmbarsten Angebot entstehen (vgl. Heiermann/Riedl/Rusam, Einleitung Rdn. 3).

2.8.2 Was hingegen die **VOB/B** anbelangt, so können **Abänderungen bzw. Ergänzungen im Rahmen des § 10 VOB/A vorgenommen werden** (§ 10 Nr. 2 Abs. 1 u. 2 sowie Nr. 4 VOB/A). Voraussetzung ist, daß dadurch der gerechte Interessenausgleich zwischen Auftraggeber und

Auftragnehmer nicht in Frage gestellt wird. Hinzu kommt in solchen Fällen auch häufig, daß durch Abänderungen bzw. Ergänzungen der VOB Unklarheiten bezüglich der vertragsrechtlichen Regelungen entstehen. Hierbei ist von der Auftraggeberseite, die in der Regel allein in der Lage ist, derartige Abänderungen und Ergänzungen der VOB vorzunehmen, zu berücksichtigen, daß derartige Unklarheiten nach § 5 AGB-Gesetz grundsätzlich zu Lasten des Verwenders (in der Regel des Auftraggebers, der die Bedingungen aufgestellt hat) gehen. Dies hat auch bereits vor dem Inkrafttreten des AGB-Gesetzes die Rechtsprechung wiederholt festgestellt. Ganz abgesehen davon sollte in solchen Fällen der Auftraggeber auch beachten, daß zwangsläufig größere Vertragsrisiken vom Auftragnehmer in irgendeiner Weise abgefangen werden müssen. Dies geschieht häufig im Rahmen der Vergütung. Gerade diese Verfahrensweise kann aber nicht im Interesse der Auftraggeber, insbesondere öffentlicher Auftraggeber, liegen, die zu sparsamster Haushaltsführung verpflichtet sind.

2.9 Eine die VOB der richterlichen Kontrolle durch das AGB-Gesetz entziehende Privilegierung (§ 23 Abs. 2 Nr. 5 AGB-G) wird jedoch dann aufgegeben, wenn durch Zusätzliche oder Besondere Vertragsbedingungen oder sonstige AGB wesentliche VOB-Regelungen abbedungen werden (Ingenstau/Korbion, a. a. O. A § 10 AGB Rdn. 73 ff. m. w. N.). Dies trifft z. B. auf Änderungen des Vergütungsbereiches (§ 2 Nr. 3 – 7 VOB/B) zu. Es ist unbedingt darauf zu achten, daß die Änderungen die VOB als „Ganzes" und als eine ausgewogene, den berechtigten Belangen beider Vertragspartner gerecht werdende Gesamtregelung unberührt lassen (Ingenstau/Korbion, a. a. O., A § 10 AGB Rdn. 58 ff.).

2.10 Dieses Musterbriefbuch soll deshalb eine Erleichterung für Auftraggeber bzw. Architekten, Ingenieure etc. sein, ihre Verdingungsunterlagen so aufzustellen, daß sie den Anforderungen der Praxis entsprechen und dazu beitragen, Unklarheiten und Zweifelsfragen sowohl während der Vergabe als auch während der Ausführung der Bauleistungen zu verhindern.

Abkürzungsverzeichnis

a. A.	andere Ansicht
a. a. O.	am angegebenen Ort
Abs.	Absatz
AG	Auftraggeber
AGB	Allgemeine Geschäftsbedingungen
AGBG	Gesetz zur Regelung der Allgemeinen Geschäftsbedingungen vom 1. 4. 1977 (BGBl I 1976, 3317)
AN	Auftragnehmer
Anm.	Anmerkung
Arge	Arbeitsgemeinschaft
Art.	Artikel
ATV	Allgemeine Technische Vertragsbedingungen
BW	Bauwirtschaft, Bauverlag GmbH, Wiesbaden
Baupreis VO	Baupreisverordnung
BauR	Baurecht. Zeitschrift für das gesamte öffentliche und zivile Baurecht
BB	Der Betriebsberater
Betr.	Der Betrieb
BGB	Bürgerliches Gesetzbuch
BGH	Bundesgerichtshof
BGHZ	Entscheidungen des BGH in Zivilsachen
BHO	Bundeshaushaltsordnung
BVerfG	Bundesverfassungsgericht
BVerwG	Bundesverwaltungsgericht
bzw.	beziehungsweise
d. h.	das heißt
DIN	Deutsches Institut für Normung e. V.
DVA	Deutscher Verdingungsausschuß
Erw. Gr.	Erwägungsgründe des DVA zur Neufassung der VOB 1973
GG	Grundgesetz
GOA	Gebührenordnung für Architekten
GOI	Gebührenordnung für Ingenieure
GWB	Gesetz gegen Wettbewerbsbeschränkungen
HGB	Handelsgesetzbuch
h. M.	herrschende Meinung
HOAI	Honorarordnung für Architekten und Ingenieure vom 1. 1. 1977 (BGBl, I 1976, 1805)
i. S.	im Sinne
i. V. m.	in Verbindung mit
JW	Juristische Wochenschrift
KG	Kammergericht
KO	Konkursordnung
LG	Landgericht

LHO	Landeshaushaltsordnung
LV	Leistungsverzeichnis
MDR	Monatsschrift für Deutsches Recht
m. w. N.	mit weiteren Nachweisen
NJW	Neue Juristische Wochenschrift
OLG	Oberlandesgericht
OLGZ	Entscheidungen der Oberlandesgerichte in Zivilsachen
Rdn.	Randnummer
Rspr.	Rechtsprechung
S.	Seite
SKR	Sektorenrichtlinie
u. a.	unter anderem
usw.	und so weiter
VersR	Versicherungsrecht
VHB	Vergabehandbuch
VOB/A/B/C	Verdingungsordnung für Bauleistungen, Teil A, Teil B, Teil C
WEG	Wohnungseigentumsgesetz
WM	Wertpapier-Mitteilungen
z. B.	zum Beispiel
ZfBR	Zeitschrift für deutsches und internationales Baurecht
ZPO	Zivilprozeßordnung
ZTV	Zusätzliche Technische Vorschrift
ZVB-StB 75	Zusätzliche Vertragsbedingungen für die Ausführung von Bauleistungen im Straßen- und Brückenbau, Ausgabe 1975, eingeführt durch allgemeines Rundschreiben Straßenbau Nr. 20/75 vom Bundesminister für Verkehr

Literaturverzeichnis

Daub/Piel/Soergel: Kommentar zur VOB. Bd. 1: Kommentar zu Teil A. Bauverlag, Wiesbaden und Berlin 1981

Groß: VOB – Haftungs- und Prozeßrisiken aus Bauverträgen. WEKA Verlag (Loseblattausgabe)

Heiermann/Linke: AGB im Bauwesen. Bauverlag, Wiesbaden und Berlin 1978

Heiermann/Linke: VOB-Musterbriefe für Auftragnehmer. 6. Aufl. Bauverlag, Wiesbaden und Berlin 1994

Heiermann/Riedl/Rusam: Handkommentar zur VOB – Teile A und B. 7. Aufl. Bauverlag, Wiesbaden und Berlin 1994

Ingenstau/Korbion: VOB – Teile A und B – Kommentar. 12. Aufl., Werner Verlag, Düsseldorf 1993

Schäfer/Finnern: Rechtsprechung der Bau-Ausführung (RdB). Kurzausgabe 1954–77. Werner Verlag, Düsseldorf 1978

Schäfer/Finnern/Hochstein: Rechtsprechung zum privaten Baurecht. Werner Verlag, Düsseldorf

Vergabehandbuch für die Durchführung von Bauaufgaben des Bundes im Zuständigkeitsbereich der Finanzbauverwaltungen. Ausgabe 1973. Hrsg. vom Bundesminister für Raumordnung, Bauwesen und Städtebau. Deutscher Bundesverlag GmbH, Bonn

I. Kurzübersicht über die Formerfordernisse nach der VOB/B

§§ VOB/B	Gegenstand der VOB/B	Mitteilung durch Auftraggeber oder Auftragnehmer	Formvorschrift nach der VOB/B	Bemerkungen
§ 2 Nr. 3 Abs. 1	Mengenüberschreitung – Verlangen eines neuen Einheitspreises	Auftraggeber oder Auftragnehmer	keine	Schriftform (evtl. in Form eines Nachtragsangebotes) empfohlen
§ 2 Nr. 3 Abs. 2	Mengenunterschreitung – Verlangen eines erhöhten Einheitspreises	Auftragnehmer	keine	Schriftform (evtl. in Form eines Nachtragsangebotes) empfohlen
§ 2 Nr. 4	Herausnahme eines Leistungsteils aus dem Leistungsumfang 1) Mitteilung 2) Abrechnung	 Auftraggeber Auftragnehmer	 Schriftform keine	Teilkündigung nach § 8 Nr. 3 VOB/B; Auftraggeber möglichst umgehend schriftlich über die Abrechnung nach § 8 Nr. 3 VOB/B unterrichten
§ 2 Nr. 5	Änderung des Bauentwurfs; Anordnungen des Auftraggebers – Verlangen eines neuen Preises	Auftragnehmer	keine	Schriftform wird aus Beweisgründen empfohlen
§ 2 Nr. 6	Anspruch auf besondere Vergütung bei Forderung einer im Vertrag nicht vorgesehenen Leistung	Auftragnehmer	keine	Schriftform wird aus Beweisgründen empfohlen

§ 2 Nr. 8 Abs. 2	Ausführung von Leistungen, die für die Erfüllung des Vertrages notwendig waren und dem mutmaßlichen Willen des Auftraggebers entsprachen	Auftragnehmer	keine	Schriftform wird aus Beweisgründen empfohlen
§ 3 Nr. 3	Hinweispflicht des Auftragnehmers gegenüber dem Auftraggeber bei Feststellung eines offensichtlichen oder vermuteten Fehlers in Ausschreibungsunterlagen	Auftragnehmer	keine	Schriftform wird aus Beweisgründen empfohlen
§ 4 Nr. 3	Bedenken des Auftragnehmers gegen die vorgesehene Art der Ausführung	Auftragnehmer	Schriftform	Schriftform zwingend vorgeschrieben – unverzügliche schriftliche Mitteilung an den Auftraggeber möglichst schon vor Beginn der Arbeiten
§ 4 Nr. 8	Übertragung von Leistungen an Nachunternehmer	Auftraggeber	Schriftform	die Parteien können die Schriftform auch noch nachträglich vertraglich ausschließen
§ 5 Nr. 2 Satz 1	Mitteilung des Ausführungstermins	Auftraggeber	keine	
§ 5 Nr. 2 Satz 3	Anzeige über den Beginn der Ausführung	Auftragnehmer	keine	Schriftform wird aus Beweisgründen empfohlen
§ 6 Nr. 1	mögliche Behinderung des Auftragnehmers in der ordnungsgemäßen Ausführung der Leistung	Auftragnehmer	Schriftform	mündliche Anzeige kann genügen, weil Schriftform nur zu Beweiszwecken dient; keine Anzeige, wenn die Behinderung für den Auftraggeber offenkundig ist
§ 6 Nr. 3	Benachrichtigung vom Wegfall hindernder Umstände	Auftragnehmer	keine	Schriftform wird aus Beweisgründen empfohlen

Fortsetzung der Kurzübersicht

§§ VOB/B	Gegenstand der VOB/B	Mitteilung durch Auftraggeber oder Auftragnehmer	Formvorschrift nach der VOB/B	Bemerkungen
§ 6 Nr. 7	Kündigung bei Unzumutbarkeit der Hinnahme des durch die Unterbrechung der Arbeiten herbeigeführten Zustandes	Auftraggeber, Auftragnehmer	Schriftform	bei Kündigung Schriftform zwingend erforderlich
§ 8 Nr. 5	Kündigung	Auftraggeber	Schriftform	bei Kündigung Schriftform zwingend vorgeschrieben
§ 9 Nr. 2	Kündigung	Auftragnehmer	Schriftform	bei Kündigung Schriftform zwingend vorgeschrieben
§ 11 Nr. 4	Vorbehalt der Vertragsstrafe bei Abnahme	Auftraggeber	keine	bei förmlicher Abnahme ist der Vorbehalt der Vertragsstrafe nur wirksam erklärt, wenn er in das Abnahmeprotokoll aufgenommen worden ist
§ 12 Nr. 1	Verlangen nach Abnahme der Leistung	Auftragnehmer	keine	Schriftform wird aus Beweisgründen empfohlen
§ 12 Nr. 4	Verlangen einer förmlichen Abnahme	Auftraggeber, Auftragnehmer	keine	Schriftform wird aus Beweisgründen empfohlen
§ 13 Nr. 3	aus dem Bereich des Auftraggebers herrührende Leistungsmängel	Auftragnehmer	Schriftform	vgl. § 4 Nr. 3

§ 13 Nr. 5	Verlangen auf Mängelbeseitigung	Auftraggeber	Schriftform	Schriftform ist keine Wirksamkeitsvoraussetzung für das Entstehen des Nachbesserungsanspruches; sie bewirkt den erneuten Lauf der Verjährungsfrist
§ 15 Nr. 3	Ausführung von Stundenlohnarbeiten	Auftragnehmer	keine	Schriftform wird aus Beweisgründen empfohlen
§ 16 Nr. 3 Abs. 3	Ablehnung weiterer Zahlungen unter Hinweis auf bereits geleistete Zahlungen und Ausschlußwirkung der vorbehaltlosen Annahme	Auftraggeber	Schriftform	
§ 16 Nr. 3 Abs. 5	Vorbehalt gegen die Schlußzahlung innerhalb von 24 Werktagen	Auftragnehmer	keine	Schriftform wird aus Beweisgründen empfohlen
§ 16 Nr. 3 Abs. 5	Begründung des Vorbehalts innerhalb von 24 Werktagen	Auftragnehmer	keine	Schriftform wird aus Beweisgründen empfohlen
§ 17 Nr. 4	Bürgschaftserklärung		Schriftform	
§ 18 Nr. 1	Sitz der für die Prozeßvertretung des Auftraggebers zuständigen Stelle	Auftraggeber	keine	
§ 18 Nr. 2 S. 2	Entscheidung der vorgesetzten Stelle des öffentlichen Auftraggebers, bei Streitigkeiten innerhalb von 2 Monaten	Auftraggeber	Schriftform	Entscheidung innerhalb von 2 Monaten
§ 18 Nr. 2 S. 3	Einspruch gegen die Entscheidung der vorgesetzten Stelle des öffentlichen Auftraggebers innerhalb von 2 Monaten, sonst Anerkenntnis	Auftragnehmer	Schriftform	

Allgemeines zur Vergabe von Bauleistungen

1. **Bedeutung der VOB/A**

1.1 Die Allgemeinen Bestimmungen für die Vergabe von Bauleistungen – DIN 1960 – Ausgabe Dezember 1992 (VOB/A) ist – wie ihr Name besagt – eine Vergabevorschrift, die das Verfahren für die Vergabe von Bauleistungen bis zum Vertragsabschluß regelt. Sie ist das Ergebnis langjähriger Erfahrungen über das zweckmäßigste Verhalten von Auftraggebern bei der Vergabe von Bauleistungen, wobei die Interessen aller Beteiligten in angemessener und ausgewogener Weise Berücksichtigung finden. Die VOB/A bezweckt eine rationelle Abwicklung des gesamten Vergabevorgangs von der Einleitung des Wettbewerbs bis zu dem Abschluß (Zuschlag). Sie enthält sämtliche Grundsätze (insbesondere den Wettbewerbs- und Gleichbehandlungsgrundsatz der Bieter), die von allen an der Vergabe von Bauleistungen beteiligten Kreise zum Abschluß wirtschaftlich annehmbarer Angebote für erforderlich gehalten werden.

1.2 Die öffentlichen Auftraggeber und solche, die überwiegend für die Ausführung ihrer Bauleistungen öffentliche Mittel verwenden, sind aufgrund der maßgeblichen Vorschriften der Haushaltsordnungen verpflichtet, die VOB/A bei der Vergabe von Bauleistungen anzuwenden. Dies folgt daraus, daß die VOB/A 1992 – ebenso wie die vorangegangenen Fassungen – bei Bund und Ländern als **Dienstanweisung** eingeführt worden ist. Dies gilt nicht nur für den Bund, sondern auch für die Länder und Gemeinden. Im letzteren Falle ist die VOB/A durch entsprechende Vorschriften des Gemeindehaushaltsrechts den Gemeinden und Gemeindeverbänden verbindlich vorgeschrieben. Man kann deshalb von einer einheitlichen Regelung des Verdingungswesens bei allen Gebietskörperschaften ausgehen (vgl. Ingenstau/Korbion, a. a. O., Einl., Rdn. 40).

1.3 Nach den vorläufigen Verwaltungsvorschriften zur Bundeshaushaltsverordnung (VV-BHO) und den gleichlautenden Vorschriften zur den Landeshaushaltsordnungen (VV-LHO) müssen auch alle sonstigen nichtöffentlichen Auftraggeber die VOB/A anwenden, wenn sie Zuwendungen aus Bundes- und/oder Landeshaushalten erhalten wollen. Hieraus ergibt sich, daß auch ein sehr weiter Bereich des nichtöffentlichen Auftragswesens zur Anwendung der VOB/A bei der Vergabe von Bauleistungen verpflichtet ist, so insbesondere die gemeinnützigen Wohnungsunternehmen, Zweckverbände etc. Außerdem bestimmt § 4 Nr. 8 Abs. 2 VOB/B, daß Hauptunternehmer bei der Weitervergabe von Bauleistungen an Nachunternehmer ebenfalls vertraglich verpflichtet sind, nach der VOB zu verfahren.

1.4 Da die VOB/A bei öffentlichen Aufträgen überwiegend als Dienstanweisung eingeführt oder vorgeschrieben ist, sind deshalb die **Aufsichtsbehörden** verpflichtet, die ordnungsgemäße Anwendung der VOB/A bei der Vergabe zu überwachen. Im Hinblick darauf, daß die einschlägigen haushaltsrechtlichen Bestimmungen (§ 55 BHO und LHO) die öffentliche Ausschreibung als Regelvergabe festlegen, bestehen gerade bei diesen förmlichen Wettbewerbsverfahren wirksame Eingriffsmöglichkeiten, wenn bei der Vergabe von Bauleistungen gegen die Bestimmungen der VOB/A verstoßen wird.

1.5 Vergleiche wegen der Folgen der EG-Richtlinien unter Ziffer 4 („Anwenderkreis").

2. Schadensersatz bei Verstoß gegen die VOB/A

Allerdings ist in diesem Zusammenhang zu beachten, daß die VOB/A als Vergabevorschrift kein Gesetz ist und deshalb keine Möglichkeit besteht, auf ihre Einhaltung zu klagen. Daraus ergibt sich jedoch nicht, daß die VOB/A rechtlich bedeutungslos ist. Es kann vielmehr je nach Lage des Einzelfalles nach dem von der Rechtsprechung entwickelten **Grundsatz über das Verschulden bei Anbahnung eines Vertragsverhältnisses** (culpa in contrahendo) bei einem Verstoß gegen die VOB/A ein Schadensersatzanspruch des Geschädigten entstehen. Wenn Auftraggeber und Bewerber bzw. Bieter auf der Grundlage der VOB/A in Vertragsverhandlungen treten, so wird zwischen ihnen ein vertragsähnliches Vertrauensverhältnis geschaffen, das zur gegenseitigen Rücksichtnahme verpflichtet und sowohl auf seiten des Auftraggebers als auch bei der Anbieterseite Sorgfaltspflichten erzeugt. Hierbei handelt es sich insbesondere um Mitteilungs-, Beratungs-, Obhuts- und Aufklärungspflichten. Dieses durch die Aufnahme von Vertragsverhandlungen entstehende gesetzliche Schuldverhältnis ist dadurch gekennzeichnet, daß keine primäre Leistungspflicht besteht, sondern vielmehr nur das Gebot zur Einhaltung der einzelnen genannten Pflichten. Maßstab für diese Pflichten ist § 242 BGB. Hieraus folgt, daß sowohl der Auftraggeber als auch gleichermaßen die Bieter verpflichtet sind, die ihnen anvertrauten Interessen des Verhandlungspartners ordnungsgemäß zu behandeln, sich gegenseitig insbesondere über solche Umstände aufzuklären, die dem geplanten Vertragsabschluß entgegenstehen oder geeignet sind, den Vertragszweck des anderen zu vereiteln, sowie die notwendige Sorgfalt anzuwenden, um Schädigungen des anderen zu vermeiden. Hierzu gehört beispielsweise, daß die Bieter im Rahmen einer Ausschreibung keine Absprachen treffen dürfen oder Unklarheiten bzw. Widersprüche in den Verdingungsunterlagen dem Auftraggeber mitteilen müssen. Auf der anderen Seite gehört es beispielsweise zu den Pflichten des Auftraggebers, nach der VOB/A die Vergabe vorzunehmen, wenn er hierzu gehalten ist oder deren Anwendung bei der Vergabe ausdrücklich erklärt hat. Die Parteien dürfen das von ihnen erweckte Vertrauen der anderen Partei nicht ohne triftigen Grund enttäuschen. Insbesondere darf in solchen Fällen beispielsweise auch der Auftraggeber bei den Bietern keine Erwartungen erwecken, die er – wie er ggf. weiß oder wissen muß – zu erfüllen nicht in der Lage ist (beispielsweise fehlende Sicherstellung der Finanzierung).

3. Rechtsprechung zur Vergabe nach der VOB/A

Die bei der Neubearbeitung vorliegenden Urteile machen deutlich, daß die Verletzung der Vergabevorschriften des Teils A der VOB (Fassung 1992) Rechtsfolgen hat, die z. T. über die Begründung von Schadensersatzansprüchen hinausgehen. Besondere Aufmerksamkeit ist in diesem Zusammenhang dem AGBG zu widmen, denn in einer Vielzahl von Fällen verwenden die Auftraggeber immer noch Vergabebedingungen, deren Rechtsbeständigkeit zumindest zweifelhaft ist. Folgende Entscheidungen sind zu beachten:

- Die VOB faßt zusammen, was im Bauverdingungs- und Bauvertragswesen auf Grund allgemeiner Erfahrung zweckdienlich ist und als gerecht empfunden wird (BGH, NJW 1959, 142; NJW 1966, 39 u. 40).
- Die VOB ist weder Gesetz noch Rechtsverordnung, obwohl sie bei öffentlichen Bauvorhaben regelmäßig Vertrags- bzw. Vergabegrundlage ist (BGH bei Schäfer/Finnern/Hochstein Z 2.0 Bl. 3, sowie OLG Hamm und OLG München, Schäfer/Finnern/Hochstein Z. 2.0. Bl. 2 u. BGH, ZfBR 1992, 67).

- Die VOB ist auch kein Gewohnheitsrecht, und zwar trotz langandauernder tatsächlicher Übung. Es fehlt (noch) an der Überzeugung der Beteiligten, bestehendes Recht zu befolgen (OLG Karlsruhe, Schäfer/Finnern/Hochstein, Nr. 1 zu § 24 VOB/A).
- Daraus ergibt sich: Die VOB (bes. die Teile B und C) wird nur kraft bauvertraglicher Vereinbarung im Einzelfall Vertragsbestandteil bzw. Rechtsgrundlage, und zwar an Stelle der gesetzlichen Regelung (siehe BGH, OLG Hamm und OLG München bei Schäfer/Finnern/ Hochstein, Z. 2.0 Bl. 2 u. 4; BGH, ZfBR 1992, 67).
- Die Richtlinien und Regeln der VOB/A sind keine Schutzgesetze im Sinne von § 823 Abs. 2 BGB (OLG Karlsruhe, Nr. 1 zu § 24 VOB/A bei Schäfer/Finnern/Hochstein; vgl. auch BGH, NJW 1980, 180).
- Die Befolgung der Vergaberegeln der VOB/A durch die öffentliche Hand dient dem Gebot sparsamer Haushaltsführung, nicht dem Schutz des Bewerbers, so daß kein klagbarer Anspruch auf ihre Einhaltung besteht (BGH, NJW 1980, 180).
- Durch eine den Regeln der VOB/A folgende Ausschreibung und die Beteiligung eines Bieters am Ausschreibungsverfahren kommt zwischen den Verhandlungspartnern ein vertragsähnliches Vertrauensverhältnis zustande, das zu gegenseitiger Rücksichtnahme verpflichtet und auf beiden Seiten Sorgfaltspflichten begründet, deren schuldhafte Verletzung Schadensersatzansprüche begründen kann (st. Rspr. des BGH, z. B. NJW 1985, 1466 m. w. N.; OLG Celle, ZfBR 1986, 140; OLG Düsseldorf, NJW-RR 1986, 508 ff. und dazu BGH, BauR 1986, 733; OLG Celle, ZfBR 1987, 140).
- Der Schadensersatzanspruch des an der Ausschreibung beteiligten Bieters ist grundsätzlich auf Erstattung der Ausschreibungsaufwendungen gerichtet, die ihm durch die unnütze Beteiligung an der Submission entstanden sind (BGH, NJW 1985, 1466 m. w. N.); Ersatz des Erfüllungsinteresses jedoch dann, wenn nachgewiesen wird, daß der Billigstbieter den Zuschlag hätte erhalten müssen (OLG Düsseldorf BauR 86, 107).
- Den Schadensersatzanspruch wegen Verletzung der Vergaberegeln der VOB/A kann nur derjenige Bieter geltend machen, der das annehmbarste Angebot angegeben hat (nicht in jedem Fall das niedrigste) und unter Verletzung der Vergaberegeln nicht zum Zuge gekommen ist (vgl. BGH, NJW 1985, 1466; OLG Köln, NJW 1985, 1475 und LG Weiden, NJW 1985, 1476; OLG Düsseldorf, BauR 1986, 107).
- Im Fall einer unzulässigen Aufhebung einer Ausschreibung durch den öffentlichen Auftraggeber steht dem Bieter im Ausnahmefall ein Schadensersatzanspruch in Höhe des entgangenen Gewinns unter dem Gesichtspunkt des Verschuldens bei den Vertragsverhandlungen zu (OLG Düsseldorf, NJW-RR 1986, 508 – rechtskräftig).
- Bei Aufhebung einer öffentlichen Ausschreibung durch die Gemeinde steht dem Bieter grundsätzlich kein Anspruch auf Erstattung des entgangenen Gewinns zu, wenn die Aufhebung gem. § 26 VOB/A gerechtfertigt war (OLG Nürnberg, NJW 1986, 437).
- Hat die Gemeinde bei einer öffentlichen Ausschreibung die Gründe, die zur Aufhebung geführt haben, fahrlässig herbeigeführt, sind den Bietern die Aufwendungen für die Teilnahme zu erstatten (OLG Nürnberg, NJW 1986, 437).
- Die Aufhebung einer öffentlichen Ausschreibung läßt sich nicht allein damit rechtfertigen (§ 26 VOB/A), daß während des Ausschreibungsverfahrens verhältnismäßig geringe Zusatzleistungen und/oder Änderungen an der zu erbringenden Bauleistung notwendig werden (OLG Nürnberg, NJW-RR 1986, 508).
- Auch der Schadensersatzanspruch, der ausnahmsweise auf Geltendmachung des Erfüllungsinteresses gerichtet ist, gibt keinen klagbaren Anspruch gegen den öffentlichen Auftraggeber auf

Abschluß des Vertrags, sondern lediglich auf Ersatz in Geld (OLG Hamm, BB 1972, 243; OLG Düsseldorf, BauR 1990, 596 ff.; vgl. auch LG Darmstadt, BauR 1990, 601 = pos. Interesse).
- Der Schadensersatzanspruch gegen den öffentlichen Auftraggeber verjährt in 4 Jahren (OLG Düsseldorf, NJW-RR 1986, 508).
- Zum Schadensersatzanspruch bei unvollständigen Ausschreibungsunterlagen (BGH, ZfBR 1988, 237).
- Bindung der Gemeinden an die VOB/A und VOB/B (VGH Mannheim; Groß, a. a. O., Teil 22 Kap. 2.6).
- Nachholung geforderter Bietererklärungen im Eröffnungstermin (BGH, NJW-RR 1990, 858).

4. Der Anwenderkreis der VOB (1992)

Man muß grundsätzlich davon ausgehen, daß der öffentliche Auftraggeber das Vergabeverfahren nach den Regeln der VOB/A durchführt, auch wenn darüber in den Ausschreibungsunterlagen direkt nichts zu finden ist. Die öffentlichen Auftraggeber (Bundesrepublik Deutschland, Länder, Gemeinden usw.) haben die Verpflichtung zur Anwendung der VOB, die im übrigen auch für privatrechtlich organisierte Gesellschaften der öffentlichen Hand gilt. Ist auf die Bauvorgabe die EG-Baukoordinierungsrichtlinie anwendbar, ist der Teilnehmerkreis bereits durch die VOB-Fassung des Jahres 1990 noch einmal erweitert worden, und zwar u. a. auf juristische Personen privaten Rechts, an denen die öffentliche Hand allein oder mit Mehrheit unmittelbar oder mittelbar beteiligt ist, soweit diese Gesellschaften zu dem Zweck gegründet wurden, im öffentlichen Interesse liegende Aufgaben nichtgewerblicher Art zu erfüllen. In diesen Fällen werden neben den Basisparagraphen die a-Paragraphen anzuwenden sein.

Diese a-Paragraphen müssen im übrigen auch dann angewendet werden, wenn der öffentliche Auftraggeber sog. Baukonzessionen vergeben hat, d. h. öffentliche Bauaufträge durch einen Unternehmer ausführen läßt, der seinerseits dann Dritte mit der Durchführung dieser Aufgaben betraut. Ferner gelten die a-Paragraphen für dem Allgemeinwohl dienende bauliche Anlagen, soweit diese mit mehr als 50 % aus öffentlichen Mitteln finanziert werden und den Schwellenwert nach § 1a Nr. 1 VOB/A erreichen.

Der Anwenderkreis der VOB wird durch die Einführung der b-Paragraphen nach der EG-Sektorenrichtlinie nicht erweitert. Nach Art. 2 Abs. 2 SKR sind die Regeln der VOB und insbesondere dabei die b-Paragraphen anzuwenden, wenn Tätigkeiten vorliegen, die der Versorgung der Öffentlichkeit mit Trinkwasser, Strom, Gas und Wärme, dem Bereich des Verkehrs und der Nutzung abgegrenzter Gebiete zur Förderung von Erdöl, Gas, Kohle und anderen Festbrennstoffen dienen. Diesen Regelungen der Sektorenrichtlinie sind im übrigen Privatunternehmen dann unterworfen, wenn sie »auf der Grundlage von besonderen oder ausschließlichen Rechten, die von einer zuständigen Behörde eines Mitgliedsstaats gewählt wurden«, eine dieser Tätigkeiten ausüben (vgl. Art. 2 Abs. 1 b SKR). Hier erfaßt die Sektorenrichtlinie im übrigen Unternehmen, die auf diesen Gebieten tätig sind und auf die die öffentliche Hand keinerlei Einfluß hat bzw. die von ihr nicht finanziert werden (vgl. dazu Ingenstau/Korbion, a. a. O., Einl. Rdn. 102). Hinsichtlich der Anwendung der Teile B und C der VOB muß in diesem Zusammenhang darauf hingewiesen werden, daß hier der öffentliche Auftraggeber oder die gleichgestellten Unternehmen die Anwendung im Einzelfall vorschreiben bzw. vereinbaren müssen. Im übrigen gilt die Sektorenrichtlinie nach der Fassung der VOB des Jahres 1992 auch für das Gebiet der Telekommunikation. Es ergibt sich folgende neue Einteilung:

Abschnitt 1 – Basisparagraphen
Diese Regelungen, die im übrigen mit der ursprünglichen VOB/A übereinstimmen, werden auf Bauaufträge angewendet, die den Schwellenwert der EG-Baukoordinierungsrichtlinie bzw. der EG-Sektorenrichtlinie nicht erreichen. Maßgeblich für die Anwendung der Basisparagraphen sind dann die einzelnen Haushaltsordnungen, die die öffentliche Hand zur Anwendung der VOB/A verpflichten.

Abschnitt 2 – Basisparagraphen und Regelungen aus der EG-Baukoordinierungsrichtlinie
Diese sog. a-Paragraphen kommen zur Anwendung auf Bauaufträge, die den Schwellenwert der EG-Baukoordinierungsrichtlinie erreichen bzw. übersteigen. Sie kommen allerdings nicht zur Anwendung, sofern die Sektorenrichtlinie anzuwenden ist, d. h. also nicht auf dem Gebiet der Trinkwasser- und Energieversorgung sowie des Verkehrs- und Fernmeldewesens (vgl. Ingenstau/Korbion, a. a. O., Einl. Rdn. 108).

Abschnitt 3 – Basisparagraphen mit den Bestimmungen nach der EG-Sektorenrichtlinie
Diese Regelungen müssen angewendet werden auf die Bauaufträge auf den Gebieten der Trinkwasser- und Energieversorgung sowie des Verkehrs- und Fernmeldewesens durch die dazu verpflichteten Auftraggeber, die dann auch noch die Basisparagraphen anzuwenden haben.

Abschnitt 4 – Vergabebestimmungen nach der EG-Sektorenrichtlinie
Diese Bestimmungen gelten für die Vergabe von Bauaufträgen oberhalb des Schwellenwerts der EG-Sektorenrichtlinie, und zwar bei Auftraggebern, die auf den Gebieten der Trinkwasser- und Energieversorgung sowie des Verkehrs- und Fernmeldewesens tätig sind (vgl. wie vor)
Die Bestimmungen des Teils B der VOB sind 1992 nicht wesentlich verändert worden. Soweit allerdings die Regelungen des Teils A auf der EG-Richtlinie beruhen, sind sie unmittelbar geltendes Recht (vgl. Ingenstau/Korbion, a. a. O., Einl. Rdn. 111).

4.1 Durch die Vorgaben in der Baukoordinierungsrichtlinie mußte auch der Begriff »Bauleistung« in § 1 Nr. 2 VOB/A neu gefaßt werden, denn unter die Richtlinie fallen auch diejenigen maschinellen Einrichtungen, die der Herstellung einer baulichen Anlage dienen und durch den Einbau zu wesentlichen Bestandteilen des Bauwerkes werden (vgl. wie vor). In entsprechender Weise ist damit § 1 Nr. 2 VOB/A neu gefaßt worden. Nach § 1 a Nr. 3 VOB/A ist der für die Schätzung des Gesamtauftragswerts maßgebende Zeitpunkt der der Einleitung des ersten Vergabeverfahrens, so daß sämtliche Aufträge mit einer Auftragssumme von mindestens 5 Mio. ECU und darüber im gesamten EG-Gebiet ausgeschrieben werden müssen, und zwar bei denjenigen Vergaben, die nach Einführung der Neuordnung der VOB/A durchgeführt werden. Eine beachtenswerte Bestimmung wurde mit § 31 VOB/A eingeführt. Nach dieser Vorschrift ist in der Bekanntmachung und den Verdingungsunterlagen die Stelle anzugeben, an die sich der Bewerber oder Bieter zur Nachprüfung behaupteter Verstöße gegen die Vergabevorschriften wenden kann (vgl. auch »EG-Überwachungsrichtlinie« 89/665 EWG).

4.2 Im übrigen wird auf die Neufassung der VOB/A und insbesondere die a-Paragraphen jeweils im Zusammenhang mit den einzelnen Formularen eingegangen werden. Die Baukoordinierungsrichtlinie hat im Ergebnis für Aufträge, die den Schwellenwert von 5 Mio. ECU*) (§ 1 a Nr. 1 Abs. 1 und 2 VOB/A) erreichen, zu einer Zugangserleichterung für die Bieter, zur Einführung eines Verhandlungsverfahrens, zur Begründungspflicht bei Ablehnung von Angeboten, zur Verlängerung der Angebotsfristen und zu übersichtlichen Vergabebedingungen geführt (vgl. dazu §§ 1 a, 17 a, 3 a, 1 c, 22, 27 Nr. 2, 27 a und 18 a VOB/A). Vergleiche im übrigen „Anhang – EG-Sektorenrichtline (SKR)".

*) 1 ECU = 1,95 DM (Stand Januar 1994)

Muster 1.1 – Aufforderung zur Abgabe eines Angebots

Name und Anschrift des Auftraggebers . . . ., den . . . .

Name und Anschrift der aufzufordernden Firma

Aufforderung zur Abgabe eines Angebots
Bauvorhaben: . . . .
auszuführende Leistungen: . . . .

Sehr geehrte Damen und Herren,

wir beabsichtigen, in . . . . die Bauleistungen . . . . im Rahmen einer Öffentlichen Ausschreibung/Beschränkten Ausschreibung/Freihändigen Vergabe*) zu vergeben (siehe auch Anmerkung).

Die Bauleistungen sind voraussichtlich in der Zeit vom . . . . bis . . . . auszuführen.

Die Verdingungsunterlagen, die mit dieser Aufforderung zur Angebotsabgabe nicht übersandt werden (z. B. umfangreiche Bodengutachten), können bei . . . . eingesehen werden (Anschrift einsetzen). Im übrigen erhalten Sie die Unterlagen gegen Zahlung eines Betrages von DM . . . . zugesandt.

Den Zuschlag erteilt der/die . . . .
(Anschrift der zur Angebotsabgabe auffordernden Stelle einsetzen).

Die Vergabe wird im Wege einer Öffentlichen Ausschreibung/Beschränkten Ausschreibung/ Freihändigen Vergabe*) durchgeführt. Die Vergabe erfolgt im Offenen Verfahren/Nichtoffenen Verfahren/Verhandlungsverfahren mit Vergabebekanntmachung*).

Eine Ortsbesichtigung ist für den . . . . vorgesehen.

Sofern Sie beabsichtigen, ein Angebot abzugeben, werden Sie gebeten, das anliegende Angebotsschreiben ausgefüllt und rechtsverbindlich unterschrieben an den Auftraggeber zu senden. Der Umschlag ist außen mit Namen und Anschrift der anbietenden Firma zu versehen. Außerdem ist darauf zu vermerken, daß es sich um ein Angebot für das Bauvorhaben . . . . handelt. Zum Eröffnungstermin können der Bieter und/oder seine Bevollmächtigten anwesend sein.

Als Eröffnungstermin wurde der . . . . (mit Uhrzeit) in . . . . festgelegt. Die Angebotsfrist läuft ab, sobald der Verhandlungsleiter im Eröffnungstermin mit der Eröffnung der Angebote beginnt. Bis zum Ablauf der Angebotsfrist können Angebote schriftlich, fernschriftlich oder telegrafisch zurückgezogen werden.

Der Bieter hat mit dem Angebot die in § 8 Nr. 3 VOB/A aufgeführten Unterlagen vorzulegen. Er hat ferner eine Sicherheit in Form einer . . . . zu überreichen, die ihm mit Ablauf der Zuschlags- und Bindefrist zurückgegeben wird.

Änderungsvorschläge und/oder Nebenangebote sind nicht*) zugelassen. Nebenangebote ohne gleichzeitige Abgabe eines Hauptangebots werden nicht*) ausgeschlossen.

Der Auftraggeber behält sich vor, die zu vergebenden Bauleistungen in Lose aufzuteilen und diese Lose an verschiedene Bieter zu vergeben.

Die Zuschlagsfrist beginnt mit dem Eröffnungstermin und beträgt . . . . Werktage. Bis zum Ablauf der Zuschlagsfrist ist der Bieter an sein Angebot gebunden.

Bestandteile des Angebots sind:
- die Allgemeinen Vertragsbedingungen für die Ausführung von Bauleistungen (VOB/B),
- die Allgemeinen Technischen Vertragsbedingungen für Bauleistungen (VOB/C),
- die Zusätzlichen Vertragsbedingungen,
- die Besonderen Vertragsbedingungen (mit Zahlungsbedingungen),
- die Zusätzlichen Technischen Vertragsbedingungen,
- die Leistungsbeschreibung nebst Plänen und Zeichnungen,
- die Vorbemerkungen zur Leistungsbeschreibung,
- die Vergabe wird nach den beigefügten Bewerbungsregelungen und der VOB/A durchgeführt.
- die Bewerbungsbedingungen

Der Bieter kann sich wegen etwaiger Verstöße gegen die Vergabebestimmungen an . . . . wenden.

Die Angebote sind in deutscher Sprache abzufassen, die Preise sind in DM anzugeben.

Im übrigen wird auf die Bekanntmachung nach § 17 a, Nr. 3 Abschnitt 2 VOB/A verwiesen (gilt nur für die Bauleistungen nach § 1 a VOB/A Abschnitt 2). Die Angebote haben den Anforderungen an § 21 Nr. 1 – 4 VOB/A zu entsprechen.

Mit freundlichen Grüßen

. . . .
(Unterschrift des Auftraggebers)

Anmerkung: Bei Ausschreibungen nach der EG-Baukoordinierungsrichtlinie (Abschnitt 2 der VOB 1992) treten an die Stelle der Vergabeverfahren nach § 8 VOB/A die in § 8a VOB/A aufgeführten Verfahren (Offenes Verfahren, Nichtoffenes Verfahren und Verhandlungsverfahren (vgl. Muster 1.2 a).

*) Unzutreffendes bitte streichen

Besondere Hinweise zu §§ 16, 17, 17 a, 18, 18 a, 19, 20 VOB/A (Muster 1.1)

1. **VOB-Bestimmungen**
   §§ 16, 17, 17a, 18, 18a, 19, 20 VOB/A

2. **Erläuterungen**

2.1 Voraussetzungen für die Aufforderung zur Abgabe eines Angebotes
Es müssen sämtliche Unterlagen fertiggestellt sein, die für die Ausführung des Bauvorhabens erforderlich sind, d. h. insbesondere das Leistungsverzeichnis, Zeichnungen, Pläne, Berechnungen, Bodenuntersuchungen. Außerdem müssen die vertraglichen Regelungen vorliegen, die dem späteren Bauvertrag zugrunde liegen sollen, d. h. insbesondere die Bewerbungsbedingungen (vgl. Muster 1.2 und Bauvertrag, Muster 2.3).
Die Finanzierung muß gesichert sein, anderenfalls liegt ein schwerwiegender Grund für die Aufhebung der Ausschreibung nach § 26 Nr. 1 c VOB/A vor mit der Folge, daß der Bieter mit dem annehmbarsten Angebot einen Schadensersatzanspruch wegen Verschuldens bei Anbahnung eines Vertragsverhältnisses hat (vgl. Allgemeines zur Vergabe).
Es müssen die behördlichen Genehmigungen vorliegen, die der Auftraggeber zu beschaffen hat (z. B. die Baugenehmigung, Sonder- oder Ausnahmegenehmigungen und/oder Erlaubnisse).

2.2 **Ausschreibung ohne Bauabsicht**
Führt der Auftraggeber trotz des Verbotes des § 16 Nr. 2 VOB/A Ausschreibungen für vergabefremde Zwecke durch, d. h., er beabsichtigt überhaupt nicht, ein Bauvorhaben auszuführen, so macht er sich nach §§ 823 ff. BGB schadensersatzpflichtig, weil er die Bieter arglistig durch die Ausschreibung über seine Bauabsicht getäuscht hat. Außerdem können die Bieter ihre Ansprüche in solchen Fällen auf § 632 BGB stützen. Nach dieser Bestimmung gilt eine Vergütung als stillschweigend vereinbart, wenn die Herstellung des Werkes (die Erstellung des Angebotes) nur gegen Vergütung zu erwarten war (vgl. Heiermann/Riedl/Rusam, VOB, Rdn. 11 ff. zu § 16 VOB/A).

2.3 **Bedeutung der §§ 17, 17 a VOB/A**
Gegenüber der Ausgabe 1988 ist die VOB/A – wie oben näher erläutert wurde – neu gegliedert worden. Die a-Paragraphen sind in den Abschnitt 2 übernommen worden, so daß der Abschnitt 1 wieder der ursprünglichen Fassung (1988) entspricht. Es bleibt jedoch dabei, daß die Regelung in dem Abschnitt 2 von denjenigen Bietern anzuwenden ist, deren Bauvorhaben den Schwellenwert (= 5 Mio. ECU – Jan. 1994 = 9,75 Mio. DM) übersteigt.
Die Bestimmungen aus der EG-Baukoordinationsrichtlinie („a-Paragraphen") werden jeweils dort berücksichtigt, wo der Musterbrief dies erforderlich macht. Im einzelnen ist vorab auf folgende Regelungen hinzuweisen: § 1 a (Geltungsbereich der a-Paragraphen), § 3 a (Arten der Vergabe: Offenes Verfahren, Nichtoffenes Verfahren und Verhandlungsverfahren), § 8 a (Wettbewerbsteilnehmer), § 9 a (Ausnahmen von der Anwendung gemeinschaftsrechtlicher technischer Spezifikationen), § 10 a (zusätzliche Angaben zu den Vergabeunterlagen), § 17 a (Vorinfor-

mation, Bekanntmachung und Versand der Vergabeunterlagen), § 18 a (verlängerte Angebots- und Bewerbungsfristen), § 25 a (Wertungskriterien), § 26 a (besonderes Aufhebungs- bzw. Einstellungsverfahren), § 28 a (Bekanntmachungen nach Muster), § 30 a (Melde- und Berichtspflichten – Anhang 7) und § 32 a (besondere Vorschriften für Baukonzessionen).
Den Abschnitten 2 (vgl. §§ 17 a Nr. 1, 30 a Nr. 2, 32 a Nr. 2), 3 und 4 sind Anhänge beigefügt worden, die in bestimmten Vergabeabschnitten verwendet werden müssen (vgl. u. a. § 6 SKR). Darauf wird an dieser Stelle bereits hingewiesen. Dies gilt für die Vorabinformation, die Vergabeverfahren und das Prüfsystem sowie für die Veröffentlichung bzw. Bekanntmachung vergebener Aufträge. In diesem Zusammenhang ist auf den Anhang A hinzuweisen, der die wesentlichen Angaben als zwingend notwendige Vorinformation zu der beabsichtigten EG-weit auszuschreibenden Baumaßnahme enthält. Für die der Baukoordinierungsrichtlinie unterliegenden öffentlichen Bauaufträge (Schwellenwert: 5 Mio. ECU) wurde im übrigen ein sog. Verhandlungsverfahren eingeführt (vgl. § 3 a Nr. 1 c VOB/A), das an die Stelle der freihändigen Vergabe tritt. Für die Bekanntmachung enthält die Neufassung der VOB/A beim Offenen Verfahren im Anhang B, beim Nichtoffenen Verfahren im Anhang C und beim Verhandlungsverfahren im Anhang D jeweils ein Muster, nach dem vorzugehen ist.
Im übrigen wird im folgenden Teil jeweils auf die der Baukoordinierungsrichtlinie entsprechenden Vorschriften aus den a-Paragraphen eingegangen.

2.4 Angebotsfrist

§ 18 VOB/A (1992) sieht eine Angebotsfrist von mindestens 10 Kalendertagen vor (§ 18 Nr. 1 Satz 1). Es handelt sich hierbei um den Zeitraum, der dem Bieter zur Bearbeitung und Einreichung der Angebote zur Verfügung zu stehen hat. In diesem Zusammenhang ist darauf hinzuweisen, daß die Angebote bis zum Ablauf der Angebotsfrist „schriftlich, fernschriftlich oder telegrafisch zurückgezogen werden" können (§ 18 Nr. 3). Die Angebotsfrist, eine Ausschlußfrist, läuft nach § 18 Nr. 2 VOB/A ab, sobald der Verhandlungsleiter im Eröffnungstermin mit der Öffnung der Angebote beginnt.
In § 18 a VOB/A findet sich die Regelung der Angebots- und Bewerbungsfrist für die den Schwellenwert erreichenden bzw. überschreitenden Bauvorhaben. Mit der Verkürzungsmöglichkeit auf 36 Kalendertage beträgt die Angebotsfrist beim Offenen Verfahren mindestens 52 Kalendertage, beim Nichtoffenen Verfahren wird zwischen einer Bewerbungsfrist von 37 Kalendertagen und einer Angebotsfrist von mindestens 40 Kalendertagen unterschieden (vgl. § 18 a Nr. 2 Abs. 1 und Abs. 2 VOB/A). Dabei ist die Bewerbungsfrist derjenige Zeitraum, innerhalb dessen die Anträge auf Teilnahme am Verfahren eingegangen sein müssen. Beim Verhandlungsverfahren mit Vergabebekanntmachung gelten diese Fristen von 37 Kalendertagen für die Bewerbung und 40 Kalendertagen für das Angebot ebenfalls.

2.5 Zuschlags- und Bindefrist – Neufassung

Mit Zuschlagsfrist wird der Zeitraum bezeichnet, den der Auftraggeber benötigt, die bei ihm eingegangenen Angebote daraufhin zu prüfen, welchem der Zuschlag erteilt werden soll (§§ 19, 28, 28 a VOB/A).
Unter Bindefrist versteht man den Zeitraum, für den der Bieter gegenüber dem Auftraggeber an das Angebot gebunden ist (§ 19 VOB/A).
Zuschlagsfrist und Bindefrist sind zeitgleich (vgl. Heiermann/Riedl/Rusam a. a. O., A § 19 Rdn. 2).
Mit Rücksicht auf das Verbot in § 10 Nr. 1 AGB, sich unangemessen lange oder nicht hinrei-

chend bestimmte Fristen für die Annahme oder Ablehnung eines Angebotes vorzubehalten, bestimmt § 19 Nr. 2 VOB/A, daß die Zuschlagsfrist so kurz wie möglich und nicht länger als 30 Werktage bemessen sein soll. Überschreitungen sind zu begründen. Eine Folge dieser der Beschleunigung dienenden Regelung des § 19 VOB/A ist, daß die für den Zuschlag nicht in Betracht kommenden Bieter möglichst umgehend bzw. sofort davon benachrichtigt werden (§§ 27 Nr. 1, 27a VOB/A).

Eine Klausel in den Ausschreibungsbedingungen des Auftraggebers, nach der die Zuschlagsfrist drei Monate nach dem Abgabetermin abläuft, ist wegen unangemessener Benachteiligung des Bieters gemäß §§ 9, 10 Nr. 1 AGBG unwirksam (OLG Köln, Schäfer/Finnern/Hochstein Nr. 4 zu § 19 VOB/A). Das gilt für öffentliche und private Auftraggeber gleichermaßen. Die im Sinne des § 9 AGBG angemessene Frist beträgt in der Regel und übereinstimmend mit § 19 Nr. 2 VOB/A 30 Werktage.

Grundsätzlich ist der Bieter an sein Angebot während der Zuschlags- bzw. Bindefrist gebunden, eine Anfechtung dieses Angebotes wegen Kalkulationsirrtums ist ausgeschlossen (vgl. im einzelnen Heiermann/Riedl/Rusam, a. a. O., A § 25 Rdn. 48; Ingenstau/Korbion, 12. Auflage 1993, A § 19 Rdn. 21 ff.). Der BGH hat dazu folgendes ausgeführt: „Grundsätzlich trägt derjenige, der aufgrund einer für richtig gehaltenen, in Wirklichkeit aber unzutreffenden Berechnungsgrundlage einen bestimmten Preis oder eine Vergütungsforderung ermittelt und seinem Angebot zugrunde legt, auch das Risiko dafür, daß seine Kalkulation zutrifft" (BGH, ZfBR 1986, 129 m. w. N.). In diesem Zusammenhang ist jedoch darauf hinzuweisen, daß ausnahmsweise etwas anderes dann gilt, wenn der Auftraggeber den Kalkulationsirrtum seinerseits vor Erteilung des Zuschlags erkannt hat (OLG Köln, NJW 1985, 1475; offen lassend BGH, ZfBR 1986, 129). Mit dem Zuschlag und der Verweigerung, das Angebot berichtigen zu lassen, verstößt der Auftraggeber dann gegen seine Vertragspflichten und macht sich gegenüber dem Bieter aus dem Gesichtspunkt des Verschuldens beim Vertragsabschluß schadensersatzpflichtig, und zwar in der Form, daß er den Bieter freistellen muß (OLG Köln, wie vor). Eine Klausel, die den Auftragnehmer mit dem Einwand eines Preis- oder Kalkulationsirrtums ausschließt, ist jedoch unwirksam, da sie wegen unangemessener Benachteiligung des Auftragnehmers gegen § 9 Abs. 2 AGBG verstößt (BGH, NJW 1983, 1671). Auf der anderen Seite ist die Irrtumsanfechtung nach § 119 Abs. 1 BGB die einzige Möglichkeit, die sich dem Auftragnehmer bietet, sich von seinem Angebot dann zu lösen, wenn dies einen schwerwiegenden Kalkulationsirrtum enthält (vgl. insoweit BGH in ZfBR 1988, 115). Das setzt jedoch die unzweideutige Erklärung des Willens des Auftragnehmers voraus, sich rückwirkend durch Anfechtung von dem Geschäft zu lösen (BGH, a. a. O.). Zur Frage der Irrtumsanfechtung beim externen und internen Erklärungs- bzw. Kalkulationsirrtum vgl. auch Ingenstau/Korbion, a. a. O., A § 19 Rdn. 21 ff. und Heiermann, BB 1984, 1836 m. w. N.).

Aufgrund der Forderungen der Baukoordinierungsrichtlinie ist in § 27 Nr. 2 VOB/A die Verpflichtung zur Begründung der Nichtberücksichtigung der Angebote festgelegt worden. Voraussetzung für diese Begründungspflicht ist, daß die nicht berücksichtigten Bewerber oder Bieter die Begründung verlangen, die dann innerhalb einer Frist von 15 Kalendertagen nach Eingang des Antrags vorgelegt werden muß.

2.6 Kosten der Verdingungsunterlagen

Kosten für die Verdingungsunterlagen, die die Selbstkosten nicht überschreiten dürfen, kann der Auftraggeber nur bei öffentlicher Ausschreibung verlangen, und zwar auch nur dann, wenn er in den Verdingungsunterlagen ausdrücklich darauf hinweist.

Die Selbstkosten der Vervielfältigung setzen sich im wesentlichen wie folgt zusammen: Stoffkosten (Kosten der Vervielfältigungs- und Lichtpauspapiere, Druckfarben, Verbrauch an elektrischer Energie etc.), Arbeitskosten (Löhne der Drucker und Lichtpauser einschließlich Arbeitgeberanteile für Sozialversicherung etc.), Kosten für Abschreibung, Instandhaltung und Instandsetzung der Vervielfältigungsgeräte, Gemeinkosten wie Raumkosten u. ä., Umsatzsteuer (allerdings nur, soweit der Auftraggeber selbst umsatzsteuerpflichtig ist – vgl. insoweit auch Vergabehandbuch der Finanzbaubehörden, wonach von den Mittelbehörden [Finanzdirektionen] Richtsätze für die Entschädigung nach § 20 Nr. 1 Abs. 1 Satz 1 VOB/A festzusetzen sind).

Die Bearbeitung des Angebots durch die Bieter ist grundsätzlich kostenlos, es sei denn, daß die Voraussetzungen von § 20 Nr. 2 Abs. 1 VOB/A vorliegen.

Wegen des Urheberschutzes und der Verwendungsbefugnis des Auftraggebers wird auf die Ausführungen bei Heiermann/Riedl/Rusam, a. a. O., A § 20 Rdn. 9 verwiesen. Dabei ist von Bedeutung, daß es sich mit Rücksicht auf § 20 Nr. 3 Satz 2 VOB/A empfiehlt, Vereinbarungen über die Verwendungsbefugnis des Auftraggebers zu treffen, die insbesondere Art und Umfang der Verwendung, Höhe der eventuell an den Bieter zu zahlenden Vergütung und den eventuellen Verzicht auf Urheberrechte regeln (vgl. auch § 3 Nr. 4a VOB/A).

2.7 Anlagen

Im einzelnen findet sich die Festlegung des Umfangs der dem Bewerber zur Verfügung zu stellenden Informationen und Unterlagen in §§ 17, 17a VOB/A. Auf diese beiden Vorschriften wird verwiesen, da sie im einzelnen genau festlegen, welche Unterlagen den Bewerbern auszuhändigen sind und mit welchen Informationen diese versehen werden müssen. Im Gegensatz zu § 17 (Fassung 1988) wird in der Neufassung in Nr. 4 Abs. 1 lediglich bestimmt, daß die „Vergabeunterlagen den Bewerbern in kürzestmöglicher Frist und in geeigneter Weise zu übermitteln" sind, während sie bei Beschränkter Ausschreibung nach Öffentlichem Teilnahmewettbewerb „am selben Tag" abzusenden sind.

Im übrigen wird auf den Inhalt der Bekanntmachungen gemäß § 17 Nr. 1 Abs. 2 und Nr. 2 Abs. 2 hingewiesen.

Eine Neuregelung für diejenigen Bauvorhaben, die den Schwellenwert von 5 Mio. ECU (750 000,– ECU bei einem Bauauftrag, bei dem der Wert der zu liefernden Stoffe und Bauteile weit überwiegt) erreichen, enthält § 17a VOB/A mit der sogenannten Vorinformation. Bei derartigen, der Baukoordinierungsrichtlinie unterliegenden Bauvorhaben sind die wesentlichen Angaben als Vorinformation nach dem in Anhang A enthaltenen Muster bekanntzumachen. Dies hat im Amtsblatt der Europäischen Gemeinschaften zu geschehen. Die Einzelheiten sind in § 17a Nr. 1 bis 6 VOB/A geregelt. Auf die Vorinformation bzw. die Bekanntmachung ist ausdrücklich hinzuweisen.

Der Regelungsinhalt der Zusätzlichen oder Besonderen Vertragsbedingungen findet sich in § 10 Nr. 4 VOB/A. Insoweit sind von der VOB/B abweichende AGB zugelassen, wobei jedoch beachtet werden muß, daß die VOB/B „als Ganzes" unverändert bleibt (vgl. auch S. 13 Ziff. 2.7).

Muster 1.2 – Bewerbungsbedingungen gemäß §§ 4, 5, 8, 10, 17, 21 VOB/A

1. **Vergabe**
   Der Auftraggeber führt die Vergabe nach den Allgemeinen Bestimmungen für die Vergabe von Bauleistungen – DIN 1960 – (VOB/A) durch. Die VOB/A wird nicht Vertragsbestandteil.

2. **Angebot**

   2.1 Der Bieter hat den beigefügten Vordruck für das Angebot zu verwenden. Für das Leistungsverzeichnis gilt jedoch die Regelung in § 21 Nr. 1 Abs. 3 VOB/A.

   2.2 Das Angebot muß vollständig sein und gemäß § 21 Nr. 1 Abs. 1 VOB/A die Preise und die geforderten Erklärungen enthalten und mit rechtsverbindlicher Unterschrift versehen sein.

   2.3 Änderungen des Bieters an den vom Auftraggeber übergebenen Verdingungsunterlagen sind gemäß § 21 Nr. 1 Abs. 2 VOB/A unzulässig.

   2.4 Angebote, die diesen Bestimmungen nicht entsprechen, insbesondere jedoch die in § 21 VOB/A enthaltenen Anforderungen nicht erfüllen, können ausgeschlossen werden.

   2.5 Die Angebotsfrist ist einzuhalten.

3. **Preise**

   3.1 Die jeweiligen Preise (Einheitspreise, Pauschalpreise, Stundenlohnpreise etc.) sind netto anzugeben, und der jeweilige Umsatzsteuerbetrag ist am Schluß des Angebotes hinzuzurechnen. Maßgeblich ist der Umsatzsteuersatz, der zum Zeitpunkt der Abgabe des Angebotes gilt.

   3.2 Ein Preisnachlaßangebot wird bei der Wertung nur dann berücksichtigt, wenn dies nicht zu einer Änderung der Verdingungsunterlagen führt.

   3.3 Der Bieter hat auf Verlangen die Urkalkulation in verschlossenem Umschlag vorzulegen. Bei Einsichtnahme ist der Bieter zu benachrichtigen, und ihm ist die Anwesenheit bei der Einsichtnahme gestattet.

4. **Änderungsvorschläge und Nebenangebote**

   4.1 Die Abgabe von Änderungsvorschlägen oder Nebenangeboten ist zulässig.
   Soweit die Abgabe von Änderungsvorschlägen oder Nebenangeboten zulässig ist, müssen diese auf besonderer Anlage kenntlich gemacht und als solche deutlich gekennzeichnet werden (§ 21 Nr. 3 VOB/A).
   Die Abgabe von Nebenangeboten ohne Abgabe eines Hauptangebots ist ausgeschlossen*).

   4.2 Änderungsvorschläge und Nebenangebote sind mit der rechtsverbindlichen Unterschrift zu versehen.

   4.3 Im übrigen gelten die Bestimmungen der §§ der VOB/A.

5. Bieter- und/oder Arbeitsgemeinschaften

5.1 Die Abgabe von Angeboten durch Bieter- und/oder Arbeitsgemeinschaften ist zulässig.

5.2 Voraussetzung für die Prüfung und Wertung eines Angebotes einer Arbeits- und/oder Bietergemeinschaft ist, daß
- sie ein Verzeichnis ihrer Mitglieder beifügen,
- sie ihren bevollmächtigten Vertreter für den Abschluß und die Ausführung des Vertrages bezeichnen,
- sämtliche Mitglieder das Angebot rechtsverbindlich unterzeichnen,
- alle Mitglieder für die Vertragserfüllung als Gesamtschuldner haften.

6. Bevorzugte Bewerber

§ 8 Nr. 1 VOB/A bestimmt, daß alle Bewerber gleich zu behandeln sind. Insbesondere die bislang praktizierte Bevorzugung ortsansässiger Bewerber wird ausdrücklich in § 8 Nr. 1 S. 2 VOB/A untersagt.

7. Nachunternehmer

7.1 Der Bieter hat anzugeben, welche Leistungen er an Nachunternehmer übertragen will.

7.2 Es gilt § 4 Nr. 8 Abs. 1, Abs. 2 und Abs. 3 VOB/B.

7.3 Ohne Zustimmung des Auftraggebers darf der Bieter nur solche Leistungen oder Leistungsteile an Nachunternehmer übertragen, auf die sein Betrieb nicht eingerichtet ist.

7.4 Für die Zustimmung des Auftraggebers wird die Schriftform vereinbart.

8. Ausländische Bewerber

8.1 Die Preise sind in Deutscher Mark anzubieten.

8.2 Das Angebot ist in deutscher Sprache abzufassen, der Schriftverkehr wird in deutscher Sprache geführt.

8.3 Mit dem Angebot hat der ausländische Bewerber die gewerberechtlichen Genehmigungen und die Arbeitserlaubnisse vorzulegen und den Nachweis darüber zu führen, daß eine ausreichende Betriebshaftpflichtversicherung besteht.

8.4 Die Anmeldung zur Deutschen Berufsgenossenschaft oder die Befreiung von dieser Verpflichtung sind nachzuweisen.

8.5 Im übrigen gelten die deutschen Rechtsvorschriften.

9. **Unklarheiten**

Sofern nach Auffassung des Bieters in den Verdingungsunterlagen Unklarheiten oder Widersprüche enthalten sind, die die Ermittlung der Angebotspreise beeinflussen können, ist der Bieter verpflichtet, dies unverzüglich vor Angebotsabgabe dem Auftraggeber schriftlich, fernschriftlich oder telegrafisch mitzuteilen. Dies gilt auch dann, wenn der Bieter den Auftraggeber hierauf bereits mündlich hingewiesen hat.

Zusätzliche sachdienliche Auskünfte über die Vergabeunterlagen oder die Grundlagen der Preisermittlung werden auf schriftliche Anfrage erteilt.

10. **Eignungsnachweise**

Der Bieter hat mit dem Angebot die zum Nachweis seiner Eignung (Fachkunde, Leistungsfähigkeit und Zuverlässigkeit) gemäß § 8 Nr. 3 VOB/A notwendigen Angaben zu machen und die entsprechenden Unterlagen vorzulegen. Auf den Ausschluß von der Teilnahme am Wettbewerb gemäß § 8 Nr. 5 VOB/A wird hiermit hingewiesen.

Bei einer Beschränkten Ausschreibung sind die Eignungsnachweise bereits mit dem Teilnahmeantrag vorzulegen (§ 8 Nr. 4 VOB/A).

11. **Bauleiter**

Das für die Leitung und Aufsicht vorgesehene technische Personal ist zu benennen.

12. **Gerichtsstand**

Gerichtsstand ist der Sitz der ausschreibenden Stelle/Gesellschaft/Firma*).

---

*) Unzutreffendes bitte streichen.

Besondere Hinweise zu §§ 4, 5, 8, 10, 17, 17 a, 21 VOB/A (Muster 1.2)

1. VOB-Bestimmungen
§§ 4, 5, 8, 10, 17, 17 a, 21 VOB/A

2. Erläuterungen
Die Bewerbungsbedingungen werden, ebenso wie die VOB/A, nicht Vertragsbestandteil. Sie regeln lediglich das Verfahren, das zum Abschluß des Bauvertrages führt. Gemäß § 17 Nr. 4 Abs. 2 VOB/A besteht für Auftraggeber, die ständig Bauleistungen vergeben, insoweit eine Sonderregelung, als diese Auftraggeber die Erfordernisse, die die Bewerber bei der Bearbeitung der Angebote zu beachten haben, in Bewerbungsbedingungen zusammenfassen und dem Anschreiben beifügen sollen. Es handelt sich dabei immer um Anweisungen an den Bieter, nicht jedoch um Unterlagen, die Vertragsbestandteil werden.
Ebenso wie der Auftraggeber bei der Vergabe von Bauleistungen nicht gegen die VOB/A verstoßen darf, wenn er diese als Verfahrensvorschrift für die Vergabe erklärt hat, darf er auch bei der Vergabe nicht gegen die Bewerbungsregelungen verstoßen. Hat der Auftraggeber beispielsweise gemäß Ziffer 4.1 Änderungsvorschläge oder Nebenangebote zugelassen, dann darf er diese bei der Wertung der Angebote nicht ausschließen. Eine Ausnahme gilt nur dann, wenn der Bieter nicht die Bestimmungen der Ziffer 4.2 über die Abfassung von Änderungsvorschlägen oder Nebenangeboten eingehalten hat. Ebenso darf der Auftraggeber nicht Angebote von Bieter- oder Arbeitsgemeinschaften von der Wertung ausschließen, sofern die Voraussetzungen von Ziffer 5.2 erfüllt sind. Tut er dies dennoch, obwohl er derartige Angebote für zulässig erklärt hat, dann kann je nach Lage des Einzelfalles ein Schadensersatzanspruch aus Verschulden bei Anbahnung eines Vertragsverhältnisses (vgl. Allgemeines zur Vergabe von Bauleistungen) gegen den Auftraggeber gegeben sein (Ingenstau/Korbion, a. a. O., A § 8 Rdn. 1).
Art und Weise der Bekanntmachung Öffentlicher Ausschreibungen und Beschränkter Ausschreibungen mit öffentlichem Teilnahmewettbewerb werden ausführlich in § 17 bzw. 17 a VOB/A geregelt. Auffällig ist daran, daß für die Bauaufträge im Sinne von § 1 a VOB/A hinsichtlich der Bekanntmachung insoweit eine Sonderregelung gefunden wurde, als diese nach in jedem Fall zu beachtenden Mustern (Anhang A bis Anhang D) durchgeführt werden müssen. Auch ist die Verpflichtung zur Vorinformation gemäß § 17 a Nr. 1 VOB/A zu beachten.
Bei Bauvorhaben, die den Schwellenwert von 5 Mio. ECU (§ 1a) überschreiten, ist § 8a VOB/A zu beachten (u. a. mindestens 5 Bewerber bei dem Nichtoffenen Verfahren und 3 bei dem Verhandlungsverfahren).
Es empfiehlt sich, Anschreiben (Muster 1.1) und Bewerbungsbedingungen zu verwenden (§ 10 Nr. 5 Abs. 4 VOB/A).

Muster 1.2 a – Bewerbungsbedingungen gemäß §§ 4, 5, 8, 8 a, 10, 10 a, 17, 17 a, 21 VOB/A

1. **Vergabe**
   Der Auftraggeber führt die Vergabe nach den Allgemeinen Bestimmungen für die Vergabe von Bauleistungen – DIN 1960 – (VOB/A 1992) durch. Die VOB/A wird nicht Vertragsbestandteil.
   Der Bauauftrag wird im Offenen Verfahren/Nichtoffenen Verfahren/Verhandlungsverfahren (mit/ohne*) Vergabebekanntmachung*) vergeben.

2. **Angebot**

   2.1 Der Bieter hat beigefügten Vordruck für das Angebot zu verwenden.

   2.2 Das Angebot darf nur die Preise und die geforderten Erklärungen enthalten. Es muß mit der rechtsverbindlichen Unterschrift des Bieters versehen sein.
   Änderungen an den Verdingungsunterlagen sind unzulässig (§ 21 Nr. 1 Abs. 2 VOB/A).
   Es wird jedoch zugelassen, daß der Bieter für die Angebotsabgabe eine selbstgefertigte Abschrift oder eine selbstgefertigte Kurzfassung des Leistungsverzeichnisses benutzt. Voraussetzung dafür ist, daß er in gesonderter Erklärung die vom Auftraggeber verfaßte Urschrift des Leistungsverzeichnisses als alleinverbindlich anerkennt. Kurzfassungen müssen die Aussagen vollständig, in der gleichen Reihenfolge und mit den gleichen Nummern wie die Urschrift wiedergeben (§ 21 Nr. 1 Abs. 3 VOB/A).
   Angebote, die im Eröffnungstermin dem Verhandlungsleiter bei Öffnung des ersten Angebots nicht vorgelegen haben, und Angebote, die den Bestimmungen des § 21 Nr. 1 Abs. 1 und 2 VOB/A nicht entsprechen, brauchen nicht geprüft zu werden (§ 23 Nr. 1 VOB/A). Dies gilt auch bei Verstoß gegen § 21 Nr. 1 Abs. 3 VOB/A.
   Die Angebote haben den Anforderungen an § 21 Nr. 1 – 4 VOB/A zu entsprechen.

3. **Preise**

   3.1 Die jeweiligen Preise (Einheitspreise, Pauschalpreise, Stundenlohnpreise etc.) sind netto anzugeben, und der jeweilige Umsatzsteuerbetrag ist am Schluß des Angebots hinzuzurechnen. Maßgeblich ist der Umsatzsteuersatz, der zum Zeitpunkt der Abgabe des Angebots gilt.

   3.2 Maßgebend ist der Einheitspreis (§ 23 Nr. 3 VOB/A).

   3.3 Der Bieter hat auf Verlangen die Urkalkulation in verschlossenem Umschlag vorzulegen. Bei Einsichtnahme ist der Bieter zu benachrichtigen, und ihm ist die Anwesenheit bei der Einsichtnahme zu gestatten.

4. **Änderungsvorschläge und Nebenangebote**
   Soweit die Abgabe von Änderungsvorschlägen oder Nebenangeboten zulässig ist, müssen diese auf besonderer Anlage kenntlich gemacht und als solche deutlich gekennzeichnet und mit rechtsverbindlicher Unterschrift versehen sein (§ 21 Nr. 3 VOB/A).
   Die Abgabe von Nebenangeboten ohne gleichzeitige Abgabe eines Hauptangebotes ist ausgeschlossen*).

5. **Bieter- und/oder Arbeitsgemeinschaften**

5.1 Die Abgabe von Angeboten durch Bieter- und/oder Arbeitsgemeinschaften ist zulässig.

5.2 Voraussetzung für die Prüfung und Wertung eines Angebots einer Arbeits- und/oder Bietergemeinschaft ist, daß
- sie ein Verzeichnis ihrer Mitbieter beifügen.
- ihren Bevollmächtigtenvertreter für den Abschluß und die Ausführung des Vertrags bezeichnen,
- sämtliche Mitglieder das Angebot rechtsverbindlich unterzeichnen,
- die Mitglieder rechtsverbindlich ihre Haftung als Gesamtschuldner erklären.

6. **Bevorzugte Bewerber**

§ 8 Nr. 1 VOB/A bestimmt, daß alle Bewerber gleich zu behandeln sind. Insbesondere die bislang praktizierte Bevorzugung ortsansässiger Bewerber wird ausdrücklich in § 8 Nr. 1 S. 2 VOB/A untersagt.

7. **Nachunternehmer**

7.1 Der Bieter hat in dem Angebot anzugeben, welche Leistungen er selbst ausführen und welche er anderen Unternehmern übertragen will.
Es gilt im übrigen § 4 Nr. 8 Abs. 1, Abs. 2 und Abs. 3 VOB/B.

7.2 Ohne Zustimmung des Auftraggebers darf der Bieter nur solche Leistungen oder Leistungsteile Nachunternehmern übertragen, auf die sein Betrieb nicht eingerichtet ist (§ 4 Nr. 8 Abs. 1 Satz 2 und 3 VOB/B).

7.3 Für eine eventuell erforderlich werdende Zustimmung des Auftraggebers wird die Schriftform vereinbart. Der Bieter hat die Nachunternehmer bekanntzumachen.

8. **Ausländische Bewerber**

8.1 Die Preise sind in Deutscher Mark anzubieten. Das Angebot ist in deutscher Sprache abzufassen, der Schriftverkehr wird in deutscher Sprache geführt.

8.2 Mit dem Angebot hat der ausländische Bewerber die gewerberechtlichen Genehmigungen und die Arbeitserlaubnisse vorzulegen und den Nachweis darüber zu führen, daß eine ausreichende Betriebshaftpflichtversicherung besteht.

8.3 Die Anmeldung zur deutschen Berufsgenossenschaft oder die Befreiung von dieser Verpflichtung sind nachzuweisen.

8.4 Im übrigen gelten die deutschen Rechtsvorschriften.

9. **Unklarheiten**
Sofern nach Auffassung des Bieters in den Verdingungsunterlagen Unklarheiten oder Widersprüche enthalten sind, die die Ermittlung der Angebotspreise beeinflussen können, ist der Bieter verpflichtet, dies unverzüglich vor Angebotsabgabe dem Auftraggeber schriftlich, fernschriftlich oder telegrafisch mitzuteilen. Dies gilt auch dann, wenn der Bieter den Auftraggeber hierauf bereits mündlich hingewiesen hat. Zusätzliche Informationen zu den Vergabeunterlagen oder den Grundlagen der Preisermittlung werden auf schriftliche Anfrage erteilt.

10. **Eignungsnachweise**
Der Bieter hat mit dem Angebot die zum Nachweis seiner Eignung (Fachkunde, Leistungsfähigkeit und Zuverlässigkeit) gemäß § 8 Nr. 3 VOB/A notwendigen Angaben zu machen und die entsprechenden Unterlagen vorzulegen. Auf den Ausschluß von der Teilnahme am Wettbewerb gemäß § 8 Nr. 5 VOB/A wird hiermit hingewiesen.
Bei einer Beschränkten Ausschreibung sind die Eignungsnachweise bereits mit dem Teilnahmeantrag vorzulegen (§ 8 Nr. 4 VOB/A).

11. **Bauleiter**
Das für die Leitung und Aufsicht vorgesehene technische Personal ist zu benennen.

12. **Vorinformation/Bekanntmachung*)**
Auf die Bekanntmachung der Ausschreibung der baulichen Anlage/des Bauauftrags*) in .... wird hingewiesen.

13. **Gerichtsstand**
Gerichtsstand ist der Sitz des Auftraggebers.

*) Unzutreffendes bitte streichen.

Besondere Hinweise zu §§ 4, 5, 8, 8 a, 10, 10 a, 17, 17 a, 21 VOB/A (Muster 1.2 a)

1. VOB-Bestimmungen
§§ 4, 5, 8, 8 a, 10, 10 a, 17, 17 a, 21 VOB/A

2. Erläuterungen
Ebenso wie der Auftraggeber bei der Vergabe von Bauleistungen nicht gegen die VOB/A verstoßen darf, wenn er diese als Verfahrensvorschrift für die Vergabe erklärt hat, darf er auch bei der Vergabe nicht gegen die Bewerbungsregelungen verstoßen. Hat der Auftraggeber beispielsweise gemäß Ziffer 4.1 Änderungsvorschläge oder Nebenangebote zugelassen, dann darf er diese bei der Wertung der Angebote nicht ausschließen. Eine Ausnahme gilt nur dann, wenn der Bieter nicht die Bestimmungen der Ziffer 4.2 über die Abfassung von Änderungsvorschlägen oder Nebenangeboten eingehalten hat. Ebenso darf der Auftraggeber nicht Angebote von Bieter- oder Arbeitsgemeinschaften von der Wertung ausschließen, sofern die Voraussetzungen von Ziffer 5.2 erfüllt sind. Tut er dies dennoch, obwohl er derartige Angebote für zulässig erklärt hat, dann kann je nach Lage des Einzelfalles ein Schadensersatzanspruch aus Verschulden bei Anbahnung eines Vertragsverhältnisses (vgl. Allgemeines zur Vergabe von Bauleistungen) gegen den Auftraggeber gegeben sein.
Für die den Schwellenwert aus § 1 a VOB/A erreichenden Bauvorhaben bestimmt § 8 a VOB/A, daß beim Nichtoffenen Verfahren mindestens fünf geeignete Bewerber aufgefordert werden müssen, um einen echten Wettbewerb zu gewährleisten. Der Eignungsnachweis ist mit dem Teilnahmeantrag vorzulegen und bereits in diesem Stadium zu prüfen. Bei dem sogenannten Verhandlungsverfahren mit Vergabebekanntmachung darf die Zahl der Bewerber im Normalfall drei nicht unterschreiten. Für das Verhandlungsverfahren gilt § 8 Nr. 3–5 VOB/A. Für die europaweit auszuschreibenden Bauvorhaben wird also in § 8 a im wesentlichen die Anpassung an die sich aus § 8 VOB/A für bundesweit auszuschreibende Bauvorhaben ergebenden Regelungen vorgenommen.
Hinsichtlich der Vergabeunterlagen gilt das Entsprechende für § 10 a VOB/A, dessen Funktion sich im wesentlichen darin erschöpft, die europaweiten an die bundesweiten Ausschreibungen anzupassen.
Von besonderer Bedeutung (s. o.) sind die Vorinformationen (Bekanntmachung) nach § 17 a VOB/A. Zunächst müssen den Schwellenwert (§ 1 a) erreichende Vorhaben dem Amt für amtliche Veröffentlichungen der EG in Luxemburg gemeldet werden. Sodann sind sie im Amtsblatt der Gemeinschaft zu veröffentlichen, und zwar mit in §§ 17, 17 a vorgeschriebenem Mindestinhalt und der Aufforderung zur Teilnahme am Wettbewerb.

Muster 1.3 – Angebot gemäß § 21 VOB/A

Name und Anschrift ...., den ....
des Bieters

Name und Anschrift
des Auftraggebers

Angebot
Bauvorhaben ....
Auszuführende Leistungen ....

Sehr geehrter Damen und Herren,

aufgrund Ihrer Aufforderung zur Angebotsabgabe vom .... bieten wir Ihnen die Ausführung der ausgeschriebenen Leistungen zu den von uns eingesetzten Preisen an.
Wir haben uns zu einer Bietergemeinschaft zusammengeschlossen. Bevollmächtigter Vertreter ist die Firma ....*)

Bestandteile unseres Angebotes sind:
- die Leistungsbeschreibung
- die Pläne und Zeichnungen
- die Vorbemerkungen zur Leistungsbeschreibung
- die Besonderen Vertragsbedingungen
- die Allgemeinen Vertragsbedingungen
- die gemäß Aufforderung zur Abgabe eines Angebotes verlangten Erklärungen und Nachweise
- die Allgemeinen Vertragsbedingungen für die Ausführung von Bauleistungen – DIN 1961 – (VOB/B) und die Allgemeinen Technischen Vertragsbedingungen – ATV – (VOB/C) und die weiteren in den Verdingungsunterlagen genannten DIN-Normen in der jeweils letzten Fassung, die spätestens 3 Monate vor dem Eröffnungstermin im Bundesanzeiger bekannt gemacht bzw. – bei weiteren DIN-Normen – angezeigt worden ist.

Wir beabsichtigen, die in der beigefügten Liste aufgeführten Leistungen an Nachunternehmer zu übertragen.

Wir erklären hiermit:
- daß wir uns über die örtlichen Verhältnisse der Baustelle unterrichtet haben,
- daß wir Mitglied der .... Berufsgenossenschaft seit dem .... unter Nr. .... sind.
- Unsere gesetzlichen Pflichten zur Zahlung der nicht vom Finanzamt erhobenen Steuern haben wir erfüllt.
- Aus Anlaß der Ausschreibung haben wir keine wettbewerbsbeschränkende Absprache gemäß § 1 des Gesetzes gegen Wettbewerbsbeschränkungen – GWB – getroffen und/oder empfohlen.

Wir sind ein ausländisches Unternehmen aus

EG-Staat . . . . Nationalität . . . .

anderem Staat . . . . Nationalität . . . .

Wir beabsichtigen, keine/die in der beigefügten Liste aufgeführten*) Leistungen an Nachunternehmer zu übertragen.

Wird das Angebotsschreiben nicht rechtsverbindlich unterschrieben, gilt das Angebot als nicht abgegeben.

Wir sind uns bewußt, daß eine wissentlich falsche Angabe der vorgenannten Erklärungen zu unserem Ausschluß von künftigen Auftragserteilungen führen kann.

Zugleich mit dem Hauptangebot überreichen wir das gesondert gekennzeichnete Nebenangebot/den Änderungsvorschlag.

Der Nachweis gem. § 21 Nr. 2 VOB/A in bezug auf die Leistungen . . . .
(Pos. des LV angeben) liegt an.

Mit freundlichen Grüßen

. . . .
(Name und Anschrift des Bieters)

*) Unzutreffendes bitte streichen

Besondere Hinweise zu § 21 VOB/A (Muster 1.3)

1. **VOB-Bestimmung**
   § 21 VOB/A

2. **Erläuterungen**

2.1 **Inhalt des Angebotes**
§ 21 VOB/A enthält die Grundsatzbestimmungen über den erforderlichen Inhalt der Angebote, um zu gewährleisten, daß dem Auftraggeber vergleichbare Angebote vorgelegt werden, die ihn in die Lage versetzen, im Rahmen der Wertung das annehmbarste Angebot im Sinne von § 25 Nr. 3 Abs. 3 VOB/A zu ermitteln. Wichtig ist dabei, daß die in § 21 aufgezählten Grundsatzanforderungen nur dann für den Bieter gelten, wenn der Auftraggeber sie in den Verdingungsunterlagen vorgeschrieben hat. Zweckmäßigerweise geschieht das mit der Verwendung des Musters 1.2 (Bewerbungsbedingungen).
Der Auftraggeber muß bei Eingang eines Angebotes prüfen, ob es seinem Inhalt nach den in der Aufforderung zur Abgabe eines Angebotes enthaltenen Bestimmungen für das Angebot entspricht. Dazu zählt, daß das Angebot die im einzelnen benannten Bestandteile enthält und keine Änderungen oder Ergänzungen an den Verdingungsunterlagen vorgenommen worden sind. Hierbei ist insbesondere § 21 Nr. 1 VOB/A zu beachten, wonach die Angebote nur die Preise und die geforderten Erklärungen enthalten sollen. Außerdem müssen sie mit rechtsverbindlicher Unterschrift versehen sein. Liegen diese Voraussetzungen nicht vor, so brauchen die Angebote gemäß § 23 Nr. 1 VOB/A nicht geprüft zu werden. Das gleiche gilt bezüglich eventueller Änderungsvorschläge oder Nebenangebote, wenn diese nicht die nach § 21 Nr. 2 VOB/A (vgl. auch Ziffer 4.2 der Bewerbungsregelungen) geforderten Voraussetzungen enthalten und sinngemäß für Bieter- und Arbeitsgemeinschaften (§ 21 Nr. 3 VOB/A in Verbindung mit Ziffer 5.2 der Bewerbungsregelungen).
Beispielhaft sind die Anforderungen an das Angebot, wie sie das Formblatt »Angebot« im VHB vorsieht und auf die hier zu verweisen ist.

2.2 **Angebotsergänzungen**
Nach § 21 Abs. 1 Nr. 2 VOB/A sind Änderungen an den Verdingungsunterlagen unzulässig. Diese Regelung ist notwendig, weil anderenfalls keine einwandfreien und miteinander vergleichbaren Angebote von den Bietern abgegeben werden können. Außerdem würde durch Änderungen der Angebote auch der echte Wettbewerb unter den Bietern in Frage gestellt werden. Eine Änderung eines Angebotes kann aber auch in der Weise erfolgen, daß beispielsweise der Bieter zusätzliche Erklärungen abgibt (z. B. geänderte Ausführungsfrist, Nachlaß auf den Preis, geänderte Gewährleistungsfrist etc.). Derartige Erklärungen sind in der Regel nicht als unzulässige Änderungen an den Verdingungsunterlagen zu werten, sondern vielmehr als Änderungsvorschläge oder Nebenangebote. Hierbei ist aber erforderlich, daß der Bieter derartige Vorschläge nur unterbreiten darf, wenn Änderungsvorschläge und Nebenangebote nach den Verdingungsunterlagen zulässig sind. Darüber hinaus müssen die Voraussetzungen von § 21 Nr. 2 VOB/A erfüllen. Ist dies nicht der Fall, dann braucht der Auftraggeber keine Prüfung bzw. Wertung

dieses Änderungsvorschlages oder Nebenangebotes vorzunehmen. Ergibt sich beispielsweise aus dem vom Bieter eingereichten Angebot, daß er nur dann ein Angebot abgeben will, wenn die vom Auftraggeber vorgesehene Ausführungsfrist verlängert wird, dann ist dies eine nach § 21 Nr. 1 Abs. 2 VOB/A unzulässige Änderung an den Verdingungsunterlagen mit der Folge, daß der Auftraggeber dieses Angebot nicht zu prüfen braucht. Will der Auftraggeber aber beispielsweise gerade dieses Angebot annehmen, so kann er dies nur, wenn er Änderungsvorschläge oder Nebenangebote zugelassen hat und die Voraussetzungen hierfür (auf besonderer Anlage und als Änderungsvorschlag oder Nebenangebot deutlich gekennzeichnet) erfüllt sind.

2.3 Änderungen an den Eintragungen des Bieters

Diese Bestimmung betrifft nur Änderungen, die der Bieter an seinen Eintragungen (z. B. Lohnanteil in einer Position im LV) vornimmt. Unter Eintragungen versteht man nicht nur das Einsetzen bestimmter Angaben in Vordrucke (z. B. das Leistungsverzeichnis), sondern sämtliche Angaben bzw. Erklärungen, die der Bieter abgibt und zu denen der Auftraggeber ihn im Rahmen der Verdingungsunterlagen aufgefordert hat. Sind Änderungen des Bieters an seinen Eintragungen nicht zweifelsfrei, d. h. eindeutig, so führt dies zum Ausschluß des Angebots nach § 25 Nr. 1 b VOB/A (Daub/Piel/Soergel, ErlZ 21.22 VOB/A).

2.4   Nebenangebote oder Änderungsvorschläge (z. B. Preisnachlässe bei gleichzeitiger Vergabe aller Lose an den Bieter oder bei freier Bestimmung der Leistungszeit) müssen auf einer besonderen Anlage gemacht und gekennzeichnet sein.

2.5   Will der Bieter von den vorgesehenen Spezifikationen abweichen, hat er dies gem. § 21 Nr. 2 VOB/A deutlich zu kennzeichnen und nachzuweisen, daß sie im Schutzniveau in bezug auf Sicherheit, Gesundheit und Gebrauchstauglichkeit gleichwertig sind.

Muster 1.4 – Niederschrift über den Eröffnungstermin gemäß § 22 VOB/A

Niederschrift über den Eröffnungstermin

Bauvorhaben . . . .
Auszuführende Leistungen . . . .
Öffentliche/Beschränkte Ausschreibung, Freihändige Vergabe*)
Vergabe-Nr. . . . .
. . . . Angebote sind bis zum . . . . (Datum und Uhrzeit) eingegangen.

Die vorbezeichneten . . . . Angebote waren ordnungsgemäß verschlossen und adressiert und sind rechtzeitig vor der Eröffnung des ersten Angebotes dem Verhandlungsleiter Herrn/Frau . . . . vorgelegt worden.

Die Eröffnung des ersten Angebotes erfolgte am . . . . (Datum) um . . . . (Uhrzeit).

Die zur Eröffnung zugelassenen Angebote Nr. . . . . bis Nr. . . . . wurden in der Nummernfolge in Gegenwart der anwesenden Bieter und/oder deren Bevollmächtigten eröffnet und wie folgt gekennzeichnet: . . . .

Es wurden Namen und Wohnort der Bieter, die Endbeträge (einschließlich MWSt, Preisnachlässe und Skonti) der Angebote verlesen und in die angefügte Zusammenstellung eingetragen.

Es sind . . . . Änderungsvorschläge und . . . . Nebenangebote eingegangen, die von den Bietern gemäß beigefügter Aufstellung abgegeben wurden.

Die Niederschrift über den Eröffnungstermin wurde verlesen. Sie wurde als richtig anerkannt/es wurden folgende Einwendungen erhoben:*)

Folgende Bieter bzw. deren Bevollmächtigte waren im Eröffnungstermin anwesend und haben durch ihre nachfolgende Unterschrift den dargelegten Ablauf des Eröffnungstermins bestätigt:

. . . ., den . . . .

. . . .
Unterschrift und Amts-/Berufsbezeichnung des Verhandlungsleiters

Nachtrag zur Niederschrift
1. Folgende Angebote gingen nach Eröffnung des ersten Angebots/Schluß der Verhandlung*) ein:

. . . .
2. Diese Angebote wurden nicht zugelassen, weil sie bei der Eröffnung des ersten Angebots nicht vorlagen. Folgende Gründe, aus denen die Angebote nicht rechtzeitig vorgelegen haben, wurden bekannt:

. . . .
3. Folgender Bieter bzw. deren Bevollmächtigter verlangte nach Schluß des Eröffnungstermins eine Einsicht in die Niederschrift über den Eröffnungstermin:

. . . .

*) Unzutreffendes bitte streichen

Besondere Hinweise zu § 22 VOB/A (Muster 1.4)

1. **VOB-Bestimmung**
   § 22 VOB/A

2. **Erläuterungen**

   2.1 **Durchführung des Eröffnungstermins**
   Die Durchführung einer Ausschreibung bedingt aus Wettbewerbsgründen einen Eröffnungstermin. Hierbei handelt es sich um eine zwingende Verpflichtung für den Auftraggeber. Der Eröffnungstermin muß auch pünktlich zum festgesetzten Zeitpunkt durchgeführt werden, um mögliche Manipulationen zu vermeiden. Zweck des Eröffnungstermins ist es, daß festgestellt wird, welche Angebote eingereicht wurden und dies aktenkundig gemacht wird. Insofern ist es deshalb auch nicht Sache des Verhandlungsleiters, beispielsweise darüber zu entscheiden, ob ein Angebot in die Wertung einbezogen wird oder nicht.

   2.2 **Verwahrungspflicht**
   Bis zum Eröffnungstermin hat der Auftraggeber die eingegangenen Angebote zu verwahren. Hierbei handelt es sich um eine wesentliche Pflicht des Auftraggebers, deren Verletzung ihn schadensersatzpflichtig aus dem Grundsatz des Verschuldens bei Vertragsverhandlungen macht. Die Verwahrungspflicht des Auftraggebers beinhaltet insbesondere, Vorkehrungen dafür zu treffen, daß keine Unbefugten die Möglichkeit haben, mittelbar oder unmittelbar Einsicht in die Angebote zu nehmen.

   2.3 **Teilnahme am Eröffnungstermin**
   Gemäß § 22 Nr. 1 haben die Bieter bzw. ihre Bevollmächtigten einen Anspruch auf Teilnahme an dem Eröffnungstermin. Unbeteiligte Dritte sind nicht zum Eröffnungstermin zuzulassen, dies gilt beispielsweise für Angehörige von Berufsvertretungen. Allerdings bleibt es den Bietern unbenommen, in solchen Fällen einen Vertreter einer Berufsvertretung zu bevollmächtigen. In diesem Falle kann der Berufsvertreter am Eröffnungstermin teilnehmen.

   2.4 **Zulassung von Angeboten**
   Es dürfen nur Angebote zur Eröffnung zugelassen werden, die dem Verhandlungsleiter bei der Eröffnung des ersten Angebotes vorgelegen haben. Diese Regelung gibt keinen Spielraum für Ermessens- oder Billigkeitsentscheidungen. Es werden deshalb auch Angebote ausgeschlossen, wenn das Angebot ohne Verschulden des betroffenen Bieters nicht rechtzeitig dem Verhandlungsleiter vorgelegen hat (z. B. infolge von Verkehrs- und Witterungsstörungen, überlangem Postweg usw.). Ist beispielsweise ein Angebot rechtzeitig beim Auftraggeber eingegangen, jedoch – aus welchen Gründen auch immer – bei der Postverteilungsstelle liegengeblieben oder in eine falsche Abteilung gelangt, dann ist der Auftraggeber hierfür verantwortlich (Ingenstau/Korbion a. a. O., A § 22 Rdn. 35).
   Wird beim Eröffnungstermin ein Angebot, das nach Öffnung des ersten Angebots eingegangen ist, entgegen der Vorschrift des § 22 Nr. 2 VOB/A zugelassen und erteilt der Auftraggeber

diesem Bieter den Zuschlag, so haben die übrigen Bieter einen Schadensersatzanspruch wegen Verschuldens bei Vertragsabschluß, der in jedem Fall auf Ersatz der Kosten der Angebotsbearbeitung gerichtet ist (OLG Hamm, BB 1972, 243; Ingenstau/Korbion, a. a. O., A § 22 Rdn. 30).
Im übrigen braucht das verspätet eingegangene und damit von der Wertung ausgeschlossene Angebot nach § 23 Nr. 1 VOB/A nicht geprüft zu werden (Heiermann/Riedl/Rusam, a. a. O., A § 22 Rdn. 39).

2.5 Verlesung der Angebote
Damit die Bieter im Rahmen des Wettbewerbs die Möglichkeit haben, die Preise der Mitbieter kennenzulernen, sind Name und Wohnort der Bieter und die Endbeträge der Angebote oder ihrer einzelnen Abschnitte, ferner andere, den Preis betreffende Angaben zu verlesen. Bei Nebenangeboten oder Änderungsvorschlägen wird lediglich bekanntgegeben, ob und von wem diese abgegeben worden sind. Weiteres aus dem Inhalt der Angebote soll nicht mitgeteilt werden. Deshalb ist auch das Urteil des Landgerichts Arnsberg (Schäfer/Finnern/Hochstein, Nr. 1 zu § 22 VOB/A) unzutreffend, wenn es feststellt, daß aus übergeordneten Gründen des gesunden Wettbewerbs der Auftraggeber verpflichtet ist, im Eröffnungstermin auch die im Nebenangebot angeführten Preise bekanntzugeben. Dies gilt insbesondere auch deshalb, weil die Nebenangebote und Änderungsvorschläge zu unterschiedlich sind, so daß eine Vergleichbarkeit nicht gegeben ist mit der Folge, daß es dementsprechend auch nicht den Wettbewerb fördert, wenn die Preise aus Nebenangeboten oder Änderungsvorschlägen verlesen werden.

2.6 Geheimhaltung
Besonderen Geheimhaltungsschutz genießen Angebote, die Angaben für die Anmeldung eines gewerblichen Schutzrechts enthalten (vgl. dazu Heiermann/Riedl/Rusam, a. a. O., A § 22 Rdn. 49).
Zur Frage der Einsicht in die Niederschrift der Mitteilungen an Bieter und des Veröffentlichungsverbots vgl. auch Nr. 3 VHB zu Teil A § 22.
Nach Erteilung des Zuschlags wirkt das Veröffentlichungsverbot grundsätzlich weiter, es ist jedoch insofern gelockert, als bei Nachweis eines rechtlichen oder wirtschaftlichen Interesses gegen die Bekanntgabe des Namens des Auftragnehmers keine Bedenken mehr bestehen (so Heiermann/Riedl/Rusam, a. a. O., A § 22 Rdn. 51).

Muster 1.5 – Aufhebung der Ausschreibung gemäß § 26 VOB/A

Name und Anschrift　　　　　　　　　　............., den..........
des Auftraggebers

Name und Anschrift
des Bieters

Bauvorhaben ....
gemäß Bauvertrag vom ....
hier: Aufhebung der Ausschreibung gem. § 26 VOB/A
Ihr Angebot vom ....

Sehr geehrte Damen und Herren,

wir nehmen Bezug auf die Ausschreibung des Bauvorhabens .... (Geschäftsnummer: ....) und Ihr Angebot vom ....

Wir teilen Ihnen mit, daß die Ausschreibung aufgehoben werden mußte, weil kein Angebot eingegangen ist, das den Ausschreibungsbedingungen entspricht/weil die Verdingungsunterlagen grundlegend geändert werden müssen*).

Dies wird wie folgt begründet:

1. ....
2. ....

(Gründe in Kurzform angeben)

Das von Ihnen eingereichte Angebot (mit Anlagen) wird hiermit zurückgereicht.

Mit freundlichen Grüßen

....
(Unterschrift des Auftraggebers)

*) Unzutreffendes bitte streichen

Muster 1.5 a – Aufhebung der Ausschreibung gemäß §§ 26, 26 a VOB/A

Name und Anschrift des Auftraggebers

.............., den ....

Name und Anschrift des Bieters

Aufhebung der Ausschreibung
Bauvorhaben ....
Auszuführende Leistungen ....
Ihr Angebot vom ....

Sehr geehrte Damen und Herren,

die Ausschreibung für das vorgenannte Bauvorhaben mußte gemäß § 26 VOB/A aufgehoben werden, weil

    sich die Grundlagen der Ausschreibung aus folgenden Gründen wesentlich geändert haben:*)

    ....

    kein Angebot eingegangen war, das den Ausschreibungsbedingungen entsprach.*)

    sich die Grundlagen der Ausschreibung wesentlich geändert haben,*)

    schwerwiegende Gründe die Aufhebung der Ausschreibung erforderlich machten. Diese schwerwiegenden Gründe bestanden darin:*)

    ....

Die Aufhebung des Verfahrens ist dem Amt für amtliche Veröffentlichungen der Europäischen Gemeinschaften mitgeteilt worden.

Mit freundlichen Grüßen

....
(Name und Anschrift des Auftraggebers)

*) Unzutreffendes bitte streichen

Muster 1.5 b – Aufhebung der Ausschreibung aus schwerwiegenden Gründen gemäß § 26 Nr. 1 c VOB/A

Name und Anschrift ...., den ....
des Auftraggebers

Name und Anschrift
des Bieters

Bauvorhaben ....
gemäß Bauvertrag vom ....
hier: Aufhebung der Ausschreibung gem. § 26 VOB/A
Ihr Angebot vom ....

Sehr geehrte Damen und Herren,

wir nehmen Bezug auf die Ausschreibung des Bauvorhabens ....
(Geschäftsnummer: ....) und Ihr Angebot vom ....
Wir teilen Ihnen mit, daß wir die Ausschreibung aus folgenden schwerwiegenden Gründen gem. § 26 Nr. 1 c VOB/A aufgehoben haben:

....
....

(Gründe in Kurzform angeben: z. B. persönliche Gründe wie Krankheit oder entscheidende Änderungen in den Vermögensverhältnissen oder neue Erkenntnisse über die Durchführung des Bauvorhabens infolge ausgeschlossener Nebenangebote.)

Die von Ihnen eingereichten Angebotsunterlagen haben wir beigefügt. Sie werden von uns über den Fortgang des Verfahrens unverzüglich unterrichtet werden.

Mit freundlichen Grüßen

....
(Unterschrift des Auftraggebers)

Besondere Hinweise zu §§ 26, 26 a VOB/A
(Muster 1.5, 1.5 a und 1.5 b)

1. VOB-Bestimmungen
§§ 26, 26 a VOB/A

2. Erläuterungen

2.1 Aufhebungsgründe

Ziel des Vergabeverfahrens ist es, die ausgeschriebenen Bauleistungen zu vergeben. Deshalb wenden die Bieter auch oft erhebliche Zeit und Kosten auf, um Angebote abzugeben. Aus diesen Gründen kann deshalb eine Ausschreibung nur aus den in § 26 VOB/A genannten Gründen aufgehoben werden.

Daß eine Ausschreibung aufgehoben werden muß, wenn kein Angebot eingegangen ist, stellt an sich eine Selbstverständlichkeit dar, die nur der Vollständigkeit halber mit in § 26 VOB/A aufgenommen wurde.

Einen weiteren Aufhebungstatbestand enthält § 26 Nr. 1 b VOB/A, mit dem die Aufhebung der Ausschreibung dann zugelassen wird, wenn nach erfolgter Ausschreibung Gründe zutage treten, die eine wesentliche Änderung der Grundlagen der Ausschreibung darstellen (vgl. Heiermann/Riedl/Rusam, a. a. O., A § 26 Rdn. 7).

Diese Gründe dürfen, wie schon der Hinweis aus § 16 Nr. 1 VOB/A ergibt, nicht vorhersehbar gewesen sein, denn der Auftraggeber darf erst dann ausschreiben, wenn alle Verdingungsunterlagen fertiggestellt sind und wenn innerhalb der angegebenen Fristen mit der Bauausführung begonnen werden kann. Als Fälle der Änderung der Grundlagen der Ausschreibung kommen in Betracht:

a) Die ursprünglich etatmäßig eingesetzten Baumittel wurden nachträglich gekürzt oder ganz gestrichen;
b) Das Baugrundstück steht dem Auftraggeber/Bauherrn aus öffentlich-rechtlichen Gründen nicht zur Verfügung (Versagen der Baugenehmigung, nachträgliche Bauauflagen usw.);
c) Sonstige notwendige Änderungen des Bauentwurfs;
d) Änderungen der Bodenverhältnisse;
e) Abkürzung der Baufristen (z. B. bei Bau eines Autobahnanschlusses, der Kanalisation oder eines Schulgebäudes).

Die Veränderung der Finanzierungsgrundlagen auf seiten des Auftraggebers ist jedoch nur dann ein Aufhebungsgrund, wenn sie nicht vorhersehbar war (vgl. OLG Düsseldorf, Schäfer/Finnern Z 2.11 Bl. 15).

Am häufigsten werden Ausschreibungen durch „andere schwerwiegende Gründe" aufgehoben. Ob und wann derartige schwerwiegende Gründe vorliegen, ist nach Lage des Einzelfalles zu beurteilen. Sie können sich sowohl auf die persönlichen Verhältnisse als auch auf allgemeine wesentliche Veränderungen wirtschaftlicher oder preislicher Sicht (auf preislich erheblich überhöhte Angebote, Absprache anläßlich der Ausschreibung etc.) beziehen. Die schwerwiegenden Aufhebungsgründe können sowohl objektive wie auch subjektive Merkmale in der Person und Interessenlage des Auftraggebers beinhalten. In jedem Falle ist aber der Auftraggeber bei einer

Aufhebung der Ausschreibung aus schwerwiegenden Gründen verpflichtet, diese den Bietern mitzuteilen. Dabei genügt es nicht, daß der Auftraggeber lediglich erklärt, daß schwerwiegende Gründe zur Aufhebung der Ausschreibung geführt haben, sondern er hat diese vielmehr so anzugeben, daß die Bieter nachvollziehen können, ob die Gründe tatsächlich so schwerwiegend waren, daß eine Aufhebung der Ausschreibung erforderlich war. Die entsprechende Information der Bieter hat unverzüglich zu erfolgen. Sie kann ggf. auch mündlich vorgenommen werden (vgl. auch Ingenstau/Korbion, a. a. O., A § 26 Rdn. 9 m. w. N.; Heiermann/Riedl/Rusam, a. a. O., A § 26 Rdn. 8–14).

Bei der Prüfung, ob eine Ausschreibung aus einem schwerwiegenden Grund aufgehoben werden kann, sind nach dem VHB (Nr. 1.1 zu § 26 VOB/A) strenge Anforderungen zu stellen.

2.2 Folgen bei VOB-widriger Aufhebung

Die nach § 26 VOB/A nicht gerechtfertigte Aufhebung der Ausschreibung löst Schadensersatzansprüche wegen Verschuldens bei den Vertragsverhandlungen (culpa in contrahendo) aus (Heiermann/Riedl/Rusam, a. a. O., A § 26 Rdn. 20 m. w. N.).

Selbstverständlich steht dieser Schadensersatzanspruch nur demjenigen Bieter zu, der bei Nichtaufhebung der Ausschreibung mit dem Zuschlag hätte rechnen dürfen (vgl. wie vor und BGH ZfBR 1984, 225; Ingenstau/Korbion a. a. O., A § 26 Rdn. 3 m. w. N.). Im übrigen wird ergänzend verwiesen auf die Rechtsprechung zur Vergabe nach der VOB/A, die den neuesten Stand der Meinungen wiedergibt (vgl. insoweit insbesondere OLG Nürnberg, NJW 1986, 437 und OLG Düsseldorf, NJW-RR 1986, 508; Ingenstau/Korbion, a. a. O., Einl., Rdn. 51 ff.).

Nur im Ausnahmefall ist der Schadensersatzanspruch auf das sogenannte Erfüllungsinteresse gerichtet. Voraussetzung dafür ist, daß der Bieter, der mit seinem Angebot nicht zum Zug gekommen ist, darlegen und beweisen kann, daß er bei ordnungsgemäßer Durchführung des Vergabeverfahrens mit an Sicherheit grenzender Wahrscheinlichkeit den Zuschlag erhalten hätte (so OLG Düsseldorf, NJW-RR 1986, 508; Ingenstau/Korbion, a. a. O., Einl., Rdn. 66; BGH, NJW 1993, 520). In diesem Zusammenhang muß darauf hingewiesen werden, daß ein Schadensersatzanspruch wegen Verschuldens beim Vertragsabschluß auch dann begründet sein kann, wenn der Auftraggeber die Situation fahrlässig herbeigeführt hat, die zur an sich gerechtfertigten Aufhebung der Ausschreibung führt (so OLG Nürnberg in NJW 1986, 437 m. w. N.; Heiermann/Riedl/Rusam, a. a. O., A § 26 Rdn. 22).

2.3 Verfahren nach der Aufhebung der Ausschreibung

Durch die Aufhebung der Ausschreibung gemäß § 26 VOB/A wird das Vergabeverfahren beendet. In solchen Fällen bleibt es Auftraggebern, die nicht zur Anwendung der VOB/A verpflichtet sind, also privaten Auftraggebern insbesondere, unbenommen, nunmehr mit den Bietern aus der vorangegangenen Ausschreibung in Verhandlungen einzutreten und die Bauleistung freihändig zu vergeben. Diese Möglichkeit besteht in der Regel aber auch für öffentliche Auftraggeber und solche, die öffentliche Mittel verwenden, wenn davon ausgegangen werden kann, daß eine erneute Ausschreibung mit den gleichen Bewerbern zu keinem anderen Ergebnis führen wird und deshalb nicht gerechtfertigt erscheint. Maßgeblich ist, daß diese Verfahrensweise oft nur geringen Zeitverlust bedeutet und daß im Rahmen von Verhandlungen ggf. Art und Umfang der Leistung geändert und ein entsprechendes Vertragswerk ausgearbeitet werden kann. Auch wenn eine derartige Verfahrensweise unter dem Gesichtspunkt des Wettbewerbs problematisch erscheint, ist sie jedoch dadurch zu rechtfertigen, daß hierdurch schnell und sachbezogen eine Lösung herbeigeführt wird (Heiermann/Riedl/Rusam, a. a. O., A § 26 Rdn. 24 ff. mit

Beispielen).
Die Bedeutung des neu eingefügten § 26 a beschränkt sich darauf, die Aufhebung eines Offenen bzw. Nichtoffenen Verfahrens sowie die Einstellung des Verhandlungsverfahrens an die Regelung aus § 26 VOB/A anzugleichen. Auf die Meldepflicht ist hinzuweisen.

2.4 Bei öffentlichen Bauvorhaben ist die Zustimmung der Aufsichtsbehörde zur Aufhebung dann einzuholen, wenn der Auftragswert DM 100000,– übersteigt (vgl. Nr. 1.2 VHB zu § 26 VOB/A). Auf die Benachrichtigungspflicht aus § 26 Nr. 2 VOB/A wird hingewiesen. Dabei sollte auch erklärt werden, ob ein neues Vergabeverfahren eingeleitet oder die Freihändige Vergabe erfolgen wird.

Muster 2.1 – Auftragsverhandlung

Bauvorhaben: . . . .
Auftraggeber (AG): . . . .
Bieter/Auftragnehmer (AN): . . . .
Telefon: . . . . , Telefax: . . . .

1. **Vertragsgegenstand**
   Gegenstand der Verhandlung sind:
   - das Angebot vom . . . mit Annahme der Geschäftsbedingungen,
   - das Leistungsverzeichnis,
   - die Ausschreibungsunterlagen (komplett einschließlich aller Pläne),
   - die Pläne Nr. . . . .
   1.1 Vertragsbestandteile sind:
   1.1.1 diese Auftragsverhandlung,
   1.1.2 die Leistungsbeschreibung,
   1.1.3 die Pläne, Zeichnungen und Gutachten (vgl. Anlage)*),
   1.1.4 die Zusätzlichen Vertragsbedingungen*),
   1.1.5 die Besonderen Vertragsbedingungen*),
   1.1.6 die Technischen Vertragsbedingungen*),
   1.1.7 das Angebot des Auftragnehmers vom . . . . . nebst Anlagen (mit Ausschluß der Allgemeinen Vertragsbedingungen),
   1.1.8 die Allgemeinen Vertragsbedingungen (VOB/B),
   1.1.9 die Allgemeinen Technischen Vertragsbedingungen für Bauleistungen (VOB/C).
   1.2 Hierzu werden folgende Ergänzungen und Änderungen vereinbart:
   . . . .
   1.2.1 Die angebotenen Einheitspreise sind Festpreise bis zum . . . .
   1.2.2 Die Abrechnung erfolgt nach gemeinsamen Aufmaß.
   1.2.3 . . . .
   1.2.4 . . . .
   1.2.5 . . . .

2. **Ausführungsunterlagen**
   2.1 Die zur Durchführung seiner Arbeiten notwendigen und noch nicht übergebenen Unterlagen hat der Auftragnehmer fristgerecht abzurufen, so daß die termingerechte Erfüllung seiner Leistung sichergestellt ist.
   2.2 Der Auftragnehmer hat folgende Unterlagen beim Auftraggeber einzureichen:
   – . . . .
   – . . . .
   – . . . .
   – . . . .
   2.3 Dem Auftragnehmer wurden vom Auftraggeber folgende zusätzliche Unterlagen in der Verhandlung zur Verfügung gestellt:
   – . . . .
   – . . . .
   – . . . .

3. **Ausführungsfristen**
3.1 Mit der Ausführung ist am . . . . zu beginnen*),
   unverzüglich nach Erteilung des Auftrages zu beginnen*),
   nach besonderer schriftlicher Aufforderung durch den Auftraggeber, spätestens jedoch innerhalb von . . . Werktagen nach Auftragserteilung zu beginnen*).
3.2 Die Leistungen sind wie folgt fertigzustellen:
   bis zum . . . .*),
   innerhalb von . . . . Werktagen nach Beginn der Ausführung*).
3.3 Die festgelegten Termine und die Zwischentermine gelten als Vertragstermine.
3.4 Folgende Einzelfristen sind Vertragsfristen:
   Einzelfrist für . . . .
   . . . . . . : . . . . Werktage

   I. Einzelfrist für . . . .
   . . . . . . : . . . . Werktage/bis zum . . . .*)

   II. Einzelfrist für . . . .
   . . . . . . : . . . . Werktage/bis zum . . . .*)

4. **Vertragsstrafe**
   Bei Überschreitung der Vertragsfristen (Fertigstellungsfrist gemäß Ziffer 3.2 und/oder Einzelfristen gemäß Ziffer 3.3) hat der Auftragnehmer für jeden Werktag der Überschreitung folgende Vertragsstrafe zu zahlen:
4.1 Bei Überschreitung der Fertigstellungsfrist   DM . . . .
4.2 Bei Überschreitung der Einzelfrist I.   DM . . . .
4.3 Bei Überschreitung der Einzelfrist II.   DM . . . .
   Die Vertragsstrafe wird auf insgesamt 10 % der nach der Schlußrechnung maßgeblichen Bruttovertragssumme beschränkt.
   Die Vertragsstrafe kann noch im Zusammenhang mit der Schlußzahlung vorbehalten und von der sich aus der Schlußrechnung ergebenden Werklohnforderung des AN in Abzug gebracht werden.

5. **Versicherungen**
5.1 Es wurde eine Bauleistungsversicherung abgeschlossen, in die der Leistungsumfang des Auftragnehmers eingeschlossen ist.
5.2 Die Selbstbeteiligung des Auftragnehmers beträgt je Schadensfall . . . .
5.3 Der Auftragnehmer hat sich mit DM . . . . . . an der Gesamtprämie zu beteiligen. Ihm wurde eine Kopie der Bauleistungsversicherungspolice ausgehändigt.
5.4 Der Auftragnehmer weist dem Auftraggeber mit Abschluß des Vertrags eine nach Umfang und Höhe ausreichende Betriebshaftpflichtversicherung nach. Auf Verlangen ist die entsprechende Police vorzulegen.

6. **Abnahme**
   Es findet eine förmliche Abnahme statt. Die Abnahme erfolgt durch die örtliche Bauleitung auf Verlangen.

7. **Gewährleistung**
   Die Gewährleistungsverpflichtung richtet sich nach der VOB/B. Die Gewährleistungsfrist beträgt jedoch fünf Jahre und einen Monat. Sie beginnt mit der Abnahme der Gesamtbauleistung.

8. **Zahlungen**
   8.1 Es werden Abschlagszahlungen in Höhe von 90 % der erbrachten Leistungen vereinbart, die innerhalb von . . . . Werktagen nach Eingang der prüfbaren Aufstellung zahlbar sind. Der Mindestwert der fertiggestellten Leistungen muß jedoch DM . . . . betragen.
   8.2 Von der Schlußzahlung werden als Sicherheit für die Erfüllung der Gewährleistungspflichten 5 % des Brutto-Rechnungsbetrages einbehalten. Der Auftragnehmer kann diesen Sicherheitseinbehalt durch eine unbefristete Bankbürgschaft nach dem anliegenden Muster des Auftraggebers ablösen.
   8.3 Die Abtretung von Ansprüchen des Auftragnehmers ist nur mit Zustimmung des Auftraggebers möglich.

9. **Vertragserfüllungsbürgschaft**
   9.1 Der Auftragnehmer hat als Sicherheit für die Erfüllung sämtlicher Verpflichtungen aus diesem Vertrag, insbesondere für die vertragsgemäße Ausführung seiner Leistungen, eine Vertragserfüllungsbürgschaft in Höhe von . . . . % der Auftragssumme (einschließlich der Nachträge) zu stellen, und zwar gemäß anliegendem Muster des Auftraggebers.
   9.2 Der Auftragnehmer hat eine/keine*) Bürgschaft für Vorauszahlungen zu leisten (gegebenenfalls gemäß anliegendem Muster des Auftraggebers).

10. **Sonstige Vereinbarungen**
    . . . .

11. **Vertragspreis**
    Die Vergütung beträgt gemäß Angebot vom . . . . DM . . . .
    11.1 Es wird ein Preisnachlaß von . . . . % vereinbart, so daß der Vertragswert DM . . . . beträgt.
    11.2 Der Vertragspreis enthält die gesetzlich vorgeschriebene Umsatzsteuer nicht. Sie ist zusätzlich zu vergüten, und zwar in der jeweils geltenden gesetzlichen Höhe.

12. **Prüfung der Unterlagen**
    Der Auftragnehmer erklärt, daß die ihm zur Verfügung gestellten Unterlagen und Pläne zur Abgabe seines Angebots vom . . . . und zum Abschluß des Vertrags (einschließlich der Preiskalkulation) ausreichend waren.

13. Vertragsbestandteile sind insbesondere
13.1 die Pläne und Zeichnungen (genaue Bezeichnung) . . . .,
13.2 das Angebot des Auftragnehmers vom . . . . nebst Anlagen,
13.3 – das Gutachten des . . . . vom . . . .*),
   – das Bodengutachten vom . . . .*).
Die Allgemeinen Vertragsbedingungen und die sonstigen vom Auftragnehmer gestellten Bedingungen werden nicht Vertragsbestandteil.

. . . .
der Auftraggeber

. . . .
der Auftragnehmer

. . . .
Datum

*) Unzutreffendes bitte streichen

Besondere Hinweise zur Auftragsverhandlung (Muster 2.1)

1. VOB-Text

2. Erläuterungen

2.1 Der Bauvertrag kommt durch den Zuschlag zustande, so daß die besondere Vertragsurkunde keinen Einfluß auf die Wirksamkeit des Bauvertrages hat (vgl. dazu insbesondere Ingenstau/Korbion A § 29 Rdn. 1).
Die Bedeutung dieser Vertragsurkunde erschöpft sich darin, den gesamten Inhalt derjenigen Bestandteile, Erklärungen und Unterlagen zusammenzufassen, der den Vertragsgegenstand bildet. Damit erhalten die Vertragspartner eine Urkunde, die ihre Unterschriften trägt und die vertragsrechtlich relevanten Teile geschlossen wiedergibt.

2.2 Grundsätzlich stellt eine derartige Vertragsurkunde die privatschriftliche Fixierung der zwischen den Vertragsparteien getroffenen Vereinbarungen dar. Eine Beurkundung bzw. Beglaubigung ist insoweit nicht notwendig. Die Schriftform als solche kann z. B. in den Gemeindeordnungen der Bundesländer vorgeschrieben sein, und zwar für Erklärungen, durch die die Gemeinden verpflichtet werden (vgl. auch BGH, ZfBR 1986, 167). Wichtig ist bei öffentlichen Auftraggebern, daß die Vertragsurkunde sämtliche Ausschreibungsunterlagen zum Bestandteil des Vertrags bzw. der Auftragsverhandlung machen muß. Möglicherweise ist das Muster also von Fall zu Fall zu Ziffer 2 zu ergänzen.

2.3 Auf die Problematik, die sich in Anwendung der Vorschriften des AGBG ergeben können, wird hier hingewiesen. Soweit nämlich – wie üblich – seitens der öffentlichen Auftraggeber Vertragsmuster (z. B. die Einheitlichen Verdingungsmuster des VHB) verwendet werden, sind die Vorschriften des AGBG anwendbar. Es ist deshalb im Einzelfall notwendig, die Prüfung dahingehend vorzunehmen, inwieweit evtl. gegen das AGBG verstoßen wird.

2.4 Soweit die Schriftform für die vertraglichen Vereinbarungen der Parteien vorgeschrieben bzw. vereinbart ist, genügt beispielsweise eine schriftliche Auftragsbestätigung den Anforderungen aus § 126 BGB für die Einhaltung der Schriftform nicht (BGH, ZfBR 1989, 104). Zur Problematik von Klauseln, nach denen „mündliche Abmachungen ohne schriftliche Bestätigung keine Gültigkeit haben", vgl. BGH, NJW 1986, 1809 ff. m. w. N.

2.5 Bei Verbindung von Bau- und Grundstückskaufvertrag kann von einer notariellen Beurkundung nicht abgesehen werden (§ 313 BGB).

Muster 2.2 – Auftragserteilung

Name und Anschrift des Auftraggebers   . . . . , den . . . .

Name und Anschrift
des Auftragnehmers

Auftragserteilung
Bauvorhaben . . . .
Bezug: Ihr Angebot vom . . . .
fernmündlicher/mündlicher Auftrag vom . . . .
Anlage: . . . .

Sehr geehrte Damen und Herren,

hiermit bestätigen wir den bereits mündlich am . . . . erteilten Auftrag gemäß Ihrem Angebot vom . . . . einschließlich des Sondervorschlags . . . .*) für die Ausführung der . . . . Bauleistungen, die in Ihrem Angebot näher beschrieben sind.

Nach Prüfung und Überarbeitung beträgt die vorläufige Vertragssumme
DM . . . . (i. W.: . . . .) zuzüglich der gesetzlichen Mehrwertsteuer in der jeweils geltenden Höhe. Ein zusätzlich vereinbartes Skonto ist zu berücksichtigen.

Wir behalten uns vor, weitere Sondervorschläge Ihres Angebots während der Bauzeit in Auftrag zu geben.*)

Die Einheitspreise des Angebots sind Festpreise und gelten während der gesamten Bauzeit.

Im Rahmen unserer Vertragsverhandlungen haben wir gemäß den Besonderen Vertragsbedingungen folgendes vereinbart:
1. Mit der Ausführung ist am . . . . zu beginnen.
2. Die Leistung hat am . . . . fertiggestellt zu sein.
3. Eine Vertragsstrafe wird nicht/wie folgt vereinbart:*)
   . . . .
   Die Vertragsstrafe wird auf 10 % der Auftragssumme begrenzt.
4. Für Abschlagszahlungen werden folgende Zahlungstermine vereinbart . . . ./gilt § 16 VOB/B*)
5. Sie überreichen uns eine Ausführungsbürgschaft in Höhe von . . . . bis zum . . . .
6. Sie überreichen uns eine Gewährleistungsbürgschaft in Höhe von 5 % der Abrechnungssumme innerhalb von 10 Tagen nach der förmlichen Abnahme.

7. Die VOB ist Vertragsbestandteil.
   Die VOB Teil B und C sind Vertragsbestandteil, und zwar in der jeweils geltenden Fassung.
8. Weitere Vertragsbestandteile sind:
   ....
9. Die von Ihnen gestellten AGB haben keine Geltung.

Mit freundlichen Grüßen

....
(Name und Anschrift des Auftraggebers)

*) Unzutreffendes bitte streichen

Besondere Hinweise zur Auftragserteilung (Muster 2.2)

1. **VOB-Text**
—

2. **Erläuterungen**

2.1 Das Muster über die Auftragserteilung ist insbesondere für kleinere Bauvorhaben gedacht. Hierbei muß insbesondere geprüft werden, ob und ggf. welche Unterlagen der Auftraggeber der Aufforderung zur Abgabe eines Angebotes beigefügt hat. Insoweit ist ggf. die Auftragserteilung zu ergänzen, wenn diese Unterlagen nicht alle im Angebot des Bieters bzw. späteren Auftragnehmers enthalten sind.

2.2 Die Begrenzung der Vertragsstrafe ist in jedem Fall notwendig (vgl. BGH, ZfBR 1989, 102 m. w. N.), wobei 10 % der Abrechnungssumme wohl die Höchstgrenze sind.

2.3 In jedem Fall ist es notwendig, die Vertragsbestandteile im Auftragsschreiben genau zu bezeichnen, wenn dieses Auftragsschreiben den eigentlichen Bauvertrag ersetzen soll, was in jedem Fall möglich und zulässig ist. Dabei wird insbesondere zu erwähnen sein, inwieweit die Allgemeinen Bedingungen des Auftragnehmers ausgeschlossen sind und welche Bedingungen des Auftraggebers Gültigkeit haben (vgl. zur Frage eines Vorrangs BGH, ZfBR 1986, 78).
In § 10 (1990) findet sich die Regelung der Vergabeunterlagen, die aus der Aufforderung zur Angebotsabgabe, den Bewerbungsbedingungen und den Verdingungsunterlagen bestehen (§ 10 Nr. 1 Abs. 1 VOB/A). Zu der Aufforderung zur Angebotsabgabe enthält die Neufassung des § 10 in der Nr. 5 (Abs. 1–5) eine Aufzählung derjenigen Angaben, die das Anschreiben enthalten muß. Diesen Erfordernissen ist die Neufassung des Musters 1.1 angepaßt worden. Von wesentlicher Bedeutung ist, daß das Anschreiben die Stelle bezeichnen muß, an die sich der Bewerber zur Nachprüfung behaupteter Verstöße gegen die Vergabebestimmungen wenden kann (§ 10 Nr. 5 Abs. 2 q).

2.4 Bei den Bürgschaften muß darauf geachtet werden, daß sie die selbstschuldnerische Verpflichtung, den Verzicht auf Einreden der Vorausklage und der Aufrechnung sowie einen Hinterlegungsverzicht enthalten (wegen der Einzelheiten vgl. Besondere Hinweise zu den Bürgschaften – Muster 2.4, 2.5 und 2.6).

Muster 2.3 – Bauvertrag

Bauvertrag
zwischen

....
Auftraggeber (AG)

....
Anschrift (Telefonnummer, Telefaxanschluß)

und

....
Auftragnehmer (AN)

....
Anschrift (Telefonnummer, Telefaxanschluß)

über

BV ....

§ 1 Vertragsgegenstand
1.1 Der AN übernimmt die ....
.... (Bauvorhaben)
1.2 Vertragsbestandteile sind:
    1. Auftragsschreiben
    2. Schriftliche Erklärungen des Bieters zum Angebot, die im Auftragschreiben ausdrücklich als Vertragsbestandteile genannt sind
    3. Das Auftragsverhandlungsprotokoll
    4. Leistungsbeschreibung (bestehend aus Baubeschreibung, Leistungsverzeichnis – Langtext, Zusammenstellung der Angebotssummen, Ergänzungen des Leistungsverzeichnisses und sonstigen Anlagen)
    5. Besondere Vertragsbedingungen (BVB)
    6. Zusätzliche Vertragsbedingungen (ZVB)
    7. Zusätzliche Technische Vorschriften (ZTV)
    8. Allgemeine Technische Vertragsbedingungen (VOB/C)
    9. Allgemeine Vertragsbedingungen für die Bauausführung von Bauleistungen (VOB/B)
    10. Die Ausschreibungsunterlagen, Pläne und Zeichnungen, soweit sie ausdrücklich als verbindlich bezeichnet sind.

§ 2 Vergütung
Die Vergütung wird vorläufig*) wie folgt vereinbart
....
2.1 Die Einheitspreise sind Festpreise zuzüglich/einschließlich*) der jeweils geltenden gesetzlichen Mehrwertsteuer. Sie schließen sämtliche Lohn- und Gehaltsnebenkosten ein.
2.2 Lohn- und Materialgleitklauseln sind – nicht –*) vereinbart. Es sind folgende Gleitklauseln vereinbart:*)
2.2.1 Lohngleitklausel (Anlage . . . .)
2.2.2 Materialgleitklausel für . . . . (Anlage . . . .)
2.3 Als Vergütung wird ein Pauschalpreis von . . . . zuzüglich/einschließlich*) Mehrwertsteuer vereinbart.
Die Massenangaben des Leistungsverzeichnisses sind verbindlich, die Abrechnung erfolgt jedoch ohne Aufmaß der tatsächlich aufgeführten Massen.
2.4 Von den vereinbarten Preisen wird alles erfaßt, was zur vollständigen und ordnungsgemäßen Durchführung der Leistungen des AN notwendig ist. Sie schließen insbesondere die Nebenleistungen ein, die nach den Vorschriften der VOB Teil C als Nebenleistungen ohne besondere Vergütung zu erbringen sind.
2.5 Mehr- und/oder Minderleistungen sowie Zusatzleistungen werden nur insoweit berücksichtigt, als sie auf ausdrücklichen Anordnungen des AG, Plan- und Ausführungsänderungen beruhen. Kosten sind, soweit dies möglich ist, auf der Grundlage der Vertragspreise zu ermitteln und dem AG vor Ausführung schriftlich mitzuteilen.
2.6 Der AN hat die ihm vom AG übergebenen bzw. zur Verfügung gestellten Unterlagen geprüft und bei Vertragsabschluß als vollständig anerkannt. Vorbehalte, Bedenken und sonstige Hinweise sind spätestens mit Abschluß dieses Vertrags schriftlich dem AG mitzuteilen. Dies gilt insbesondere auch für die örtlichen Verhältnisse und insbesondere den Zustand des Baugrundstücks bzw. der Bauteile, auf denen der AN seine Leistungen aufzubauen bzw. zu erbringen hat. Einwendungen sind insoweit spätestens vor Beginn der Ausführung der Vertragsleistungen schriftlich zu erheben. Eine Verletzung dieser Verpflichtung führt zum Schadensersatz.

§ 3 Ausführungsfristen und Haftung
Für die Erfüllung der vertraglichen Verpflichtungen des AN gelten folgende Vertragsfristen:
....
Die Nichteinhaltung dieser Termine und Fristen berechtigt den AG, für jeden Arbeitstag/Werktag*) der Überschreitung eine Vertragsstrafe zu fordern, ohne daß es des Nachweises eines Schadens bedarf. Im einzelnen gilt folgendes:
Bei Überschreitung des/der . . . .
ist eine Vertragsstrafe in Höhe von DM . . . . je Arbeitstag/Werktag verwirkt.
Die Vertragsstrafe wird auf maximal 10 % der Auftragssumme begrenzt. Sie ist nur dann verwirkt, wenn der Auftraggeber sie sich bei Abnahme der Leistungen des AN schriftlich vorbehält.
Der AN bleibt unabhängig davon zur Zahlung eines höheren Schadensersatzes verpflichtet.

Der AN erklärt, zur ordnungsgemäßen, mängelfreien und rechtzeitigen Erfüllung seiner vertraglicher Verpflichtungen in der Lage zu sein.

§ 4 Zahlungen
4.1 Auf Antrag des AN werden bei ordnungs- und fristgemäßer Ausführung der Arbeiten Abschlagszahlungen in Höhe von . . . . 90 %*) der jeweils nachgewiesenen Leistungen erbracht, und zwar zuzüglich der darauf entfallenden Mehrwertsteuer.
4.2 Zahlungen werden entsprechend dem beigefügten Zahlungsplan erbracht.
4.3 Die Restzahlung erfolgt nach Abnahme der Leistungen des AN durch den AG. Insoweit gilt die Regelung in § 16 Nr. 3 VOB/B.

§ 5 Sicherheit
Es wird die Leistung folgender Sicherheiten vereinbart:
5.1 Der AN stellt vor Beginn der Ausführungen der Bauleistungen eine Ausführungsbürgschaft in Höhe von . . . .% der Auftragssumme zuzüglich Mehrwertsteuer nach dem Muster und der Vorschrift des AG. Es gilt § 17 VOB/B.
5.2 Der AG ist berechtigt, von der Restzahlung als Sicherheit für die Erfüllung der Gewährleistungspflichten des AN . . . . . ./5 % der Nettoabrechnungssumme netto einzubehalten. Der AN ist berechtigt, den Einbehalt durch Hergabe einer unbefristeten selbstschuldnerischen Bürgschaft entsprechend den Regelungen in § 17 VOB/B abzulösen.

§ 6 Abnahme und Gewährleistung
Unter Ausschluß von § 12 Nr. 5 VOB/B wird eine förmliche Abnahme vereinbart. Findet diese förmliche Abnahme nicht statt, gelten die Leistungen des AN zwei Monate nach Erteilung der Schlußrechnung als abgenommen, spätestens jedoch mit Abnahme der Leistungen des AG durch den Bauherrn.*)
Die Gewährleistungsfrist wird mit fünf Jahren vereinbart. Sie beginnt mit der Abnahme der Leistungen des AN.
Die Gewährleistung bestimmt sich im übrigen nach den Vorschriften der VOB/B. Der AN haftet insbesondere dafür, daß seine Leistungen zum Zeitpunkt der Abnahme die vertraglich zugesicherten Eigenschaften haben, nach dem neuesten Stand der Technik ausgeführt und nicht mit Fehlern behaftet sind, die ihren Wert oder die Tauglichkeit zu dem gewöhnlichen oder nach dem Vertrag vorausgesetzten Gebrauch aufheben oder vermindern.
Während der Gewährleistungsfrist auftretende Mängel hat der AN unverzüglich auf seine Kosten zu beseitigen. Kommt der AN dieser Verpflichtung nicht nach, ist der AG nach Mahnung und Fristsetzung berechtigt, die Mängelbeseitigung auf Kosten des AN durch Dritte ausführen zu lassen.
Die Beachtung gesetzlicher, baupolizeilicher und sonstiger behördlicher Vorschriften und Auflagen ist Sache des AN, soweit seine Leistungen davon betroffen sind.

§ 7 Abtretung
Der AN kann ihm aus diesem Vertrag zustehende Forderungen gegen den AG nur mit dessen schriftlicher Zustimmung abtreten.
Dies gilt auch für Leistungen aus diesem Vertrag.

§ 8 Kündigung
Es gelten die Bestimmungen der VOB/B und hilfsweise die des Werkvertragsrechts des BGB.

§ 9 Sonstiges
....

§ 10 Streitigkeiten
Alle Streitigkeiten aus diesem Vertrag werden unter Ausschluß des ordentlichen Rechtswegs durch ein Schiedsgericht nach der Schiedsgerichtsordnung der Deutschen Gesellschaft für Baurecht und des Deutschen Beton-Vereins E. V. in der jeweils neuesten Fassung entschieden.
Der von den Parteien abgeschlossene Schiedsvertrag, der in einer gesonderten Urkunde niedergelegt ist, ist Gegenstand dieses Bauvertrags.
Das Schiedsgericht ist insbesondere auch befugt, über die Gültigkeit der Schiedsvereinbarung und ihren Umfang zu entscheiden.

§ 11 Allgemeine Bestimmungen
Der AN hat auf Verlangen des AG seine Mitgliedschaft in der Bauberufsgenossenschaft, die Erfüllung der Beitragsverpflichtungen und Unbedenklichkeitsbescheinigungen des zuständigen Finanzamts und der zuständigen gesetzlichen Krankenversicherungsanstalten nachzuweisen.
Lage und Umfang von Versorgungsleitungen hat der AN vor Aufnahme der vertraglichen Arbeiten und Leistungen auf eigene Kosten zu ermitteln und nach Rücksprache mit den Versorgungsträgern Schutzmaßnahmen vorzusehen. Für Leitungsschäden haftet der AN insoweit allein, als diese im Zusammenhang mit den von ihm ausgeführten Arbeiten entstanden sind. Der AG ist von Ansprüchen Dritter freizustellen.
Der AN weist den Abschluß einer ausreichenden Betriebshaftpflichtversicherung nach.
Eine Bauwesenversicherung wurde vom AG nicht*) abgeschlossen. Der AN ist in diese Bauwesenversicherung eingeschlossen und beteiligt sich mit . . . .% an der nachgewiesenen Versicherungsprämie.
Sollten einzelne Bestimmungen dieses Vertrags unwirksam oder nichtig sein, wird davon die Wirksamkeit der übrigen Regelungen nicht berührt. An die Stelle der unwirksamen oder nichtigen Bestimmung tritt das Gesetz.

....
(Unterschrift Auftraggeber)   (Unterschrift Auftragnehmer)

*) Unzutreffendes bitte streichen

Besondere Hinweise zum Bauvertrag (Muster 2.3)

1. VOB-Text
—

2. Erläuterungen

2.1 Trotz Geltung des Grundsatzes der Vertragsfreiheit bestehen besonders bei Verwendung von Vertragsmustern Grenzen der Gestaltungsfreiheit. In erster Linie sind dabei die Bestimmungen des AGBG zu beachten. Das Bauvertragsmuster 2.3 ist den sich aus den AGBG (insbesondere §§ 9, 10 und 11) ergebenden Verbotsnormen angepaßt worden. Das gilt unter anderem für die Begrenzung der Vertragsstrafe auf 10 % des Vertragspreises (vgl. BGH, ZfBR 1989, 102 ff. m. w. N.). Es wurde ferner berücksichtigt, daß Vertragsklauseln unwirksam sind, die den AN mit Forderungen ausschließen, die diesem nach § 2 Nr. 3, Nr. 5 und Nr. 6 VOB/B zustehen (vgl. insoweit auch BGH, ZfBR 1991, 101). Die VOB ist, worauf bereits hingewiesen wurde, weder Gesetz noch Gewohnheitsrecht. Man ordnet sie zutreffenderweise als AGB ein, auf die mit den Einschränkungen, die sich aus § 23 Nr. 5 AGBG ergeben, die Regelungen des AGBG anwendbar sind (vgl. insoweit die ausführlichen Darstellungen bei Heiermann/Riedl/Rusam, a. a. O., A § 10 Rdn. 53 ff.).
Während demgegenüber die VOB/A im allgemeinen schon deswegen nicht als AGB gewertet werden kann, weil sie lediglich allgemeine Bestimmungen für die Vergabe von Bauleistungen enthält, ist die VOB/B nach § 23 Abs. 2 Nr. 5 ABGB privilegiert. Dies gilt jedoch immer nur dann, wenn die Regelungen der VOB/B einschränkungslos, das heißt „als Ganzes" zur Vertragsgrundlage gemacht worden sind (vgl. insoweit BGH, NJW 1986, 315; Heiermann/Riedl/Rusam, a. a. O., A § 10 Rdn. 53 ff. m. w. N.). In diesem Zusammenhang ist beachtenswert, daß nach ständiger Rechtsprechung des BGH eine formularmäßige „isolierte" Vereinbarung der Gewährleistungsregelungen der VOB/B wegen Verstoßes gegen § 9 AGBG unwirksam ist, weil insoweit die Gewährleistungsfristen des § 638 BGB in unzulässiger Weise verkürzt werden (u. a. BGH, NJW 1987, 2373 und BGH, BauR 1987, 439 ff.). Das führt bei der Abfassung von Musterverträgen zu erheblichen Einschränkungen, da jeweils dafür Sorge zu tragen ist, daß von den Regeln der VOB/B nicht in unzulässiger Weise abgewichen wird, diese also nicht mehr insgesamt als vereinbart anzusehen wäre.
Ein besonderes Problem stellt die Verjährungsfrist für Gewährleistungsansprüche dar, die nach § 13 Nr. 4 VOB/B zwei Jahre beträgt. Es ist abzusehen, daß insoweit der BGH trotz Vereinbarung der VOB/B insgesamt und ohne wesentliche Einschränkungen dieser zweijährigen Frist nicht mehr folgen und statt dessen die Begründung einer fünfjährigen Gewährleistungsfrist verlangen wird. Dem wird mit der fünfjährigen Gewährleistungsfrist in diesem Bauvertragsmuster (2.3) bereits jetzt Rechnung getragen. Es empfiehlt sich also, bei den entsprechenden Bauverträgen generell eine fünfjährige Gewährleistungsfrist zu vereinbaren.
Soweit – wie hier – die VOB/B „als Ganzes" zur Vertragsgrundlage gemacht worden ist, ist sie der richterlichen Inhaltskontrolle durch das AGBG entzogen. Sie muß als insgesamt und in sich ausgewogene Regelung betrachtet werden, die keine der Vertragsparteien unangemessen benachteiligt (BGH, NJW 1986, 315 ff.).

2.2 Im einzelnen wird zu den Regelungen des Bauvertragsmusters (2.3) folgendes angemerkt:
Es empfiehlt sich, das Bauvorhaben direkt nach der Bezeichnung der Vertragsparteien kurz zu bezeichnen. Bei der Bezugnahme auf das Angebot ist darauf zu achten, daß die AGB des Anbieters nicht oder zumindest nur nachrangig zum Vertragsbestandteil gemacht werden. Bei Großbauvorhaben sollten die Koordination und die Projektsteuerung als Aufgaben des Bauherrn gesondert geregelt werden.

§ 1 – Vertragsgegenstand
Zunächst einmal ist auf die grundsätzliche Regelung in § 10 VOB/A zu verweisen. Auf diese Regelung, die in der Nr. 1 eine Bestimmung der Rangfolge enthält, wird in diesem Zusammenhang verwiesen. Das gesamte Vertragsmuster nimmt im übrigen auf § 10 VOB/A Rücksicht.

2.3 Im einzelnen wird zu den Bestimmungen des Bauvertrags folgendes angemerkt:
§ 1 – Es empfiehlt sich, im Bauvertrag die Vertragsbestandteile und ihre Rangfolge genau zu bezeichnen, wobei § 1 Nr. 2 VOB/B einen Anhaltspunkt dafür bietet, welche Rangfolge empfehlenswert wäre. Soweit die Parteien, was für beide Seiten von Vorteil ist, die VOB zur Vertragsgrundlage machen, ist zu beachten, daß die Bestimmungen der VOB/B nur dann einer Inhaltskontrolle durch das AGBG standhalten, wenn diese „als Ganzes" vereinbart worden ist, wesentliche Einschränkungen durch AVB oder sonstige Bedingungen also nicht vorgenommen wurden (ständige Rechtsprechung des BGH, zuletzt BGH, NJW 1989, 2124 m. w. N.). Nur unter dieser Voraussetzung gilt insoweit die Privilegierung des § 23 Abs. 2 Nr. 5 AGBG.
§ 2 – Regelfall ist, wie § 5 Nr. 1 a zu entnehmen ist, der Leistungsvertrag in Form des Einheitspreisvertrags. Er ist dadurch gekennzeichnet, daß für technisch und wirtschaftlich einheitliche Teilleistungen, deren Menge nach Maß, Gewicht und Stückzahl vom AG in den Verdingungsunterlagen (Leistungsbeschreibung) anzugeben ist, Einheitspreise vereinbart werden (vgl. insbesondere Heiermann/Riedl/Rusam, a. a. O., A § 5 Rdn. 4 ff.). Nach § 2 Nr. 2 VOB/B wird die Vergütung beim Einheitspreisvertrag nach den tatsächlich ausgeführten Mengen berechnet.
In der Praxis hat sich auch der Pauschalvertrag als Ausnahme im Bereich des Leistungsvertrags bewährt (§ 5 Nr. 1 b VOB/A). Eine Vergabe zu Pauschalsumme sollte jedoch nur dann vorgenommen werden, wenn eine Leistung nach Ausführungsart und Umfang genau bestimmt ist und mit einer Änderung der Ausführung nicht zu rechnen ist (vgl. auch VHB Nr. 1.2 zu § 5 VOB/A). Pauschalvereinbarungen haben den Vorteil einer Abrechnungsvereinfachung und den Nachteil, daß bei Änderungen oder Zusatzleistungen die Vertragsabwicklung schwierig wird. Denn ihren Einfluß auf den Pauschalpreis bleiben lediglich die Massenabweichungen aus § 2 Nr. 3 VOB/B, während Änderungen der Ausführungsart und zusätzliche Leistungen (§ 2 Nr. 5 und 6 VOB/B) gemäß § 2 Nr. 7 Abs. 1 VOB/B von der Pauschalvereinbarung unberührt bleiben, also unter Umständen zu Vergütungsansprüchen des AN führen.
Die Einheitspreise sind grundsätzlich Festpreise, an denen die Parteien unabhängig davon festhalten müssen, welche Entwicklung die tatsächlichen Verhältnisse auch immer nehmen mögen (vgl. insoweit OLG Celle, NJW 1966, 507). Grundsätzlich kann sich der AN nur in Ausnahmefällen von den Einheitspreisen als Festpreisen lösen, wenn nämlich die nachträglich eingetretenen Änderungen und Verhältnisse nicht in seinen Risikobereich fallen (vgl. u. a. OLG München, BauR 1985, 330). Demgegenüber empfiehlt es sich, Lohn- und Materialgleitklauseln zu vereinbaren, denn die Lohn- und Stoffpreiserhöhungen, die sich während der Dauer der vertraglichen Beziehung der Parteien einstellen werden, fallen grundsätzlich in den Risikobereich des AN (vgl. zu den Preisgleitklauseln auch BGH, ZfBR 1985, 220 und NJW 1985, 855).
Weniger gebräuchlich sind der Stundenlohn- und der Selbstkostenerstattungsvertrag.
Eine Klausel, die den AG mit Ansprüchen aus § 2 Nr. 3 VOB/B in den Fällen der Mengenabweichungen ausschließt, ist wegen Verstoßes gegen § 9 AGBG auch im kaufmännischen Bereich unwirksam. Das gilt im übrigen auch für Klauseln, die den AN von der Berufung auf Irrtümer bzw. offensichtliche Kalkulationsfehler ausschließen.

2.4 Das Muster einer Schiedsgerichtsvereinbarung und der Text der Schiedsgerichtsordnung (SGO Bau) sind auf S. 73 ff. zu finden.

Muster 2.4 – Vertragserfüllungsbürgschaft

Die Firma

....
Name und Anschrift des Auftragnehmers

hat am . . . . mit

....
Name und Anschrift des Auftraggebers

einen Vertrag für das Bauvorhaben

....
Ort

zur Ausführung der dort näher bezeichneten Bauleistungen abgeschlossen. Auf Grund der Vereinbarungen im Bauvertrag ist der Auftragnehmer verpflichtet, für die vertragsgemäße Ausführung der ihm übertragenen Leistungen einschließlich der Abrechnung dem Auftraggeber eine Bürgschaft in Höhe von . . . .% der Auftragssumme zu stellen.

Dies vorausgeschickt, übernehmen wir

....
Name und Anschrift des Bürgen

für den Auftragnehmer gegenüber dem Auftraggeber die selbstschuldnerische Bürgschaft und verpflichten uns, jeden Betrag bis zur Gesamthöhe von

. . . . DM

an den Auftraggeber zu zahlen, sofern der Auftragnehmer seine Verpflichtungen aus dem Bauvertrag nicht oder nicht vollständig erfüllt. Auf Einreden der Anfechtung und der Aufrechnung sowie der Vorausklage wird verzichtet (§§ 770, 771 BGB). Wir können nur auf Geld in Anspruch genommen werden. Unsere Verpflichtung erlischt mit Rückgabe dieser Urkunde. Eine Hinterlegung ist ausgeschlossen.

. . . ., den . . . ., den . . . .

. . . .
Unterschrift des Bürgen

Muster 2.5 – Abschlagszahlungs- und Vorauszahlungsbürgschaft

Die Firma

. . . .
Name und Anschrift des Auftragnehmers

hat am . . . . mit

. . . .
Name und Anschrift des Auftraggebers

einen Vertrag für die Ausführung von Bauleistungen abgeschlossen. Gemäß den vertraglichen Vereinbarungen hat der Auftragnehmer für Abschlagszahlungen/Vorauszahlungen für die Beschaffung von Stoffen und Bauteilen oder die Herstellung vorgefertigter Bauteile dem Auftraggeber eine Bürgschaft zu stellen.

Dies vorausgeschickt, übernehmen wir

. . . .
Name und Anschrift des Bürgen

für den Auftragnehmer die selbstschuldnerische Bürgschaft und verpflichten uns, jeden Betrag bis zur Gesamthöhe von

. . . . DM

an den Auftraggeber zu zahlen, sofern der Auftragnehmer seiner Verpflichtung zum Einbau der Stoffe oder Bauteile oder der Herstellung der vorgefertigten Bauteile, für die die Abschlagszahlung/Vorauszahlung gewährt worden ist, nicht oder nicht vollständig nachkommt. Unsere Verpflichtung erstreckt sich auch auf etwaige Überzahlungen des Auftraggebers bzw. entsprechende Rückzahlungsverpflichtungen des Auftragnehmers.

Auf die Einreden der Anfechtung, Aufrechnung sowie der Vorausklage wird verzichtet (§§ 770, 771 BGB).

Wir können nur auf Geld in Anspruch genommen werden. Unsere Verpflichtung erlischt mit Rückgabe dieser Urkunde.

Eine Hinterlegung ist ausgeschlossen.

. . . ., den . . . ., den . . . .

. . . .
Unterschrift des Bürgen

Muster 2.6 – Gewährleistungsbürgschaft

Die Firma

. . . .
Name und Anschrift des Auftragnehmers

hat am . . . . mit

. . . .
Name und Anschrift des Auftraggebers

einen Vertrag für das Bauvorhaben

. . . .
Ort

zur Ausführung der dort näher bezeichneten Bauleistungen abgeschlossen. Die aufgrund dieses Vertrags auszuführenden Lieferungen und Leistungen sind von dem Auftragnehmer entsprechend den vertraglichen Vereinbarungen erbracht worden. Die Abnahme durch den Auftraggeber ist durchgeführt worden. Aufgrund der vertraglichen Vereinbarungen ist der Auftragnehmer verpflichtet, für die Erfüllung der Gewährleistungsansprüche dem Auftraggeber eine Bürgschaft in Höhe von . . . .% der Abrechnungssumme zu stellen.

Dies vorausgeschickt, übernehmen wir

. . . .
Name und Anschrift des Bürgen

für den Auftragnehmer gegenüber dem Auftraggeber die selbstschuldnerische Bürgschaft und verpflichten uns, jeden Betrag bis zur Gesamthöhe von

. . . . DM

an den Auftraggeber zu zahlen, sofern der Auftragnehmer Gewährleistungsansprüche aus dem Vertrag nicht fristgerecht erfüllt. Auf die Einreden der Anfechtung, der Aufrechnung und der Vorausklage wird verzichtet (§§ 770 Abs. 1 und 2, 771 BGB). Wir können nur auf Geld in Anspruch genommen werden. Unsere Verpflichtungen erlöschen mit Rückgabe dieser Bürgschaftsurkunde an uns.
Eine Hinterlegung ist ausgeschlossen.

. . . ., den . . . ., den . . . .

. . . .
Unterschrift des Bürgen

Besondere Hinweise zu den Bürgschaften
(Muster 2.4, 2.5, 2.6)

1. **Gesetzliche Bestimmungen**

   Maßgeblich sind die gesetzlichen Bestimmungen der §§ 765 ff. BGB, wobei auch die „auf erstes Anfordern" ausgestellte Bürgschaft keine Garantie, sondern eine echte Bürgschaft darstellt (vgl. BGH, ZfBR 1988, 225; ZfBR 1989, 165).
   Bei der Bürgschaft auf erstes Anfordern ist grundsätzlich zunächst zu zahlen, und zwar auch im Falle unberechtigter Inanspruchnahme (vgl. BGH wie vor). Der Bürge hat seine Einwendungen, z. B. die Hauptschuld oder die Bürgschaftsschuld seien erloschen, im sogenannten Rückforderungsprozeß geltend zu machen (so BGH in ZfBR 1989, 166 m. w. N. – st. Rspr.). Diese Art der Bürgschaft birgt die Gefahr des Verstoßes gegen § 9 Abs. 2 AGBG in sich (so OLG München, NJW-RR 1992, 218).

2. **Erläuterungen**

2.1 Die Höhe von Abschlagszahlungs- und Vorauszahlungsbürgschaften richtet sich nach dem Betrag, der gesichert werden soll. Handelt es sich um eine Vorauszahlungsbürgschaft beispielsweise dafür, daß der Auftragnehmer für zu erstellende Fertigteile bereits vom Auftraggeber die Vergütung erhält, dann sind ca. 90 % dieser Vergütung als Bürgschaftssumme anzusetzen. Handelt es sich hingegen um eine Abschlagszahlungsbürgschaft, sind in der Regel 10 % als angemessen anzusehen. Bei der Gewährleistungsbürgschaft werden in der Regel 5 % als Bürgschaftssumme vereinbart. Diese 5 % können sich, je nach den vertraglichen Vereinbarungen, sowohl auf die Angebotssumme als auch auf die Abrechnungssumme beziehen. Sie beinhalten grundsätzlich die Mehrwertsteuer. Im Hinblick darauf, daß die Gewährleistungsbürgschaft erst mit der Abnahme/Schlußzahlung vom Auftragnehmer übergeben wird, empfiehlt es sich, die Bruttoabrechnungssumme zugrunde zu legen.

2.2 Die vorgelegten Formulare für die Bürgschaften enthalten die wesentlichen Kriterien. In der Regel haben jedoch die maßgeblichen Bankinstitute eigene Formulare. Es empfiehlt sich deshalb für den Auftraggeber zu prüfen, ob diese Formulare die wesentlichen Kriterien der Muster 2.4 bis 2.5 enthalten. Insbesondere ist zu berücksichtigen, daß eine zeitliche Begrenzung von Gewährleistungsbürgschaften nicht erfolgt. Dies ergibt sich daraus, daß während der Gewährleistungszeit Mängel auftreten können und für diese Mängelbeseitigungsleistungen erneut die Gewährleistungsfrist zu laufen beginnt. In solchen Fällen ist ggf. die Herabsetzung der Bürgschaft gerechtfertigt, wenn im übrigen die vertraglich vereinbarte Gewährleistungsfrist schon abgelaufen ist.

2.3 Nachdem die Gerichte (OLG Köln, NJW-RR 1993, 1494) mehr und mehr Hinterlegungsklauseln in Bürgschaften zulassen, empfiehlt es sich, die Hinterlegung im Bürgschaftstext ausdrücklich auszuschließen.

2.4 Der Bauherr kann eine Gewährleistungsbürgschaft u. U. auch dann zurückhalten, wenn die Gewährleistungsansprüche verjährt sind. Voraussetzung ist die Rüge der Mängel innerhalb der Gewährleistungszeit (BGH, Vers R 1993, 1490; OLG Köln, ZfBR 1993, 285).

Muster 2.7 (Anhang zum Bauvertrag) – Schiedsgerichtsvereinbarung

Schiedsgerichtsvereinbarung

Zwischen . . . . und . . . . wird hiermit vereinbart, daß alle Streitigkeiten aus dem Vertrag vom . . . ., betreffend . . . ., unter Ausschluß des ordentlichen Rechtsweges durch ein Schiedsgericht nach der „Schiedsgerichtsordnung für das Bauwesen (einschließlich Anlagenbau)" (SGO Bau), herausgegeben vom Deutschen Beton-Verein E. V. und der Deutschen Gesellschaft für Baurecht e. V., in der jeweils gültigen Fassung erledigt werden.

Das Schiedsgericht entscheidet auch über die Rechtswirksamkeit und den Geltungsbereich der Schiedsgerichtsvereinbarung.

Sollte ein ordentliches Gericht den Schiedsspruch aufheben oder einen Schiedsvergleich für unwirksam erklären, so kann der Partner, der einen Anspruch gegen den anderen Partner auch weiterhin geltend machen will, dies nur dadurch tun, daß er von neuem das Schiedsgerichtsverfahren einleitet. Für das neue Schiedsgericht gelten die Absätze 1 und 2 dieser Schiedsgerichtsvereinbarung entsprechend.

Als Gerichtsstand für die Niederlegung des Schiedsspruchs oder Schiedsgerichtsvergleichs und für die Vornahme gerichtlicher Handlungen wird die Zuständigkeit des . . . . . . .gerichts . . . . vereinbart.

. . . ., den . . . .

Rechtsgültige Unterschriften

Diese Vereinbarung muß in aller Regel auf ein gesondertes Blatt geschrieben werden. Ausnahme bei Handelsverträgen: § 1027 (2) ZPO

Besondere Hinweise zur Schiedsgerichtsvereinbarung

1. **Gesetzliche Bestimmungen**
   §§ 1025 ff. BGB

2. **Erläuterungen**
   Es wird auf die nachstehend abgedruckte Schiedsgerichtsordnung für das Bauwesen (einschließlich Anlagenbau) in der Fassung 1990 Bezug genommen (SGO Bau 1990).

Abschnitt I: Einleitende Bestimmungen

§ 1 – Anwendungsbereich
(1) Diese Schiedsgerichtsordnung gilt für Streitigkeiten, die gemäß Vereinbarung der Parteien unter Ausschluß des ordentlichen Rechtsweges durch ein Schiedsgericht gemäß den Bestimmungen der nachstehenden Schiedsgerichtsordnung entschieden werden sollen.
(2) Für das Schiedsgerichtsverfahren gelten die Bestimmungen der Zivilprozeßordnung (ZPO), soweit nicht im folgenden abweichende Bestimmungen getroffen sind.

§ 2 – Einleitung des Schiedsgerichtsverfahrens
(1) Die Partei, die das Schiedsgerichtsverfahren einleiten will (Kläger), hat die andere Partei (Beklagter) gemäß § 3 davon schriftlich zu benachrichtigen.
(2) Das Schiedsgerichtsverfahren beginnt an dem Tage, an dem die Benachrichtigung über die Einleitung des Schiedsgerichtsverfahrens dem Beklagten zugegangen ist.
(3) Die Benachrichtigung über die Einleitung des Schiedsgerichtsverfahrens hat folgende Angaben zu enthalten:
a) das Verlangen, die Streitigkeit im Schiedsgerichtsverfahren zu entscheiden;
b) die Namen und Anschriften der Parteien;
c) eine Bezugnahme auf die geltend gemachte Schiedsgerichtsvereinbarung;
d) eine Bezugnahme auf den Vertrag oder das Rechtsverhältnis, aus dem sich der Streitfall ergibt oder auf den er sich bezieht;
e) die allgemeine Art des Streitgegenstandes und des Anspruches, gegebenenfalls eine Angabe über die Höhe des Streitwerts;
f) einen Vorschlag für die Anzahl der Schiedsrichter, wenn die Parteien vorher darüber nichts vereinbart haben;
g) einen oder mehrere Vorschläge für einen Einzelschiedsrichter unter Berücksichtigung von § 7, wenn sich die Parteien vorher auf einen Einzelschiedsrichter geeinigt haben;
h) Bezeichnung des vom Kläger gemäß § 8 ernannten Schiedsrichters, wenn sich die Parteien vorher auf ein Dreier-Schiedsgericht geeinigt haben.
(4) Die Benachrichtigung über die Einleitung des Schiedsgerichtsverfahrens kann auch folgende Angaben enthalten:
a) die Klageschrift (§ 253 ZPO);
b) Vorschläge für Einzelschiedsrichter im Falle von (3) f).

§ 3 – Schriftverkehr

Alle Erklärungen der Parteien oder ihrer Bevollmächtigten, die das Schiedgerichtsverfahren einleiten und die Ernennung bzw. Ablehnung von Schiedsrichtern betreffen, sollen gegen Zustellungsnachweis übermittelt werden. Die Wirksamkeit schriftlicher Erklärungen, die auf anderem Wege übermittelt wurden, bleibt unberührt.

§ 4 – Vertretung

(1) Die Vertretung der Parteien durch Verfahrensbevollmächtigte ist zulässig.

(2) Parteivertreter, die nicht gesetzliche Vertreter ihrer Partei sind, haben sich auf Verlangen durch schriftliche Vollmacht auszuweisen.

Abschnitt II: Zusammensetzung des Schiedsgerichts

§ 5 – Anzahl der Schiedsrichter

(1) Haben sich die Parteien vorher nicht über die Anzahl der Schiedsrichter geeinigt oder haben sie nicht innerhalb von 14 Tagen, nachdem der Beklagte die Benachrichtigung über die Einleitung des Schiedsgerichtsverfahren erhalten hat, vereinbart, daß ein Einzelschiedsrichter tätig werden soll, so ist ein Dreier-Schiedsgericht aus drei Schiedsrichtern (Obmann und zwei Schiedsrichter) zu bilden.

(2) Bei einem Streitwert unter 100 000,– DM sollten sich die Parteien möglichst auf einen Einzelschiedsrichter einigen.

§ 6 – Qualifikation der Schiedsrichter

(1) Als Schiedsrichter sollen nur solche Personen bestimmt werden, die vermöge ihrer Kenntnisse und Erfahrungen im Hinblick auf den konkreten Streitfall für das Amt des Schiedsrichters besonders geeignet sind.

(2) Der Schiedsrichter ist nicht Parteivertreter, sondern hat das ihm übertragene Amt nach bestem Wissen und Gewissen unparteiisch wahrzunehmen.

(3) Der Einzelschiedsrichter (§ 7) und der Obmann (§ 8 (3) und (4)) müssen die Befähigung zum Richteramt haben.

§ 7 – Ernennung des Einzelschiedsrichters

(1) Ist ein Einzelschiedsrichter zu ernennen, so kann jede Partei eine oder mehrere Personen vorschlagen. Sie hat dabei die Gegenpartei schriftlich aufzufordern, innerhalb einer Frist von einem Monat nach Zugang eine der vorgeschlagenen Personen auszuwählen oder einen Gegenvorschlag zu unterbreiten. Zu diesem Gegenvorschlag hat sich die andere Partei binnen 14 Tagen zu äußern.

(2) Haben sich die Parteien auf einen Einzelschiedsrichter geeinigt, so kann jede Partei diesen von seiner Ernennung schriftlich benachrichtigen.

(3) Unterläßt eine Partei die fristgemäße Äußerung, so ist sie schriftlich (§ 3) zu mahnen und ihr eine Ausschlußfrist von 14 Tagen zu setzen. – Nach fruchtlosem Ablauf dieser Nachfrist ist die verbindliche Ernennung des Einzelschiedsrichters durch den Deutschen Beton-Verein E. V. (Ersatzernennung) zu beantragen. Dies gilt auch für den Fall, daß über die Vorschläge keine Einigung erzielt wurde. Der Antrag muß außer den in § 2 (3) a) bis e) geforderten Angaben auch

Unterlagen enthalten, aus denen sich die Säumigkeit des Antragsgegners sowie die Namen der bisher für den Einzelschiedsrichter vorgeschlagenen Personen ergeben.
(4) Der Deutsche Beton-Verein ernennt unverzüglich den Einzelschiedsrichter und gibt dessen Namen den Beteiligten schriftlich bekannt.
(5) Die dem Deutschen Beton-Verein E. V. übertragenen Befugnisse werden vom Vorsitzenden des Deutschen Beton-Vereins E. V., bei seiner Verhinderung von seinem 1. Stellvertreter und bei Verhinderung beider vom 2. Stellvertreter ausgeübt. Soweit eine dieser Personen von dem Schiedsgerichtsverfahren betroffen ist, ist sie von der Ausübung der vorgenannten Befugnisse ausgeschlossen.
(6) Der Vorsitzende, seine Stellvertreter und die Angestellten des Deutschen Beton-Vereins E. V. sind zur Geheimhaltung verpflichtet.
(7) Der Einzelschiedsrichter hat sich unverzüglich über die Annahme des Amtes zu erklären, nachdem er von seiner Ernennung unterrichtet worden ist. Die Erklärung muß beiden Parteien gegenüber schriftlich erfolgen.

§ 8 – Ernennung des Dreier-Schiedsgerichts
(1) Sind drei Schiedsrichter zu ernennen, so hat zunächst jede Partei einen Schiedsrichter zu ernennen. Mit der Einleitung des Schiedsgerichtsverfahrens hat der Kläger den von ihm ernannten Schiedsrichter zu bezeichnen und den Beklagten aufzufordern, ebenfalls einen Schiedsrichter zu ernennen und ihn innerhalb einer Frist von 14 Tagen nach Zugang zu bezeichnen. Dieser Aufforderung hat der Beklagte auch dann zu entsprechen, wenn er den von dem Kläger ernannten Schiedsrichter ablehnt.
(2) Unterläßt der Beklagte die fristgemäße Ernennung, so ist er schriftlich zu mahnen und ihm eine Ausschlußfrist von 14 Tagen zu setzen. – Nach fruchtlosem Ablauf dieser Nachfrist hat der Kläger die verbindliche Ernennung des Schiedsrichters durch den Deutschen Beton-Verein E. V. (Ersatzernennung) zu beantragen. Der Antrag muß außer den in § 2 (3) a) bis e) geforderten Angaben auch Unterlagen, aus denen sich die Säumigkeit des Beklagten ergibt, sowie die Erklärung des vom Kläger ernannten Schiedsrichters über die Annahme seines Amtes enthalten. – Der Deutsche Beton-Verein E. V. hat dem Beklagten unter Fristsetzung Gelegenheit zur Stellungnahme zu dem Antrag zu geben, insbesondere zur Person des für die Ernennung in Aussicht genommenen Schiedsrichters (wegen möglicher Befangenheitsgründe). – Danach ernennt der Deutsche Beton-Verein E. V. unverzüglich den zweiten Schiedsrichter und gibt dessen Namen den Beteiligten schriftlich bekannt.
(3) Ist von jeder Partei ein Schiedsrichter ernannt, so haben diese einen Obmann zu ernennen. Die Ernennung soll innerhalb eines Monats nach Mitteilung über die Ernennung des zweiten Schiedsrichters erfolgen. Vor der Ernennung des Obmanns sind die Parteien anzuhören. Der Name des Obmanns ist den Parteien unverzüglich bekanntzugeben.
(4) Können sich die beiden Schiedsrichter innerhalb der Frist von einem Monat nicht über die Person des Obmanns einigen, so haben sie dies unverzüglich den Parteien und dem Deutschen Beton-Verein E. V. mitzuteilen und die verbindliche Ernennung des Obmanns durch den Deutschen Beton-Verein E. V. (Ersatzernennung) zu beantragen. Der Antrag muß die in § 2 (3) a) bis e) geforderten Angaben enthalten, soweit deren Kenntnis für die Auswahl des Obmanns erforderlich ist, ferner die Erklärungen beider Schiedsrichter über die Annahme ihres Amtes sowie die Namen der bisher für den Obmann vorgeschlagenen Personen.
(5) Der Deutsche Beton-Verein E. V. ernennt unverzüglich den Obmann und gibt dessen Namen den Beteiligten schriftlich bekannt.

(6) § 7 (5) und (6) finden Anwendung.
(7) Jeder Schiedsrichter hat sich unverzüglich über die Annahme des Amtes zu erklären, nachdem er von seiner Ernennung unterrichtet worden ist. Die Erklärung muß beiden Parteien gegenüber schriftlich erfolgen und den übrigen Schiedsrichtern mitgeteilt werden.

Abschnitt III: Ablehnung von Schiedsrichtern und Ersetzung

§ 9 – Erklärung über die Ablehnung des Schiedsrichteramtes
Ein Schiedsrichter ist verpflichtet, seine Ernennung abzulehnen, wenn er zu einer Partei in einem der in § 41 ZPO bezeichneten Verhältnisse steht oder wenn die Voraussetzung des § 42 Abs. 2 ZPO (Besorgnis der Befangenheit) gegeben ist; dasselbe gilt, wenn ein Schiedsrichter nicht in der Lage ist, sein Amt unverzüglich auszuüben.

§ 10 – Ablehnung des Schiedsrichters durch eine Partei
(1) Jeder Schiedsrichter kann abgelehnt werden, wenn Gründe vorliegen, die Anlaß zu berechtigten Zweifeln an seiner Unparteilichkeit und Unabhängigkeit geben.
(2) Die Ablehnung eines Schiedsrichters muß bei Kenntnis des Grundes unverzüglich erfolgen. Erfolgt sie trotz Kenntnis des Ablehnungsgrundes nicht, so gilt dies als Verzicht auf das Ablehnungsrecht.
(3) Eine Partei kann den von ihr selbst ernannten Schiedsrichter nur aus Gründen ablehnen, von denen sie erst nach der Ernennung Kenntnis erhalten hat.

§ 11 – Das Ablehnungsverfahren
(1) Lehnt eine Partei einen Schiedsrichter ab, so hat sie, wenn die Gegenpartei nicht mit der Ablehnung einverstanden ist, die Entscheidung über die Ablehnungserklärung durch das zuständige Amts- oder Landgericht (§ 1045 Abs. 1 ZPO) herbeizuführen. Die Entscheidung ist unverzüglich, spätestens innerhalb einer Frist von 14 Tagen nach Äußerung der anderen Partei über die Ablehnung zu beantragen.
(2) Erfolgt der Antrag nicht innerhalb dieser Frist, so gilt dies als Verzicht auf das Ablehnungsrecht. Für die Ablehnung von Schiedsrichtern gilt § 1032 ZPO in Verbindung mit den §§ 41, 42, 43 und 44 Abs. 4 ZPO.
(3) Die Ablehnung ist der anderen Partei, dem abgelehnten Schiedsrichter und den anderen Mitgliedern des Schiedsgerichts bekanntzugeben. Die Bekanntgabe hat schriftlich (§ 3) unter Angabe der Gründe der Ablehnung zu erfolgen.
(4) Wurde ein Schiedsrichter von einer Partei abgelehnt, so kann die andere Partei der Ablehnung zustimmen. Der Schiedsrichter kann auch nach seiner Ablehnung zurücktreten.

§ 12 – Ersetzung eines Schiedsrichters
(1) Im Falle des Todes, des Rücktritts oder der wirksamen Ablehnung eines Schiedsrichters während des Schiedsgerichtsverfahrens ist ein neuer Schiedsrichter gemäß § 7 bzw. § 8 zu ernennen.
(2) Im Falle der Untätigkeit eines Schiedsrichters oder bei rechtlicher oder tatsächlicher Unmöglichkeit, seine Aufgabe zu erfüllen, gilt (1) entsprechend.

Abschnitt IV: Schiedsgerichtsverfahren

§ 13 – Verfahrensgrundsätze

(1) Das Schiedsgerichtsverfahren ist nicht öffentlich.
(2) Sobald sich das Schiedsgericht ordnungsgemäß konstituiert hat, ist innerhalb einer vom Schiedsgericht festzusetzenden Frist die Klageschrift einzureichen, sofern dies nicht bereits gemäß § 2 (4) geschehen ist.
(3) Das Schiedsgericht hat für eine zügige Durchführung des Schiedsgerichtsverfahrens zu sorgen. Die Parteien haben ihre Angriffs- und Verteidigungsmittel vollständig und so zeitig vorzubringen, wie es nach der jeweiligen Prozeßlage einer sorgfältigen und auf Förderung des Verfahrens bedachten Prozeßführung entspricht.
(4) Dem Einzelschiedsrichter bzw. dem Obmann obliegt die Leitung der Geschäfte des Schiedsgerichtsverfahrens. Er führt den Schriftverkehr mit den Beteiligten, hat den Vorsitz bei der mündlichen Verhandlung und den Beratungen des Schiedsgerichts. Er setzt nach Anhörung der übrigen Schiedsrichter die Termine fest, erläßt die erforderlichen Ladungen und fordert die von ihm für notwendig erachteten Kostenvorschüsse ein.
(5) Der Einzelschiedsrichter bzw. Obmann leitet die Klageschrift dem Beklagten mit der Aufforderung zu, sich dazu binnen einer von ihm festgesetzten Frist unter Anführung der Beweismittel zu äußern und einen ordnungsgemäßen Antrag zu stellen.
(6) Liegt die Klageerwiderung vor oder ist die hierzu gesetzte Frist fruchtlos verstrichen, so bestimmt der Einzelschiedsrichter bzw. Obmann Termin zur mündlichen Verhandlung, die möglichst binnen 6 Wochen stattfinden soll. Zu diesem Termin sind die Schiedsrichter und die Parteien mittels eingeschriebenen Briefes zu laden. Zwischen dem Zugang der Ladung und dem ersten Verhandlungstermin muß eine Frist von 14 Tagen liegen. In dringenden Fällen darf der Einzelschiedsrichter bzw. Obmann die Fristen abkürzen und auch telegrafisch, durch Fernschreiben oder Telefax laden.
(7) Der Einzelschiedsrichter bzw. Obmann soll schon vor der mündlichen Verhandlung alle Anordnungen treffen, die angebracht erscheinen, damit der Rechtsstreit möglichst in einem Termin erledigt wird.
(8) Das Schiedsgericht ist an die Beweisanträge der Parteien nicht gebunden. Es kann nach eigenem Ermessen Zeugen und Sachverständige hören oder andere Beweismittel beibringen lassen oder die Beweisanträge der Parteien ablehnen, wenn und insoweit es sie für unerheblich, für unnötig oder als Verschleppungsversuch erachtet.
(9) Im übrigen regelt das Schiedsgericht das Verfahren nach freiem Ermessen. Es kann den Beginn und den Fortgang seiner Tätigkeit von angemessenen Vorschüssen abhängig machen.

§ 14 – Verhandlungsort
Der Verhandlungsort wird durch den Einzelschiedsrichter bzw. Obmann bestimmt. Ist eine Ortsbesichtigung vorzunehmen, so sie möglichst mit dem Verhandlungstermin zu verbinden. Der Verhandlungsort soll möglichst so gewählt werden, daß er für alle Beteiligten gleich günstig liegt.

§ 15 – Mündliche Verhandlung
(1) Die Verhandlung ist in der Regel mündlich. Mit Zustimmung der Parteien kann in geeigneten Fällen das schriftliche Verfahren angeordnet werden.

(2) Die mündliche Verhandlung ist durch Schriftsätze vorzubereiten. In der Verhandlung sind die Parteien und ihre Vertreter zu hören.
(3) Erklärt sich eine über den Sachverhalt unterrichtete Partei nicht zu den tatsächlichen Behauptungen der Gegenseite oder erscheint sie trotz ordnungsgemäßer Ladung ohne ausreichende Entschuldigung nicht zum Verhandlungstermin, so würdigt das Schiedsgericht dies nach freiem Ermessen; es kann insbesondere die tatsächlichen Behauptungen als zugestanden annehmen.

§ 16 – Niederschrift
(1) Über die mündliche Verhandlung vor dem Schiedsgericht ist von einer durch das Schiedsgericht zu bestimmenden Person eine Niederschrift aufzunehmen. In dieser sind die Anträge der Parteien und ihr sonstiges Vorbringen zu vermerken, soweit es nach Ermessen des Schiedsgerichts wesentlich und nicht bereits in den Schriftsätzen der Parteien enthalten ist. Auch über die Vernehmung von Zeugen und Sachverständigen und über die Durchführung von Ortsbesichtigungen sind Niederschriften zu fertigen. Die Niederschriften sind vom Einzelschiedsrichter bzw. vom Obmann zu unterzeichnen.
(2) Sind vom Schiedsgericht einzelne Schiedsrichter mit der Durchführung einer Beweisaufnahme beauftragt, so haben diese die entsprechende Niederschrift zu fertigen.

§ 17 – Geheimhaltungspflicht
Die Schiedsrichter sowie die Sachverständigen und sonstige vom Schiedsgericht hinzugezogene Personen sind zur Geheimhaltung der ihnen durch ihre Tätigkeit im Schiedsgerichtsverfahren bekannt gewordenen Tatsachen verpflichtet.

Abschnitt V: Schiedsspruch

§ 18 – Beschlußfassung über den Schiedsspruch
(1) Bei der Beratung und Beschlußfassung über den Schiedsspruch dürfen nur die Schiedsrichter anwesend sein.
(2) Besteht das Schiedsgericht aus drei Schiedsrichtern, so ist jeder Schiedsspruch oder jede andere Entscheidung des Schiedsgerichts mit Stimmenmehrheit zu erlassen.
(3) Die vorstehenden Bestimmungen gelten entsprechend für Beschlüsse. Soweit es sich jedoch nur um Verfahrensfragen handelt, kann der Obmann des Schiedsgerichts, vorbehaltlich einer etwaigen Änderung durch das Schiedsgericht, allein entscheiden.

§ 19 – Form und Wirkung des Schiedsspruchs
(1) Der Schiedsspruch ist schriftlich abzufassen.
(2) Das Schiedsgericht hat den Schiedsspruch zu begründen, es sei denn, die Parteien haben hierauf ausdrücklich verzichtet.
(3) Der Schiedsspruch ist von den Schiedsrichtern gemäß § 1039 ZPO zu unterzeichnen und hat die Angabe des Tages und des Ortes, an dem er erlassen wurde, zu enthalten.
(4) Die unterschriebene Ausfertigung ist unter Beifügung der Beurkundung der Zustellung durch den Einzelschiedsrichter bzw. den Obmann auf der Geschäftsstelle des zuständigen Gerichts niederzulegen (§ 1039 ZPO), sofern eine Partei dies schriftlich beantragt.

(5) Der Schiedsspruch hat unter den Parteien die Wirkung eines rechtskräftigen gerichtlichen Urteils (§ 1040 ZPO).
(6) Nach Abschluß des Verfahrens sind die entstandenen Akten, soweit sie nicht den Beteiligten als Eigentum auf Antrag zurückgegeben werden, vom Schiedsgericht 5 Jahre lang aufzubewahren.

§ 20 – Einigung oder andere Gründe für die Einstellung des Verfahrens
(1) Einigen sich die Parteien vor Erlaß des Schiedsspruchs über die Beilegung des Streits, so hat das Schiedsgericht entweder einen Beschluß über die Einstellung des Schiedsgerichtsverfahrens zu erlassen, oder, falls beide Parteien es beantragen und das Schiedsgericht zustimmt, die Einigung in Form eines Schiedsspruchs mit vereinbartem Wortlaut zu Protokoll zu nehmen. Der Schiedsspruch bedarf in diesem Fall keiner Begründung.
(2) Wird es, bevor der Schiedsspruch erlassen wurde, aus irgendeinem anderen Grunde als dem in (1) genannten unnötig oder unmöglich, das Schiedsgerichtsverfahren fortzusetzen, so hat das Schiedsgericht die Parteien von seiner Absicht, einen Beschluß über die Einstellung des Verfahrens zu erlassen, zu unterrichten. Das Schiedsgericht hat die Befugnis, einen solchen Beschluß zu erlassen, es sei denn, daß eine der Parteien dagegen begründete Einwände erhebt.
(3) Das Schiedsgericht übermittelt den Parteien von den Schiedsrichtern unterzeichnete Abschriften des Beschlusses über die Einstellung des Schiedsgerichtsverfahrens oder des Schiedsspruchs mit vereinbartem Wortlaut.

Abschnitt VI: Kosten des Schiedsgerichtsverfahrens

§ 21 – Kostenfestsetzung
Das Schiedsgericht setzt in seinem Schiedsspruch die Kosten des Schiedsgerichtsverfahrens fest.

§ 22 – Streitwert und Gebühren
(1) Das Schiedsgericht bestimmt den Streitwert nach den Berechnungssätzen der Zivilprozeßordnung (ZPO) und des Gerichtsverfassungsgesetzes (GVG).
(2) Bei einem Dreier-Schiedsgericht entstehen nach den Grundsätzen der Bundesrechtsanwaltsgebührenordnung (BRAGO) für das Schiedsgericht jeweils folgende Gebühren:
– Obmann $13/10$
– Schiedsrichter $10/10$
Bei einem Streitwert bis 100 TDM werden je Schiedsrichter höchstens 3 Gebühren berechnet.
(3) Bei einem Einzelschiedsrichter entstehen entsprechend (2) jeweils Gebühren in Höhe von $15/10$.
(4) Hält das Schiedsgericht in Ausnahmefällen eine abweichende Gebührenregelung für unabweisbar erforderlich, so muß dies vom Schiedsgericht vor der ersten mündlichen Verhandlung schriftlich beantragt und ausdrücklich begründet werden.
(5) Ausnahmefälle liegen nur dann vor, wenn Umfang, Schwierigkeitsgrad oder Zeitaufwand dies erfordern.
(6) Eine Zustimmung der Parteien des Schiedsgerichtsverfahrens zu dem Antrag des Schiedsgerichts hat schriftlich zu erfolgen. Andernfalls verbleibt es bei den Gebühren nach (1) bis (3).
(7) Ist einer oder sind mehrere Schiedsrichter ernannt und wird das Verfahren nicht durchgeführt, so fallen für jeden der Schiedsrichter folgende Gebühren an:

(a) vor Einreichung der Klageschrift: 5/10,
(b) nach Einreichung der Klageschrift: 7.5/10,
(c) nach Einreichung der Klageerwiderung: 10/10.

(8) Die Parteien haben alle notwendigen Auslagen der Schiedsrichter sowie die durch die Vernehmung von Zeugen und Sachverständigen, die Einholung von Gutachten und sonstigen Auskünften entstehenden Kosten zu tragen.

(9) Die Parteien haften dem Schiedsgericht als Gesamtschuldner.

(10) Das Schiedsgericht kann in jedem Stadium des Verfahrens zur Deckung voraussichtlicher Kosten Vorschüsse anfordern.

Muster 2.8 – Anderweitige Zuschlagserteilung gemäß §§ 27, 27 a VOB/A

Name und Anschrift
des Auftraggebers

............., den ....

Name und Anschrift
des Bieters

Anderweitige Zuschlagserteilung
Bauvorhaben . . . .
Auszuführende Leistungen . . . .
Ihr Angebot vom . . . .

Sehr geehrte Damen und Herren,

wir bedanken uns für Ihr vorgenanntes Angebot und Ihre Beteiligung am Wettbewerb. Ihr Angebot konnten wir infolge anderweitiger Zuschlagserteilung jedoch nicht annehmen.

Mit freundlichen Grüßen

....
(Name und Anschrift des Auftraggebers)

Muster 2.9 – Mitteilung gemäß § 27 Nr. 2 VOB/A

Name und Anschrift ...., den ....
des Auftraggebers

Name und Anschrift
des Bieters

Bauvorhaben ....
gemäß Bauvertrag vom ....
hier: Aufhebung der Ausschreibung gemäß § 26 VOB/A
Ihr Angebot vom ....

Sehr geehrte Damen und Herren,

wir nehmen Bezug auf die Ausschreibung des Bauvorhabens ....
(Geschäftsnummer: ....) und Ihr Angebot vom ....

Wie wir Ihnen bereits mit unserem Schreiben vom .... gemäß § 27 Nr. 1 VOB/A mitgeteilt haben, ist Ihr Angebot gemäß § 25 Nr. 1 VOB/A ausgeschlossen worden/konnte Ihr Angebot nicht in die engere Wahl kommen*).

Gemäß § 27 Nr. 2 VOB/A erklären wir Ihnen, daß die Nichtberücksichtigung Ihres Angebots auf folgenden Gründen beruht:

....
....

(Gründe in Kurzform angeben: z. B. das Angebot lag nicht bei Öffnung des ersten Angebots im Öffnungstermin vor, es wurde eine unzulässige Absprache getroffen, das Angebot entsprach nicht § 21 Nr. 1 Abs. 1 und 2 VOB/A usw.).

Wir haben den Auftrag an die Firma .... vergeben (diese Mitteilung erfolgt nur an Bieter).

Ihre Unterlagen haben wir mit gleicher Post an Sie zurückgeschickt.

Mit freundlichen Grüßen

....
(Unterschrift des Auftraggebers)

Besondere Hinweise zu §§ 27, 27 a VOB/A (Muster 2.8, 2.9)

1. **VOB-Text**
   § 27
   1. Bieter, deren Angebote ausgeschlossen worden sind (§ 25 Nr. 1) und solche, deren Angebote nicht in die engere Wahl kommen, sollen sobald wie möglich verständigt werden. Die übrigen Bieter sind zu verständigen, sobald der Zuschlag erteilt worden ist.
   2. Auf Verlangen sind den nicht berücksichtigten Bewerbern oder Bietern innerhalb einer Frist von 15 Kalendertagen nach Eingang ihres Antrags die Gründe für die Nichtberücksichtigung ihrer Bewerbung oder ihres Angebots mitzuteilen, den Bietern auch der Name des Auftragnehmers.
   3. Nicht berücksichtigte Angebote und Ausarbeitungen der Bieter dürfen nicht für eine neue Vergabe oder für andere Zwecke benutzt werden.
   4. Entwürfe, Ausarbeitungen, Muster und Proben zu nicht berücksichtigten Angeboten sind zurückzugeben, wenn dies im Angebot oder innerhalb von 30 Kalendertagen nach Ablehnung des Angebots verlangt wird.

   § 27 a
   Bei einem Verhandlungsverfahren, dem eine Vergabebekanntmachung vorausgegangen ist, findet § 27 Nr. 2 entsprechende Anwendung.

2. **Erläuterungen**

   2.1 § 27 Nr. 1 und 2 VOB/A sehen eine stufenweise baldige Verständigung der Bieter vor. Nach § 27 Nr. 1 VOB/A sind die Bieter sobald wie möglich zu verständigen, deren Angebote gemäß § 25 Nr. 1 VOB/A ausgeschlossen worden sind oder – aus welchen Gründen auch immer – nicht in die engere Wahl kommen. Allerdings handelt es sich bei diesen Bestimmungen nur um sogenannte Soll-Vorschriften, die vom Auftraggeber also nicht unbedingt zu beachten sind. Darüber hinaus wird in solchen Fällen den Bietern aufgrund des Eröffnungstermins bereits bekannt sein, daß ihre Angebote ausgeschlossen werden bzw. nicht in die engere Wahl kommen.

   2.2 Ist hingegen eine Zuschlagserteilung erfolgt, so sind die übrigen Bieter hiervon zu verständigen. Hierfür dient das beigefügte Muster 2.8. Diese Verständigungspflicht des Auftraggebers ist zwingend. Sie verfolgt den Zweck, daß die Bieter nicht länger als unbedingt nötig im ungewissen darüber bleiben sollen, ob sie den Zuschlag auf ihr Angebot erhalten oder nicht und deshalb in die Lage versetzt werden, frühzeitig und anderweitig zu disponieren.

   2.3 Nicht berücksichtigte Angebote und Ausarbeitungen der Bieter dürfen nur mit ihrer Zustimmung für eine neue Vergabe oder für andere Zwecke benutzt werden.

2.4 Entwürfe, Ausarbeitung, Muster und Proben zu nicht berücksichtigten Angeboten sind herauszugeben, wenn dieses im Angebot oder innerhalb von 30 Kalendertagen nach Ablehnung des Angebots verlangt wird.

2.5 Die Verletzung der Benachrichtigungspflicht, aber auch der übrigen in § 27 Nr. 2 und 3 festgelegten Verbindlichkeiten des Auftraggebers, macht aus der culpa in contrahendo schadensersatzpflichtig (vgl. Ingenstau/Korbion, a. a. O., A § 27 Rdn. 6). Das gilt im übrigen insbesondere auch für den Fall, daß die Unterlagen und Ausarbeitungen der Bieter für andere Bauvorhaben benutzt werden (vgl. Ingenstau/Korbion, a. a. O., A § 27 Rdn. 15).

2.6 Zu beachten ist auch der Urheberrechtsschutz, auf den an dieser Stelle nur aufmerksam gemacht werden soll.

Muster 2.10 – Vergabevermerk gemäß § 30 VOB/A

Bauvorhaben: ....

Ausschreibung vom: ....

Vergabevermerk

1. Auftraggeber: ....

2. Leistungsinhalt: ....

3. Vertragspreis: ....

4. Art des Vergabeverfahrens: ....

5. Einteilung in folgende Lose: ....

6. Einzelheiten und Stufen des Vergabeverfahrens: ....
   ....
   (mit Daten – z. B. Eröffnungstermin vom ...., Ende der Bindefrist, Ende der Zuschlagsfrist, Termin zur Aufklärung über den Inhalt der Angebote usw.)

7. Anzahl der Bewerber/Bieter: ....

8. Gewertete Angebote: ....
   ....
   (mit Namen und Anschriften der Bewerber/Bieter)

9. Vom Verfahren ausgeschlossene Bieter: ....
   ....

10. Änderungsvorschläge/Nebenangebote: ....

11. Prüfung und Zuschlagsbegründung: ....

12. Auftragnehmer: ....

13. Nachunternehmer: ....

14. Aufhebung der Ausschreibung: ....

15. Mitteilungen: ....

Besondere Hinweise zu § 30 (§ 30 a) VOB/A (Muster 2.10)

1. **VOB-Text**
   §§ 30, 30 a VOB/A
2. **Erläuterungen**
   Die Aufstellung dieses Vergabevermerks ist nunmehr nach § 30 VOB/A zwingend vorgeschrieben. Allerdings sind dieser Bestimmung keine besonderen Anforderungen an den Inhalt des Vermerks zu entnehmen. Es wird lediglich verlangt, die einzelnen Stufen des Verfahrens, die maßgeblichen Feststellungen sowie die Begründung der einzelnen Entscheidungen aufzuführen. Nach § 30 Nr. 2 VOB/A ist ferner eine zusätzliche Begründung dann notwendig, wenn „auf die Vorlage zusätzlich zum Angebot verlangter Unterlagen und Nachweise verzichtet" wird.
   Die Aufzählung der einzelnen Vermerkpositionen in dem Muster 2.10 ist nur beispielhaft zu verstehen, und sie bedarf sicher der Ergänzung im konkreten Einzelfall, um den Besonderheiten eines jeden Vergabeverfahrens gerecht zu werden (vgl. im übrigen Ingenstau/Korbion, a. a. O., A § 30 Rdn. 2).
   Dieser Vergabevermerk (Muster 2.10) kann im übrigen zur Erfüllung der sich aus § 30 a VOB/A ergebenden Melde- und Berichtspflicht verwendet werden. Der EG-Kommission sind nämlich „auf Verlangen" diese Tatsachen aus dem Vergabevermerk zu übermitteln.
   Nach § 31 VOB/A ist in den Bekanntmachungen und in den Vergabeunterlagen die sog. Vergabeprüfstelle anzugeben. Dies ist die sog. vorgesetzte Dienststelle der Behörde, die das Vergabeverfahren durchführt. Dabei muß sichergestellt sein, daß diese Aufsichtsinstanz mit dem Vergabeverfahren nicht beschäftigt war und insoweit also Unabhängigkeit besitzt. Bei Anwendung der Sektorenrichtlinie ist zur Überprüfung von Vergabeverfahren eine Behörde einzurichten, die sogar „richterliche Unabhängigkeit" besitzt. Dies ist im übrigen noch nicht in nationales deutsches Recht umgesetzt worden.
   Auf die Baukonzessionen nach § 32 VOB/A, wie sie angesichts zunehmender Geldknappheit bei den Kommunen eine besondere Bedeutung bekommen haben, wird hier der Vollständigkeit halber hingewiesen. Es handelt sich hierbei um Bauverträge über Projekte, die an sich dem staatlichen Aufgabenkreis zuzurechnen sind, bei denen jedoch an die Stelle einer Vergütung die Übertragung der Nutzungsrechte an den Unternehmer tritt (z. B. Bau einer Tiefgarage und Abtretung der Parkgebühren an den Unternehmer). Auf derartige Bauverträge sind nach der Bestimmung des § 32 Nr. 2 VOB/A die Regelungen aus §§ 1 – 31 VOB/A sinngemäß anzuwenden, und zwar nicht die der a-Paragraphen (vgl. § 32 a VOB/A).

Muster 3.1 – Übergabe von Ausführungsunterlagen gemäß § 3 Nr. 1, 3 VOB/B

An den ...., den ....
Auftragnehmer

Bauvorhaben ....
gemäß Bauvertrag vom ....
hier: Übergabe von Ausführungsunterlagen

Sehr geehrte Damen und Herren,

wir überreichen Ihnen hiermit die für das Bauvorhaben .... notwendigen Ausführungsunterlagen, deren Vollständigkeit Sie bitte auf der beigefügten Abschrift dieses Schreibens durch Ihre Unterschrift bestätigen wollen.

Auf Ihre Prüfungs- und Hinweispflicht aus § 3 Nr. 3 Satz 2 VOB/B wird hingewiesen. Etwaige Mängel oder sonstige Unstimmigkeiten der Unterlagen sind bis zum .... schriftlich mitzuteilen.

Eine Auflistung der Unterlagen liegt an *).

Mit freundlichen Grüßen

....
(Unterschrift des Auftraggebers)

*) In geeigneten Fällen sollte eine Liste der Unterlagen/Pläne/Zeichnungen beigefügt werden.

Besondere Hinweise zu § 3 Nr. 1, 3 VOB/B (Muster 3.1)

1. **VOB-Text**
1. Die für die Ausführung nötigen Unterlagen sind dem Auftragnehmer unentgeltlich und rechtzeitig zu übergeben.
3. Die vom Auftraggeber zur Verfügung gestellten Geländeaufnahmen und Absteckungen und die übrigen für die Ausführung übergebenen Unterlagen sind für den Auftragnehmer maßgebend. Jedoch hat er sie, soweit es zur ordnungsgemäßen Vertragserfüllung gehört, auf etwaige Unstimmigkeiten zu überprüfen und den Auftraggeber auf entdeckte oder vermutete Mängel hinzuweisen.

2. **Erläuterungen**

2.1 § 3 Nr. 1 VOB/B bestimmt, daß die für die Ausführung nötigen Unterlagen dem Auftragnehmer unentgeltlich und rechtzeitig zu übergeben sind. Obwohl dies in der VOB nicht ausdrücklich bezeichnet ist, ergibt sich jedoch aus dem Vertragsverhältnis zwischen Auftraggeber und Auftragnehmer, daß der Auftraggeber verpflichtet ist, die Unterlagen, die für die Ausführung der Bauleistung benötigt werden, dem Unternehmer rechtzeitig zu übergeben. Gegebenenfalls kann der Auftraggeber hiermit auch einen Architekten beauftragen. In diesem Falle ist der Architekt Erfüllungsgehilfe des Auftraggebers mit der Folge, daß der Auftraggeber für ein eventuelles Verschulden des Architekten (z. B. unvollständige Unterlagen) einzustehen hat.
Dies gilt allerdings dann nicht, wenn vertraglich etwas anderes vereinbart ist, beispielsweise in der Weise, daß der Auftragnehmer die Ausführungsunterlagen zu erstellen hat. Solche Fälle sind beispielsweise dann gegeben, wenn der Auftraggeber einen Generalunternehmer beauftragt, dem vertraglich nicht nur die Ausführung, sondern auch die Planung im Detail (Leistungsbeschreibung, Leistungsverzeichnis) obliegt.

2.2 Der in § 3 Nr. 1 VOB/B verwendete Begriff der „nötigen" Unterlagen ist dahingehend auszulegen, daß er alles betrifft, was der AN braucht, um das Werk vertragsgemäß und mängelfrei erbringen zu können. Diese Verpflichtung wird in AGB in der Praxis häufig anders geregelt. Im übrigen ist diese Verpflichtung zur Lieferung der Unterlagen Gegenstand der in der VOB/C geregelten Nebenpflichten des AN, so daß in jedem Fall auch die Regelung in der VOB/C geprüft und berücksichtigt werden muß (vgl. u. a. DIN 18330 Ziff. 4.2.4; 18331 Ziff. 4.2, Ziff. 4.2.3 usw.).

2.3 Die für die Ausführung notwendigen Unterlagen hat der Auftraggeber dem Auftragnehmer kostenlos zu überlassen. Diese kostenlose Überlassungspflicht ist auch für die erforderliche Stückzahl der jeweiligen Unterlagen maßgeblich. Etwas anderes gilt nur, wenn die Parteien andere vertragliche Regelungen getroffen haben.

2.4 Die Unterlagen sind dem Auftragnehmer rechtzeitig zu übergeben. Was unter dem Begriff „rechtzeitig" zu verstehen ist, bestimmt sich nach der Lage des Einzelfalles. Grundsätzlich ist davon auszugehen, daß dem Auftragnehmer eine genügende Zeit zur Prüfung der Unterlagen zur

Verfügung stehen muß, bevor er die Leistung nach diesen ausführt. In der Regel wird man davon ausgehen können, daß hier je nach Größe des Bauvorhabens 1 bis 2 Wochen ausreichend sind.

2.5 Die Verletzung der sich aus § 3 Nr. 1 VOB/B ergebenden Verpflichtung führt zu Bauzeitverlängerungen und Schadensersatzansprüchen nach § 6 Nr. 1 und Nr. 6 VOB/B, wenn der AN dadurch in der rechtzeitigen Durchführung der Leistung gehindert wird.

Wird infolge der Verletzung der Mitwirkungspflichten des AG die Erfüllung des Vertrags unmöglich, hat der AN die Rechte aus § 325 BGB (Rückabwicklung bzw. Schadensersatz wegen Nichterfüllung). Soweit der Auftraggeber sich zur Erfüllung dieser Pflichten Hilfspersonen bedient (z. B. eines Architekten, Statikers oder Ingenieurs), haftet er für deren Verschulden gemäß § 278 BGB wie für sein eigenes.

2.6 Für die Leistung des Auftragnehmers sind die Unterlagen des Auftraggebers maßgebend, Abweichungen sind unzulässig (BHG in NJW 1982, 1702). Ungeachtet dieser Verbindlichkeit der vom Auftraggeber vorgegebenen Ausführungsunterlagen enthält § 3 Nr. 3 Satz 2 VOB/B eine eigenständige Prüfungs- und Hinweispflicht für den Auftragnehmer. Bei dieser Pflicht handelt es sich um eine vertragliche Nebenpflicht, deren Verletzung zu Nachbesserungs- und Gewährleistungspflichten bzw. zum Schadensersatz führen kann. Gegenstand der Prüfungspflicht sind etwaige Unstimmigkeiten in den Unterlagen des Auftraggebers, wobei dazu alle Arten von Fehlern und insbesondere die Abweichungen von den Regeln der Technik bzw. der Bauvorschriften erfaßt werden. In erster Linie hat allerdings der Auftraggeber für die Richtigkeit und Vollständigkeit seiner Unterlagen einzustehen, so daß bei Verletzung der Prüfungspflicht durch den AN in jedem Fall der Mitverschuldenseinwand nach §§ 254, 278 BGB begründet ist. Das führt in der Praxis häufig zu einer Minderung der Schadensersatzansprüche des Auftraggebers.

2.7 Aus Beweisgründen sollten die Unterlagen/Pläne/Zeichnungen in einer Liste aufgeführt und diese Liste dem Schreiben beigefügt werden. Die genaue Bezeichnung der Unterlagen ist notwendig.

Muster 3.2 – Aufforderung zum Ausführungsbeginn gemäß § 5 Nr. 2 VOB/B

An den . . . ., den . . . .
Auftragnehmer

Bauvertrag vom . . . .
Aufforderung zum Ausführungsbeginn

Sehr geehrte Damen und Herren,

mit der Ausführung der Ihnen übertragenen Arbeiten gemäß Bauvertrag vom . . . . kann sofort/am . . . . begonnen werden. Bitte teilen Sie uns gemäß § 5 Nr. 2 VOB/B mit, wann Sie mit der Ausführung der Arbeiten beginnen werden.

Mit freundlichen Grüßen

. . . .
(Unterschrift des Auftraggebers)

Besondere Hinweise zu § 5 Nr. 2 VOB/B (Muster 3.2)

1. **VOB-Text**
   Ist für den Beginn der Ausführung keine Frist vereinbart, so hat der Auftraggeber dem Auftragnehmer auf Verlangen Auskunft über den voraussichtlichen Beginn zu erteilen. Der Auftragnehmer hat innerhalb von 12 Werktagen nach Aufforderung zu beginnen. Der Beginn der Ausführung ist dem Auftraggeber anzuzeigen.

2. **Erläuterungen**

   2.1 Die in § 5 Nr. 2 VOB/B getroffene Regelung gilt nur dann, wenn keine anderweitige – und insoweit spezielle – Regelung im Vertrag getroffen wurde. Die Regel ist – und dies hat sich auch in der Praxis bewährt –, den Beginn und das Ende der Ausführung datumsmäßig festzulegen. Um mögliche Unklarheiten zu vermeiden, sollte auch angegeben werden, ob dieser Zeit ggf. anerkannte Schlechtwettertage zuzurechnen sind (vgl. insoweit auch § 6 Nr. 2 Abs. 2 VOB/B und die entsprechenden Muster).

   2.2 In der VOB ist keine Regelung enthalten, wann der Auftragnehmer mit der Leistung zu beginnen hat. Wurde beispielsweise im Vertrag auch keine entsprechende Bestimmung bezüglich des Beginns vereinbart, liegt es auf der Hand, daß der Auftragnehmer ein Interesse daran hat zu wissen, wann mit der Leistungsausführung begonnen werden soll. Dieses berechtigte Interesse des Auftragnehmers resultiert insbesondere daraus, daß in der Regel Festpreise vereinbart werden und der Auftragnehmer wissen muß, für welchen Zeitraum er die jeweilige Festpreisbindung eingeht. Aus diesem Grunde ist der Auftraggeber auch verpflichtet, auf Verlangen des Auftragnehmers Auskunft über den voraussichtlichen Ausführungsbeginn zu erteilen. Nach einhelliger Kommentarmeinung hat der Auftraggeber diese Verpflichtung unverzüglich (d. h. ohne schuldhaftes Zögern) zu erfüllen.
   Verlangt der Auftragnehmer keine Auskunft, dann muß der Auftraggeber ggf. damit rechnen, daß der Auftragnehmer innerhalb von 12 Werktagen beginnt. Gerade deshalb empfiehlt es sich auch, verbindliche und klare Bestimmungen über den Beginn und das Ende der Ausführung zu treffen.

   2.3 Grundsätzlich ist nach § 5 Nr. 2 Satz 2 VOB/B der Auftragnehmer verpflichtet, innerhalb von 12 Werktagen nach Aufforderung durch den Auftraggeber mit der Ausführung der Leistung zu beginnen. Dieser Beginn muß nicht notwendigerweise auf der Baustelle erfolgen, sondern es kann beispielsweise je nach Art der Bauleistung selbst auch von einem Beginn dann ausgegangen werden, wenn der Auftragnehmer beispielsweise die erforderlichen Fertigteile in seinem Fertigteilwerk zu erstellen beginnt. Gerade in dieser Hinsicht ist es unbedingt notwendig, daß der Auftragnehmer dem Auftraggeber anzeigt, wann er mit der Ausführung begonnen hat. Die Notwendigkeit der Anzeige ergibt sich im besonderen auch für den Fall, daß die Ausführungsfrist beispielsweise nur mit „50 Werktagen" angegeben wurde. Um festzustellen, wann diese Ausführungsfrist beendet ist, muß der Auftraggeber wissen, wann der Unternehmer mit der Leistung begonnen hat.

Muster 3.3 – Nachfristsetzung für den Ausführungsbeginn gemäß § 5 Nr. 4 VOB/B

An den . . . ., den . . . .
Auftragnehmer

Bauvorhaben . . . .
gemäß Bauvertrag vom . . . .
hier: Nachfristsetzung für den Ausführungsbeginn

Sehr geehrte Damen und Herren,

entsprechend den vertraglichen Vereinbarungen/unserem Schreiben vom . . . .*) hatten Sie mit der Ausführung der Leistungen gemäß dem vorgenannten Vertrag am . . . . zu beginnen. Diese Frist haben Sie nicht eingehalten. Wir setzen Ihnen hiermit gemäß § 5 Nr. 4 VOB/B eine Frist bis zum

. . . .
für den Ausführungsbeginn. Sollten Sie diese Frist wiederum nicht einhalten, werden wir Ihnen den Auftrag gemäß § 8 Nr. 3 VOB/B entziehen und den uns daraus entstehenden Schaden Ihnen gegenüber geltend machen.

Mit freundlichen Grüßen

. . . .
(Unterschrift des Auftraggebers)

*) Unzutreffendes bitte streichen

Besondere Hinweise zu § 5 Nr. 4 VOB/B (Muster 3.3)

1. VOB-Text

Verzögert der Auftragnehmer den Beginn der Ausführung, gerät er mit der Vollendung in Verzug oder kommt er der in Nummer 3 erwähnten Verpflichtung nicht nach, so kann der Auftraggeber bei Aufrechterhaltung des Vertrages Schadensersatz nach § 6 Nr. 6 verlangen oder dem Auftragnehmer eine angemessene Frist zur Vertragserfüllung setzen und erklären, daß er ihm nach fruchtlosem Ablauf der Frist den Auftrag entziehe (§ 8 Nr. 3).

2. Erläuterungen

2.1 Beginnt der Auftragnehmer nicht innerhalb der ihm gesetzten vertraglichen Frist, gerät er mit der Vollendung seiner Leistungen in Verzug oder versetzt er seine Verpflichtung zur Abhilfe nach § 5 Nr. 3 VOB/B, kann der Auftraggeber entweder am Vertrag festhalten und Schadensersatz nach § 6 Nr. 6 verlangen oder den Vertrag nach fruchtlosem Ablauf einer angemessenen Nachfrist, die mit Ablehnungsandrohung verbunden sein muß, gemäß § 8 Nr. 3 kündigen. Für den Grund und die Höhe dieses Schadens ist der Auftraggeber beweispflichtig, d. h., er muß darlegen, daß der Auftragnehmer schuldhaft nicht rechtzeitig begonnen hat (es dürfen keine Gründe vorliegen, die den Auftragnehmer an der Arbeitsaufnahme ohne sein Verschulden hinderten) und außerdem ist die Höhe des Schadens (z. B. Lohn- oder Materialverteuerung, entgangene Miete, wenn das Objekt zu einem gewissen Zeitpunkt vermietet werden sollte) anzugeben.

2.2 Fängt der Auftragnehmer nicht rechtzeitig mit der Ausführung an, dann empfiehlt es sich, grundsätzlich gemäß Muster 3.3 zu verfahren und dem Auftragnehmer eine angemessene Nachfrist zum Beginn zu setzen. Diese Frist sollte in jedem Falle datumsmäßig (d. h. beispielsweise bis zum 15. Oktober 1993) angegeben werden. Diese Frist sollte grundsätzlich angemessen sein, d. h., Fristen von 1 bis 2 Tagen erfüllen in der Regel diesen Tatbestand nicht. Je nach der Größe des Bauvorhabens sind Fristen von 1 bis 2 Wochen gerechtfertigt.

2.3 Läßt der Auftragnehmer diese Frist verstreichen, ohne daß er beginnt, kann der Auftraggeber nicht nur Schadensersatz gemäß Ziffer 2.1 fordern, sondern er ist darüber hinaus auch berechtigt, dem Auftragnehmer den Auftrag zu entziehen. Die Entziehung des Auftrages entspricht der Kündigung gemäß § 8 Nr. 3 VOB/B (vgl. die hierzu maßgeblichen Muster).

Muster 3.4 – Behinderungsanzeige gemäß § 4 Nr. 3 VOB/B

An den ...., den ....
Auftragnehmer

Bauvorhaben
gemäß Bauvertrag vom ....
hier: Ihre Behinderungsanzeige

Sehr geehrte Damen und Herren,

Ihre schriftliche Mitteilung vom .... über die Bedenken bezüglich der Ausführung der Ihnen mit Vertrag vom .... übertragenen Bauarbeiten haben wir erhalten. Diese Bedenken werden geprüft. Schon jetzt weisen wir jedoch darauf hin, daß Sie die ordnungsgemäße und rechtzeitige Fertigstellung der Ihnen obliegenden Leistungen schulden. Sollte sich also herausstellen, daß die von Ihnen geäußerten Bedenken unbegründet sind, werden wir Sie mit etwaigen Verzögerungs- und sonstigen Mehrkosten belasten.

Das Ergebnis unserer Prüfung werden wir Ihnen bis zum .... mitteilen und gegebenenfalls vorab einen Besprechungstermin mit Ihnen vereinbaren.

Sollten Sie bis zu dem o. g. Termin keine Nachricht erhalten haben bzw. ein Besprechungstermin nicht zustande gekommen sein, haben Sie davon auszugehen, daß Ihren Bedenken nicht gefolgt wird. Für diesen Fall haben Sie die Leistung dann entsprechend den vertraglichen Vereinbarungen auszuführen.

Mit freundlichen Grüßen

....
(Unterschrift des Auftraggebers)

Besondere Hinweise zu § 4 Nr. 3 VOB/B (Muster 3.4)

1. **VOB-Text**
   Hat der Auftragnehmer Bedenken gegen die vorgesehene Art der Ausführung (auch wegen der Sicherung gegen Unfallgefahren), gegen die Güte der vom Auftraggeber gelieferten Stoffe oder Bauteile oder gegen die Leistungen anderer Unternehmer, so hat er sie dem Auftraggeber unverzüglich – möglichst schon vor Beginn der Arbeiten – schriftlich mitzuteilen; der Auftraggeber bleibt jedoch für seine Angaben, Anordnungen oder Lieferungen verantwortlich.

2. **Erläuterungen**

   2.1 Nach § 4 Nr. 3 VOB/B ist der Auftragnehmer verpflichtet, eventuelle Bedenken gegen
   – die vorgesehene Art der Ausführung,
   – die Güte der vom Auftraggeber gelieferten Stoffe oder Bauteile,
   – die Leistungen anderer Unternehmer
   geltend zu machen. Diese Verpflichtung resultiert daraus, daß der Auftragnehmer gehalten ist, den Auftraggeber vor Schaden zu bewahren. Erfüllt der Auftragnehmer diese Verpflichtung nicht, hat er für die mangelhafte Leistung einzustehen; für weitere Schäden haftet er nach den Grundsätzen der positiven Vertragsverletzung (vgl. Heiermann/Riedl/Rusam, B § 4 Rdn. 38). Insoweit hat der Auftraggeber deshalb einen Vorteil daraus, weil er – praktisch kostenlos – in dem Rahmen des § 4 Nr. 3 VOB/B eine Überprüfung durch den sach- und fachkundigen Auftragnehmer der vorgenannten Bereiche erhält. Es ist deshalb falsch, wenn in der Praxis oft von Auftraggeberseite bzw. den von ihm beauftragten Architekten Bedenken nicht angenommen werden oder mit dem Hinweis „bei mir werden keine Bedenken geltend gemacht" zurückgewiesen werden.

   2.2 Wenn der Auftragnehmer in der vorgenannten Art Bedenken geltend macht, ist es erforderlich, daß der Auftraggeber bzw. der von ihm bevollmächtigte Architekt eine Entscheidung über die geltend gemachten Bedenken trifft. Es empfiehlt sich hier, daß nach Möglichkeit der Auftraggeber und sein Architekt gemeinsam die geltend gemachten Bedenken prüfen, weil in der Regel Bedenken Verteuerungen beinhalten können und es deshalb für den Auftraggeber notwendig ist, so früh wie möglich und so weitgehend wie möglich hierüber informiert zu sein.
   Hinzu kommt auch, daß der Auftragnehmer eine nicht rechtzeitige Entscheidung über seine geltend gemachten Bedenken ggf. als Behinderung in der Ausführung gemäß § 6 VOB/B ansieht und daraus entweder eine Bauzeitverlängerung und/oder eine höhere Vergütung beansprucht. Es empfiehlt sich deshalb, in solchen Fällen das Muster 3.4 zu verwenden, um den Auftragnehmer in jedem Falle nicht darüber im unklaren zu lassen, daß die Bedenken zur Kenntnis genommen wurden und geprüft werden. Um möglicherweise weiteren Schriftverkehr zu vermeiden, sollte – wie im Muster angegeben – ein Datum benannt werden, bis zu welchem die Prüfung der Bedenken des Auftragnehmers abgeschlossen ist. Erhält der Auftragnehmer bis zu diesem Zeitpunkt keine Mitteilung, dann muß für den Auftragnehmer unmißverständlich klar sein, daß der Auftraggeber seine Bedenken nicht teilt und daß die Leistung entsprechend den vertraglichen Regelungen auszuführen ist.

2.3 Der Auftraggeber hat zu entscheiden, ob er den vom Auftragnehmer geäußerten Bedenken folgt und neue Anordnungen trifft oder auf der vertraglich vereinbarten Ausführung der Bauleistungen besteht (vgl. wegen der Einzelheiten Heiermann/Riedl/Rusam, a. a. O., B § 4 Rdn. 59 ff. und B § 13 Rdn. 52 ff.). Trifft der Auftraggeber neue Anordnungen, so hat der Auftragnehmer erneut zu prüfen, ob nunmehr eine mängelfreie Ausführung des Bauwerks gewährleistet ist. Ergeben sich erneut Bedenken, so sind diese wiederum gemäß § 4 Nr. 3 VOB/B dem Auftraggeber schriftlich mitzuteilen.

Besteht der Auftraggeber auf der vertraglich vereinbarten Ausführung der Leistungen bzw. den von ihm gegebenen ursprünglichen Anordnungen, so ist der Auftragnehmer daran gemäß § 4 Nr. 1 Abs. 4 VOB/B gebunden. In diesem Fall wird er jedoch von der Gewährleistung und der Haftung für spätere Schäden frei; unter Umständen ist auch ein Leistungsverweigerungsrecht begründet, wenn der Auftragnehmer nämlich erkennt, daß diese Art der Leistungsausführung zwangsläufig zu Schäden führen wird (vgl. Heiermann/Riedl/Rusam, a. a. O., B § 4 Rdn. 60 und B § 13 Rdn. 52 m. w. N.).

2.4 Der Auftraggeber/Bauherr hat bei den Entscheidungen über die Bedenken des Auftragnehmers darauf zu achten, daß anfallende Mehrkosten eventuell aus dem Gesichtspunkt der Vorteilsausgleichung („Sowieso"-Kosten) von ihm getragen werden müssen (BGH, ZfBR 1994, 12). So können die Kosten der völligen Neuherstellung des Werks, z. B. bei fehlerhafter Planung, „Sowieso"-Kosten sein, so daß der Auftragnehmer lediglich den Mehraufwand (z. B. aus Preiserhöhungen) und die vergeblich aufgewendeten ursprünglichen Baukosten als Schadensersatz zu tragen hat (BGH, ZfBR 1994, 12).

Muster 3.5 – Entfernung von nicht den vertraglichen Vereinbarungen entsprechenden Baustoffen und Bauteilen gemäß § 4 Nr. 6 VOB/B

An den   ...., den ....
Auftragnehmer

Bauvorhaben ....
gemäß Bauvertrag vom ....
hier: Entfernung von nicht den vertraglichen Vereinbarungen entsprechenden Baustoffen und Bauteilen

Sehr geehrte Damen und Herren,

wir haben festgestellt, daß Sie entgegen den vertraglichen Vereinbarungen Stoffe und Bauteile*) verwenden, die nicht den vertraglichen Vereinbarungen und den von Ihnen vorgelegten Proben*) entsprechen.

Wir fordern Sie deshalb auf, diese nicht vertragsgemäßen Stoffe und Bauteile bis zum .... von der Baustelle zu entfernen.

Sollten Sie diese Frist nicht einhalten, so werden wir sie gemäß § 4 Nr. 6 VOB/B entfernen/für Ihre Rechnung veräußern.*) Den uns dadurch entstehenden Zeitaufwand werden wir Ihnen in Rechnung stellen.

Mit freundlichen Grüßen

....
(Unterschrift des Auftraggebers)

*) Unzutreffendes bitte streichen

Besondere Hinweise zu § 4 Nr. 6 VOB/B (Muster 3.5)

1. VOB-Text

Stoffe oder Bauteile, die dem Vertrag oder den Proben nicht entsprechen, sind auf Anordnung des Auftraggebers innerhalb einer von ihm bestimmten Frist von der Baustelle zu entfernen. Geschieht es nicht, so können sie auf Kosten des Auftragnehmers entfernt oder für seine Rechnung veräußert werden.

2. Erläuterungen

2.1 Die Frage, wann Stoffe und/oder Bauteile nicht dem Vertrag oder den Proben entsprechen, ist nach objektiven Maßstäben zu beurteilen. Hierfür können die vertraglichen Vereinbarungen und die maßgeblichen DIN-Normen herangezogen werden. Ebenso kann aber auch für die Beurteilung die Verkehrssitte oder die anerkannte Übung des entsprechenden Fachbereichs maßgeblich sein. Hier empfiehlt es sich, ggf. Auskunft bei den zuständigen Industrie- und Handelskammern bzw. Verbänden zu holen. Da die Auswechslung von Stoffen und/oder Bauteilen häufig mit erheblichen Kosten verbunden ist, kann auch, je nach Lage des Einzelfalles, die Einschaltung eines Sachverständigen zweckmäßig sein. Können sich Auftraggeber und Auftragnehmer nicht gemeinsam auf einen Sachverständigen einigen, empfiehlt es sich, daß der Auftraggeber ein gerichtliches Beweissicherungsverfahren beantragt.

Wird die Vertragswidrigkeit oder Mangelhaftigkeit von Stoffen oder Bauteilen festgestellt, ist der Auftragnehmer verpflichtet, diese durch vertragsgemäße bzw. mangelfreie zu ersetzen.

Kommt der Auftragnehmer seiner sich aus § 4 Nr. 6 VOB/B ergebenden Beseitigungspflicht nicht nach, obwohl der Auftraggeber eine entsprechende Anordnung gegeben hat (Schriftform nicht erforderlich, sollte jedoch aus Beweisgründen eingehalten werden), steht dem Auftraggeber das sogenannte Selbsthilferecht zu. Es ist allerdings nicht erforderlich, daß der Auftragnehmer mit der Beseitigung schuldhaft in Verzug geraten sein muß; es reicht vielmehr aus, wenn er die Frist zur Beseitigung ungenutzt hat verstreichen lassen.

2.2 Das Selbsthilferecht des Auftraggebers (vgl. wegen der Einzelheiten Heiermann/Riedl/Rusam, a. a. O., B § 4 Rdn. 76) besteht einmal in der Entfernung der betreffenden Stoffe und Bauteile auf Kosten des Auftragnehmers und zum anderen in der Befugnis, diese Stoffe und Bauteile für die Rechnung des Auftragnehmers zu veräußern, wobei ein Selbsterwerb gemäß §§ 181, 456, 457 BGB nicht zugelassen ist.

Für den Einbau der dem Vertrag oder den Proben nicht entsprechenden Stoffe und Bauteile erhält der Auftragnehmer im übrigen keine Vergütung.

Auf die Möglichkeit, durch Materialprüfungsstellen den Nachweis der Vertragswidrigkeiten der Stoffe und Bauteile zu führen oder ein sogenanntes selbständiges Beweisverfahren gemäß §§ 485 ff. ZPO einzuleiten, soll hier der Vollständigkeit halber hingewiesen werden.

Sind allerdings die Beanstandungen des Auftraggebers unberechtigt gewesen, stehen dem Auftragnehmer unter Umständen die Rechte aus § 6 Nr. 1, Nr. 2 Abs. 1a und Nr. 4 VOB/B (Verlängerung der Bauzeit und Schadensersatzansprüche) zu. Auf das sich anschließende Kündigungsrecht des Auftraggebers aus §§ 4 Nr. 7, 8 Nr. 3 VOB/B wird verwiesen.

Muster 3.6 – Mangelhafte Leistungen gemäß § 4 Nr. 7 VOB/B

An den ...., den ....
Auftragnehmer

Bauvorhaben ....
gemäß Bauvertrag vom ....
hier: Mangelhafte Leistungen

Sehr geehrte Damen und Herren,

wir haben festgestellt, daß folgende Leistungen mangelhaft und damit vertragswidrig sind:

....
....

Wir fordern Sie hiermit auf, diese Mängel bzw. vertragswidrigen Leistungen zu beseitigen und durch mangelfreie und vertragsgemäße zu ersetzen. Hierfür wird Ihnen eine Frist von .... gesetzt. Nach fruchtlosem Ablauf dieser Frist werden wir Ihnen den Auftrag entziehen. Wir werden Sie ferner für die dadurch entstandenen Schäden haftbar machen.

Mit freundlichen Grüßen

....
(Unterschrift des Auftraggebers)

Besondere Hinweise zu § 4 Nr. 7 VOB/B (Muster 3.6)

1. VOB-Text

Leistungen, die schon während der Ausführung als mangelhaft oder vertragswidrig erkannt werden, hat der Auftragnehmer auf eigene Kosten durch mangelfreie zu ersetzen. Hat der Auftragnehmer den Mangel oder die Vertragswidrigkeit zu vertreten, so hat er auch den daraus entstehenden Schaden zu ersetzen. Kommt der Auftragnehmer der Pflicht zur Beseitigung des Mangels nicht nach, so kann ihm der Auftraggeber eine angemessene Frist zur Beseitigung des Mangels setzen und erklären, daß er ihm nach fruchtlosem Ablauf der Frist den Auftrag entziehe (§ 8 Nr. 3).

2. Erläuterungen

2.1 Leistungen, deren Mangelhaftigkeit oder Vertragswidrigkeit bereits während ihrer Ausführung erkannt wird, muß der Auftragnehmer auf eigene Kosten durch mangelfreie ersetzen (§ 4 Nr. 7 Satz 1 VOB/B). Ferner ist der Auftragnehmer dem Auftraggeber bei Vorliegen der weiteren Voraussetzungen nach § 4 Nr. 7 Satz 2 VOB/B schadensersatzpflichtig; zugleich ist nach § 4 Nr. 7 Satz 3 VOB/B ein Kündigungsrecht des Auftraggebers gegeben.
Grundsätzlich ist der Auftragnehmer verpflichtet, vertragswidrige und mangelhafte Leistungen auf seine Kosten durch vertragsgemäße und mangelfreie zu ersetzen, wenn dies schon während der Ausführung erkannt wird. Insoweit genügt eine entsprechende formlose Aufforderung des Auftraggebers. Es empfiehlt sich jedoch – nicht zuletzt aus Beweisgründen –, daß der Auftraggeber schon mit dem ersten Schreiben, mit welchem er die Vertragswidrigkeit oder Mangelhaftigkeit von Leistungen rügt, dem Auftragnehmer eine Frist zur Beseitigung dieser Leistungen setzt. Der Grund hierfür liegt nicht zuletzt darin, daß der Austausch bzw. die Beseitigung derartiger Leistungen Zeit in Anspruch nimmt mit der Folge, daß ggf. die Ausführungsfrist nicht mehr eingehalten werden kann. Es empfiehlt sich deshalb, so früh wie möglich die notwendigen Formalien für eine ggf. auszusprechende Entziehung des Auftrages (Kündigung) zu regeln.

2.2 Fordert der Auftraggeber nicht schon während der Ausführung die Beseitigung der vertragswidrigen oder mangelhaften Leistungen, sondern erst mit der Abnahme, dann ergibt sich hieraus, daß dieser Anspruch auf Ersatz der vertragswidrigen und mangelhaften Leistungen durch vertragsgemäße und mangelfreie ein Gewährleistungsanspruch nach § 13 VOB/B wird. Der Unterschied liegt im wesentlichen darin, daß der entsprechende Gewährleistungsanspruch nach den vertraglich vereinbarten Fristen verjährt, der Erfüllungsanspruch aus § 4 Nr. 7 VOB/B jedoch erst gemäß § 195 BGB nach 30 Jahren.
Verweigert der Auftragnehmer die Mängelbeseitigung und fordert der Auftraggeber ihn deshalb auch nicht nochmals zur Mängelbeseitigung auf, dann hat der Auftraggeber nur noch Anspruch auf Schadensersatz nach § 4 Nr. 7 Satz 2 VOB/B. In diesem Falle ist der Auftragnehmer zur Nachbesserung nicht mehr verpflichtet.
Hat beispielsweise der Auftraggeber den Auftragnehmer während der Ausführung der Leistung zur Mängelbeseitigung aufgefordert, ohne daß der Auftragnehmer dieser Aufforderung gefolgt ist, und vergißt der Auftraggeber, sich diesen Mangel bei der Abnahme vorzubehalten, dann

kann der Auftraggeber keine Nachbesserung dieses Mangels mehr verlangen. Auch der Anspruch auf Minderung der Vergütung ist ausgeschlossen.

Nicht hingegen – und dies ist für den Auftraggeber besonders wichtig – hat der Auftraggeber den Schadensersatzanspruch wegen der mangelhaften Leistung verloren.

2.3 Vertragswidrig ist eine Leistung, wenn sie nicht den vertraglichen Vereinbarungen, z. B. in der Leistungsbeschreibung oder den Angaben in den Besonderen oder Zusätzlichen Vertragsbedingungen, den Technischen Vorschriften, dem Ausführungsentwurf, den Zeichnungen, Mustern etc. entspricht. Voraussetzung ist allerdings, daß sich die Vertragswidrigkeit an der Leistung selbst zeigt.

Von einer Mangelhaftigkeit der Leistung hingegen ist auszugehen, wenn die Voraussetzungen des § 13 Nr. 1 VOB/B nicht gegeben sind, d. h., wenn sie
- mit Fehlern behaftet ist, die den Wert oder die Tauglichkeit zu dem gewöhnlichen oder nach dem Vertrag vorausgesetzten Gebrauch aufheben oder mindern,
- nicht die zugesicherten Eigenschaften hat,
- nicht den anerkannten Regeln der Technik entspricht.

Keine Mangelhaftigkeit der Leistung liegt vor, wenn sie der Auftragnehmer nicht rechtzeitig fertiggestellt hat. Hier sind vielmehr die Verzugsfolgen nach § 5 Nr. 4 VOB/B (vgl. die entsprechenden Muster) maßgeblich.

2.4 Die Pflicht zur Mängelbeseitigung besteht, sobald die Vertragswidrigkeit bzw. Mangelhaftigkeit der Leistung als solche objektiv erkannt ist. Einer Fristsetzung durch den Auftraggeber bedarf es hierzu grundsätzlich nicht. Die Fristsetzung dient lediglich dazu, daß der Auftragnehmer in Verzug gesetzt wird und daß ab Ablauf der Nachfrist der Auftraggeber berechtigt ist, den Vertrag zu kündigen.

2.5 Die Mängelbeseitigung umfaßt alle Maßnahmen, die erforderlich sind, um die vertragswidrige oder mangelhaft erbrachte Leistung in den vertraglich geschuldeten und mangelfreien Zustand zu versetzen. Hierzu gehören auch zusätzliche Aufwendungen und Schäden, die beispielsweise an anderen Gegenständen auszuführen sind (durch die undichte Abdichtung eines Kellergeschosses sind die in den Räumen befindlichen Gegenstände beschädigt worden). Diese Pflicht zur Mängelbeseitigung besteht unabhängig von einem möglichen Verschulden des Auftragnehmers. Der Auftragnehmer darf die Mängelbeseitigung auch dann nicht verweigern, wenn es sich nur um unwesentliche Mängel handelt. Sollte nach der Mängelbeseitigung noch ein Minderwert an der Leistung vorhanden sein, und ist dieser nicht zu beseitigen oder würde er einen unverhältnismäßig hohen Aufwand erfordern, kann der Auftraggeber eine entsprechende Herabsetzung der Vergütung des Auftragnehmers verlangen. In diesem Zusammenhang ist zu berücksichtigen, daß nach der Rechtsprechung und den einschlägigen Kommentarmeinungen (z. B. Heiermann/Riedl/Rusam, VOB/B § 4 Rdn. 85) die Pflicht zur Mängelbeseitigung dort ihre Grenze findet, wo zur Mängelbeseitigung ein unverhältnismäßig hoher Aufwand erforderlich wäre und der Auftragnehmer die Mängelbeseitigung deshalb verweigert. Von einem unverhältnismäßig hohen Aufwand ist dann auszugehen, wenn dieser in einem objektiven Mißverhältnis zum Vorteil für den Auftraggeber steht (OLG Köln in: Schäfer/Finnern, Z 2.414 Bl. 5). In diesem Falle kann der Auftraggeber die Vergütung mindern oder, bei Verschulden des Auftragnehmers, Schadensersatz fordern.

Wegen der Besonderheit und vielfältigen Problematik des § 4 Nr. 7 VOB/B vgl. im übrigen die einschlägigen Kommentare zur VOB gemäß Literaturverzeichnis.

2.6 Der Auftraggeber kann in bestimmten Fällen die Neuherstellung der Leistungen verlangen, wenn der Mangel nicht unerheblich ist und seine Ausbesserung keinen hinreichend sicheren Erfolg verspricht (vgl. Heiermann/Riedl/Rusam, a. a. O., B § 4 Rdn. 85). Davon ist auszugehen, wenn Nachbesserungsversuche des Auftragnehmers vergeblich waren, so daß berechtigte Zweifel am Erfolg seiner weiteren Nachbesserungsarbeiten bestehen. Auf der anderen Seite muß der Auftraggeber insoweit mitwirken, als er dem Auftragnehmer die Nachbesserung bzw. Neuherstellung zu ermöglichen hat, indem er beispielsweise ihm Zutritt zu dem Bauwerk gewährt oder das Einverständnis der Mieter herbeiführt. Kommt der Auftraggeber diesen Verpflichtungen nicht nach, kann der Auftragnehmer sogar nach § 9 Nr. 1a VOB/B kündigen bzw. Schadensersatz wegen positiver Vertragsverletzung verlangen.

Zur Ersatzvornahme ist der Auftraggeber nur dann berechtigt, wenn er dem Auftragnehmer eine Frist zu Mängelbeseitigung gesetzt und dies mit der Androhung der Auftragsentziehung verbunden hat. Erst wenn diese Frist ungenutzt verstrichen ist, kann der Auftraggeber gemäß § 8 Nr. 3 VOB/B den Vertrag ganz oder auf in sich abgeschlossene Teile der Leistung kündigen und dann einen anderen Unternehmer auf Kosten des Auftragnehmers mit der Mängelbeseitigung beauftragen (BGH, ZfBR 1986, 226). Erforderlich ist in jedem Fall, daß der Auftragnehmer sein Nachbesserungsrecht verloren hat. In diesem Zusammenhang ist erneut darauf hinzuweisen, daß dem Auftragnehmer unter Umständen der Unverhältnismäßigkeitseinwand zusteht bzw. der Auftraggeber bei Möglichkeit der Mängelbeseitigung auf die Rechte aus §§ 4 Nr. 7 Satz 3, 8 Nr. 3 VOB/B beschränkt ist (vgl. dazu BGH, NJW 1968, 1524; Heiermann/Riedl/Rusam, a. a. O., B § 4 Rdn. 85). In jedem Fall steht dem Auftraggeber jedoch bei Verschulden des Auftragnehmers der Schadensersatzanspruch aus § 4 Nr. 7 Satz 2 VOB/B zu. Fristsetzung und Ablehnungsandrohung sind dann jedoch entbehrlich, wenn entweder die Mängelbeseitigung unmöglich ist oder der Auftragnehmer sie schon ernsthaft und endgültig verweigert hat (vgl. wegen der Einzelheiten BGH, BauR 1984, 181; Heiermann/Riedl/Rusam, a. a. O., B § 4 Rdn. 78).

2.7 Auf die Problematik der Vorteilsausgleichung („Sowieso"-Kosten) wird an dieser Stelle hingewiesen (vgl. BGH ZfBR 1994, 12). Der Bauherr hat im Schadenfall die Kosten selbst zu tragen, die bei von vornherein ordnungsgemäßer Planung ohnehin angefallen wären (vgl. auch BGH, DB 1984, 2553 H.).

Muster 3.7 – Ausführung von Leistungen durch Nachunternehmer gemäß § 4 Nr. 8 VOB/B

An den ...., den ....
Auftragnehmer

Bauvorhaben ....
gemäß Bauvertrag vom ....
hier: Ausführung von Leistungen durch Nachunternehmer

Sehr geehrte Damen und Herren,

mit Schreiben vom .... haben Sie uns mitgeteilt, daß Sie folgende Leistungen durch Nachunternehmer ausführen lassen wollen:

Damit sind wir grundsätzlich einverstanden, es ist jedoch folgendes zu beachten:
1. Sie benennen uns die von Ihnen für die Ausführung der Teilleistung ...... vorgesehenen Nachunternehmer, wobei wir uns die Einverständniserklärung im jeweiligen Einzelfall vorbehalten müssen.
2. Den Verträgen mit den Nachunternehmern sind die Bestimmungen der VOB ohne Einschränkungen zugrunde zu legen, und zwar mit den Teilen A, B und C. Das gilt auch für die Regelungen des Hauptvertrages einschließlich der Vertragsgrundlagen. Dies hat der Nachunternehmer schriftlich zu bestätigen.
3. Durch die Beauftragung von Nachunternehmern bleiben Ihre vertraglichen Pflichten in vollem Umfange weiter bestehen.
4. Sie stellen uns durch schriftliche Erklärung von etwaigen Ansprüchen Ihrer Nachunternehmer frei.

Die Liste mit Namen und Anschrift der/des Nachunternehmer(s)*) bitten wir Sie, uns bis zum .... zu übergeben.

Mit freundlichen Grüßen

....
(Unterschrift des Auftraggebers)

*) Unzutreffendes bitte streichen

Besondere Hinweise zu § 4 Nr. 8 VOB/B (Muster 3.7)

1. **VOB-Text**

    (1) Der Auftragnehmer hat die Leistung im eigenen Betrieb auszuführen. Mit schriftlicher Zustimmung des Auftraggebers darf er sie an Nachunternehmer übertragen. Die Zustimmung ist nicht notwendig bei Leistungen, auf die der Betrieb des Auftragnehmers nicht eingerichtet ist.
    (2) Der Auftragnehmer hat bei der Weitervergabe von Bauleistungen an Nachunternehmer die Verdingungsordnung für Bauleistungen zugrunde zu legen.
    (3) Der Auftragnehmer hat die Nachunternehmer dem Auftraggeber auf Verlangen bekanntzugeben.

2. **Erläuterungen**

2.1 Grundsätzlich ist der Auftragnehmer verpflichtet, die Leistungen im eigenen Betrieb auszuführen. Die Erstellung eines Hauses beispielsweise ist jedoch mit so vielfältigen Leistungen verbunden, daß beispielsweise vom Rohbauunternehmer nicht erwartet werden kann, daß er auch die speziellen Ausbauleistungen wie Heizungs- und Sanitär-, Maler- und Abdichterarbeiten erbringt. Insoweit ist es deshalb aus der Praxis her gerechtfertigt, daß der Auftragnehmer Subunternehmer einschaltet. Das gleiche gilt, wenn der Auftragnehmer beispielsweise als Generalunternehmer oder Generalübernehmer tätig ist.
Die Einschaltung von Nachunternehmern für spezielle Leistungsbereiche hat darüber hinaus den Vorteil für den Auftraggeber, daß er die jeweiligen Leistungen von Spezialunternehmen ausgeführt erhält.

2.2 Da der Auftraggeber den Bauvertrag nur mit dem Auftragnehmer abgeschlossen hat, hat er aus verständlichen Gründen ein Interesse daran zu wissen, wen der Auftragnehmer als Nachunternehmer einschalten will. Aus diesem Grunde ist auch der Auftragnehmer verpflichtet, dem Auftraggeber genaue Angaben über Namen, Anschrift und Leistungsbereich zu machen. Selbstverständlich kann der Auftraggeber auch die Einschaltung von Nachunternehmern von seiner Zustimmung abhängig machen. Dies gilt insbesondere dann, wenn beispielsweise der Auftraggeber gegen die Einschaltung von Nachunternehmern Bedenken hat oder ihm diese als nicht ausreichend qualifiziert erscheinen.
Es liegt im Interesse des Auftraggebers, den Auftragnehmer so schnell wie möglich darüber zu informieren, ob er mit den vom Auftragnehmer vorgeschlagenen Unternehmen als Subunternehmer einverstanden ist. Nur durch eine schnelle Klärung dieser Frage kann eine Verzögerung in der Ausführung der Bauleistung vermieden werden.

2.3 Hat der Auftragnehmer – ggf. auch mit Zustimmung des Auftraggebers – Subunternehmer beauftragt, so ändert dies an der Haftung und Verantwortung des Auftragnehmers für die vertragliche Leistung nichts. Der Auftragnehmer kann sich deshalb beispielsweise nicht darauf berufen, daß ein Mangel nicht von ihm, sondern vielmehr von seinem Subunternehmer verursacht worden sei. Das gleiche gilt auch für die Gewährleistung. Auch hier hat der Auftragnehmer voll Gewähr für die Leistungen seiner Subunternehmer zu leisten. Dies folgt daraus, daß der Subunternehmer in keinem Vertragsverhältnis zum Auftraggeber steht.

Insoweit unterscheidet sich der Sub-/Nachunternehmer vom Nebenunternehmer. Letzterer steht in direktem Vertragsverhältnis zum Auftraggeber, er ist lediglich bezüglich der Ausführung der jeweiligen Leistung den Anweisungen des Auftragnehmers (Hauptunternehmer) unterworfen.

2.4 Einer Zustimmung des Auftraggebers zu der Einschaltung von Subunternehmern bedarf es nicht, wenn der Betrieb des Auftragnehmers auf die Ausführung der jeweiligen Subunternehmerleistungen nicht eingerichtet ist. Zunehmend geht die Rechtsprechung auch davon aus, daß allein die Beauftragung eines Generalunternehmers für den Auftraggeber erkenntlich macht, daß dieser für die Durchführung der Bauleistung weitere Unternehmer als Nachunternehmer heranziehen wird. Insoweit gehen deshalb verschiedene Kommentarmeinungen davon aus, daß ein Auftragnehmer, der als Generalunternehmer beauftragt wurde, keiner Zustimmung des Auftraggebers bei der Beauftragung von Nachunternehmern bedarf.

2.5 Bei öffentlichen Auftraggebern und solchen, die ihre Bauleistungen überwiegend aus öffentlichen Mitteln finanzieren, ist die Vereinbarung der VOB vorgeschrieben. In diesen Fällen ist ebenso, wie wenn bei privaten Auftraggebern die VOB vereinbart würde (und keine anderweitige vertragliche Regelung getroffen ist), gemäß § 4 Nr. 8 VOB/B die VOB (Teile B und C) zum Vertragsgegenstand zwischen Auftraggeber und Nachunternehmer zu erklären. Verletzt der Auftragnehmer diese Verpflichtung, kann ihn der Auftraggeber ggf. wegen positiver Vertragsverletzung schadensersatzpflichtig machen.

Muster 3.8 – Behinderungsanzeige gemäß § 6 Nr. 2 Abs. 2 VOB/B

An den
Auftragnehmer

.........., den ....

Bauvorhaben ....
gemäß Bauvertrag vom ....
hier: Ihre Behinderungsanzeige

Sehr geehrte Damen und Herren,

Ihre Mitteilung bezüglich der Sie in der Ausführung behindernden Witterungseinflüsse haben wir erhalten. Wie weisen jedoch darauf hin, daß gemäß den vertraglichen Vereinbarungen (§ 6 Nr. 2 Abs. 2 VOB/B) Witterungseinflüsse während der Ausführungszeit, mit denen bei der Abgabe des Angebotes normalerweise gerechnet werden mußte, nicht als Behinderung gelten. Sofern Sie der Auffassung sind, daß es sich bei den Witterungseinflüssen um unabwendbare und von Ihnen nicht zu vertretende Ereignisse handelt, bitten wir Sie, den entsprechenden Nachweis zu erbringen. Beachten Sie bitte, daß nach allgemein herrschender Auffassung Witterungseinflüsse nur dann als unabwendbare Umstände gelten, wenn sie so außergewöhnlich waren, daß mit ihnen keinesfalls gerechnet werden mußte.

Mit freundlichen Grüßen

....
(Unterschrift des Auftraggebers)

Muster 3.8 a – Behinderungsanzeige gemäß § 6 Nr. 2 Abs. 2 VOB/B

An den ......, den ......
Auftragnehmer

Bauvorhaben ....
gemäß Bauvertrag vom ....
Ihre Behinderungsanzeige vom ....

Sehr geehrte Damen und Herren,

wir bestätigen den Eingang Ihrer Behinderungsanzeige vom ...... Sie berufen sich zur Begründung der Unterbrechung darauf, daß diese auf einen vom Auftraggeber zu vertretenden Umstand zurückzuführen ist. Das trifft nicht zu. Wir müssen auf die Regelung aus .... des Bauvertrags verweisen, nach der mit derartigen Verzögerungen zu rechnen ist und dadurch entstehende Kosten und Ausführungszeitverlängerungen bei der Preisbestimmung und der Festlegung der Ausführungszeiten berücksichtigt werden müssen.
Ihr Anspruch auf Ausführungszeitverlängerung und Erstattung der Stillstandskosten wird daher abgelehnt.

Mit freundlichen Grüßen

....
(Unterschrift des Auftraggebers)

Besondere Hinweise zu § 6 Nr. 1, 2 VOB/B
(Muster 3.8 und 3.8 a)

1. **VOB-Text**
   1. Glaubt sich der Auftragnehmer in der ordnungsgemäßen Ausführung der Leistung behindert, so hat er es dem Auftraggeber unverzüglich schriftlich anzuzeigen. Unterläßt er die Anzeige, so hat er nur dann Anspruch auf Berücksichtigung der hindernden Umstände, wenn dem Auftraggeber offenkundig die Tatsache und deren hindernde Wirkung bekannt waren.
   2. (1) Ausführungsfristen werden verlängert, soweit die Behinderung verursacht ist:
      a) durch einen vom Auftraggeber zu vertretenden Umstand,
      b) durch Streik oder eine von der Berufsvertretung der Arbeitgeber angeordnete Aussperrung im Betrieb des Auftragnehmers oder in einem unmittelbar für ihn arbeitenden Betrieb,
      c) durch höhere Gewalt oder andere für den Auftragnehmer unabwendbare Umstände.
      (2) Witterungseinflüsse während der Ausführungszeit, mit denen bei Abgabe des Angebots normalerweise gerechnet werden mußte, gelten nicht als Behinderung.

2. **Erläuterungen**

2.1 Grundsätzlich ist davon auszugehen, daß der Auftragnehmer eventuelle Behinderungen, die während der Ausführung der Leistung auftreten, schriftlich dem Auftraggeber anzuzeigen hat, wenn diese bei der Berechnung der Ausführungsfrist bzw. möglicherweise entstehenden Mehrkosten Berücksichtigung finden sollen. Gleichermaßen geht die VOB aber auch davon aus, daß Witterungseinflüsse, mit welchen normalerweise gerechnet werden muß, nicht als Behinderung gelten. Etwas anderes gilt nur dann, wenn im Vertrag eine Regelung dergestalt getroffen wurde, daß die anerkannten Schlechtwettertage der Ausführungszeit hinzuzurechnen sind.

2.2 Wenn Witterungseinflüsse so erheblich sind, daß sie den Begriff des unabwendbaren Umstandes erfüllen, sind sie ausnahmsweise gemäß § 6 Nr. 2 Abs. 1 c VOB/B zu berücksichtigen, und zwar in der Weise, daß die Ausführungszeit verlängert wird. Beweispflichtig dafür ist der Auftragnehmer, d. h., er muß darlegen, daß die Witterungseinflüsse den Tatbestand eines unabwendbaren Ereignisses erfüllen. Nach der Rechtsprechung (BGH, NJW 1973, 1698) setzen unabwendbare Ereignisse voraus, daß sie nach menschlicher Einsicht und Erfahrung in dem Sinne unvorhersehbar sind, daß sie oder ihre Auswirkung trotz Anwendung wirtschaftlich erträglicher Mittel durch äußerste nach der Sachlage zu erwartende Sorgfalt nicht verhütet oder in ihren Wirkungen bis auf ein erträgliches Maß unschädlich gemacht werden können. Nach der Rechtsprechung werden die Voraussetzungen für das Vorliegen eines unabwendbaren Ereignisses sehr eng gesetzt. So sind beispielsweise beim Aushub von Gräben für Rohrleitungen im offenen Gelände wolkenbruchartige Regenfälle keine höhere Gewalt oder unabwendbare Ereignisse (BGH, Schäfer/Finnern, Z 2.413 Bl. 18). Hingegen kann sich der Auftragnehmer dann auf ein unabwendbares Ereignis berufen, wenn gegenüber einer in den Monaten August bis November an einem Tag maximal auftretenden Niederschlagsmenge von 40 bis 50 mm pro m^2 bei einem Unwetter im September 64 mm pro m^2 Regen gefallen sind und dadurch die Erdarbeiten beschädigt wurden (BGH, NJW 1973, 1698).

Hervorzuheben ist jedoch, daß auch in solchen Fällen nur eine Verlängerung der Ausführungsfrist eintritt. Nach der VOB fallen hingegen Auswirkungen von Witterungseinflüssen auf die Bauleistung in den Risikobereich des Auftragnehmers. Gegebenenfalls kann in besonders schwerwiegenden Fällen der Grundsatz von Treu und Glauben nach § 242 BGB herangezogen werden (BGH, Schäfer/Finnern, Z 2.413 Bl. 20).

2.3 Sind die hindernden Umstände dem Einfluß- und Verantwortungsbereich des Auftraggebers zuzuordnen, hat der Auftragnehmer u. a. Anspruch auf Verlängerung der Ausführungsfristen (§ 6 Nr. 2 VOB/B). Hierzu zählen die Fälle, in denen die Baugenehmigung, Pläne, Ausführungszeichnungen, Statik, Bewehrungspläne usw. fehlen (vgl. wegen der Einzelheiten Heiermann/Riedl/Rusam, a. a. O., B § 6 Rdn. 2 ff.). Ferner liegt eine dem Verantwortungsbereich des Auftraggebers zuzuordnende Behinderung dann vor, wenn dieser das Baugrundstück nicht rechtzeitig zur Verfügung stellt oder die notwendigen Vermessungsunterlagen nicht vorlegen kann. Ferner sind dem Einflußbereich des Auftraggebers zuzuordnen die Leistungsänderung, zusätzliche Leistungen und Mengenänderungen sowie Fälle der Änderungen der Baugrundverhältnisse oder der Grundwasserverhältnisse (vgl. dazu Heiermann/Riedl/Rusam, a. a. O., B § 6 Rdn. 12). Hierbei ist jedoch ausdrücklich darauf hinzuweisen, daß entgegen dem Wortlaut der VOB Verschulden des Auftraggebers im Hinblick auf diese hindernden Umstände nicht vorliegen muß, damit dem Auftragnehmer eine Verlängerung der Ausführungsfristen zuerkannt werden kann (so Heiermann/Riedl/Rusam, a. a. O., B § 6 Rdn. 12).

Zur höheren Gewalt bzw. zum Begriff des unabwendbaren Umstands (§ 6 Nr. 2 Abs. 1 c) ist darauf hinzuweisen, daß dies Ereignisse voraussetzt, die nach menschlicher Einsicht und Erfahrung unvorhersehbar sind, so daß weder sie noch ihre Auswirkungen hätten bei Anwendung der zu erwartenden Sorgfalt verhütet werden können (BGH, NJW 1973, 1698; Heiermann/Riedl/Rusam, a. a. O., B § 6 Rdn. 14 ff.). So muß z. B. in jedem Kalendermonat mit sieben zusammenhängenden Regentagen gerechnet werden, ohne daß sich der Auftragnehmer dann auf einen unabwendbaren Umstand berufen könnte (BGH, NJW 1962, 1819).

Muster 3.9 – Verlängerung der Ausführungszeit gemäß § 6 Nr. 1, 3, 4 VOB/B

An den . . . ., den . . . .
Auftragnehmer

Bauvorhaben . . . .
gemäß Bauvertrag vom . . . .
hier: Verlängerung der Ausführungszeit

Sehr geehrte Damen und Herren,

aufgrund ihrer schriftlichen Behinderungsanzeige vom . . . . verlängern wir hiermit die vertraglichen Ausführungsfristen bis zum . . . . In dieser Frist sind sowohl gemäß § 6 Nr. 4 VOB/B ein Zuschlag für die Wiederaufnahme der Arbeiten wie auch eine etwaige Verschiebung in eine ungünstigere Jahreszeit berücksichtigt.

Mit freundlichen Grüßen

. . . .
(Unterschrift des Auftraggebers)

Muster 3.9 a – Verlängerung der Ausführungszeit gemäß § 6 Nr. 1, 3, 4 VOB/B

An den
Auftragnehmer

............, den ....

Bauvorhaben ....
gemäß Bauvertrag vom ....
hier: Verlängerung der Ausführungszeit

Sehr geehrte Damen und Herren,

wir bestätigen den Eingang Ihrer Behinderungsanzeige vom ...., mit der Sie eine Verlängerung der vertraglichen Ausführungsfristen bis zum ..../um .... verlangt haben. Eine derartige Verlängerung kommt nicht in Betracht. Ausweislich der Regelungen aus dem Bauvertrag vom .... hat der Auftragnehmer sich auf die in Ihrer Behinderungsanzeige vom .... aufgeführten Umstände einzustellen und dahingehend Vorsorge zu treffen, daß die vertraglichen Ausführungsfristen bzw. der Bauzeitenplan eingehalten werden. Die von Ihnen in der Behinderungsanzeige vorgetragenen Umstände sind somit gemäß der vertraglichen Regelung Ihrem Risikobereich zuzuordnen, so daß eine Bauzeitenverlängerung nicht in Betracht kommt. Gemäß § 6 Nr. 3 VOB/B fordern wir Sie auf, Ihren bauvertraglichen Verpflichtungen nachzukommen und insbesondere die vereinbarten Fristen und den Bauzeitenplan einzuhalten. Etwaige Verzögerungskosten werden wir berechnen.

Mit freundlichen Grüßen

....
(Unterschrift des Auftraggebers)

Besondere Hinweise zu § 6 Nr. 1, 3, 4 VOB/B
(Muster 3.9 und 3.9 a)

1. VOB-Text
    1. Glaubt sich der Auftragnehmer in der ordnungsgemäßen Ausführung der Leistung behindert, so hat er es dem Auftraggeber unverzüglich schriftlich anzuzeigen. Unterläßt er die Anzeige, so hat er nur dann Anspruch auf Berücksichtigung der hindernden Umstände, wenn dem Auftraggeber offenkundig die Tatsache und deren hindernde Wirkung bekannt waren.
    3. Der Auftragnehmer hat alles zu tun, was ihm billigerweise zugemutet werden kann, um die Weiterführung der Arbeiten zu ermöglichen. Sobald die hindernden Umstände wegfallen, hat er ohne weiteres und unverzüglich die Arbeiten wieder aufzunehmen und den Auftraggeber davon zu benachrichtigen.
    4. Die Fristverlängerung wird berechnet nach der Dauer der Behinderung mit einem Zuschlag für die Wiederaufnahme der Arbeiten und die etwaige Verschiebung in eine ungünstigere Jahreszeit.

2. Erläuterungen

2.1 § 6 VOB/B regelt, daß Behinderungen, die während der Ausführung der Bauleistung auftreten, eine Ausführungsfristverlängerung bewirken und – sofern die Behinderung von einem Vertragsteil zu vertreten ist – den Anspruch des anderen Vertragsteils auf Ersatz des nachweislich entstandenen Schadens (des entgangenen Gewinns aber nur bei Vorsatz oder grober Fahrlässigkeit).
Unter Behinderung versteht man sämtliche Umstände, die zwar noch nicht den Stillstand des Baugeschehens bewirken, aber doch dessen planmäßigen Fortgang hemmen oder verzögern. Eine Unterbrechung hingegen liegt vor, wenn bei der Ausführung der Leistung ein vorübergehender Stillstand eingetreten ist.

2.2 Will der Auftragnehmer aufgrund einer Behinderung eine Fristverlängerung erreichen, ist er verpflichtet, den Auftraggeber schriftlich von der Behinderung in Kenntnis zu setzen. Dieses Recht zur Anzeige hat der Auftragnehmer auch dann, wenn er sich in der ordnungsgemäßen Ausführung der Leistung behindert glaubt. Unterläßt der Auftragnehmer die Anzeige, hat er nur Anspruch auf Berücksichtigung der hindernden Umstände, wenn dem Auftraggeber die Behinderung und deren hindernde Wirkung offenkundig bekannt waren. Anderenfalls kann der Auftragnehmer keinen Anspruch auf Fristverlängerung geltend machen.

2.3 § 6 Nr. 1 VOB/B geht davon aus, daß die Behinderung schriftlich mitzuteilen ist. Allerdings kann je nach Lage des Einzelfalles auch eine mündliche Anzeige genügen, weil die Schriftform nur Beweiszwecken dient. Die Mitteilung hat unverzüglich (d. h. ohne schuldhaftes Zögern) durch den Auftragnehmer zu erfolgen. Insoweit ist der Auftragnehmer beweispflichtig, daß er seine Anzeigepflicht ordnungsgemäß und rechtzeitig erfüllt hat.

2.4 § 6 Nr. 2 VOB/B regelt die einzelnen Voraussetzungen, unter welchen die Ausführungsfrist verlängert wird. Liegt ein derartiger Fall vor, dann hat der Auftragnehmer nicht nur Anspruch auf die Fristverlängerung durch die Behinderung selbst, sondern er kann auch einen Zuschlag für die Wiederaufnahme der Arbeiten und die etwaige Verschiebung in eine ungünstigere Jahreszeit verlangen (§ 6 Nr. 4 VOB/B).
Teilt der Auftraggeber dem Auftragnehmer die Fristverlängerung mit, empfiehlt es sich ggf., gleich darzulegen, wie sich die Fristverlängerung zusammensetzt, d. h. beispielsweise 10 Tage für die Dauer der Behinderung selbst und 2 Tage für die Wiederaufnahme der Arbeiten.

2.5 Auch die Behinderung ändert nichts an der Verpflichtung des Auftragnehmers, die Durchführung der Bauleistungen zu beschleunigen. Diesen Grundsatz enthält die Regelung aus § 6 Nr. 3 VOB/B. Fallen die hindernden Umstände oder die Unterbrechung in den Risikobereich des Auftragnehmers, wie er insbesondere auch durch vertragliche Regelungen ausgestaltet werden kann, ist der Mehraufwand in personeller und sachlicher Hinsicht nicht vergütungspflichtig. Der Auftragnehmer hat insbesondere alles zu unternehmen, um Zeitverzögerungen zu vermeiden oder Zeitverluste aufzuholen. Im übrigen muß darauf hingewiesen werden, daß nach Wegfall der hindernden Umstände der Auftragnehmer sofort die Arbeiten wieder aufzunehmen und den Auftraggeber davon zu benachrichtigen hat. Kommt der Auftragnehmer seinen Verpflichtungen nicht nach, besteht bei Vorliegen der Voraussetzungen des § 5 Nr. 4 VOB/B das Kündigungsrecht aus § 8 Nr. 3 VOB/B. Die Kosten eventueller Zusatzleistungen oder von Leistungsänderungen sind dem Auftragnehmer im übrigen nur dann zu erstatten, wenn die hindernden Umstände dem Risikobereich des Auftraggebers zuzuordnen sind (vgl. Heiermann/Riedl/Rusam, a. a. O., B § 6 Rdn. 25 ff.
Für die Fristverlängerung und ihre Berechnung ist auf die Regelung aus § 6 Nr. 4 VOB/B zu verweisen. Unter Umständen ist bei erheblichen Behinderungen, die den gesamten Zeitplan beeinflussen, eine vertraglich vereinbarte Vertragsstrafe gefährdet (vgl. dazu Heiermann/Riedl/Rusam, a. a. O., B § 6 Rdn. 24).

Muster 3.10 – Schadensersatzanspruch gemäß § 6 Nr. 6 VOB/B

An den ...., den ....
Auftragnehmer

Bauvorhaben ....
gemäß Bauvertrag vom ....
hier: Schadensersatzanspruch

Sehr geehrte Damen und Herren,

mit Schreiben vom .... hatten wir Ihnen mitgeteilt, daß die vertragliche Ausführungsfrist aus Gründen, die von Ihnen zu vertreten sind, verzögert wird. Zur Beseitigung der von Ihnen zu vertretenden Ausführungsverzögerungen hatten wir Ihnen eine angemessene Nachfrist gesetzt, die Sie jedoch ungenutzt verstreichen ließen. Aus diesen Gründen sind uns erhebliche Schäden entstanden, die sich wie folgt berechnen:

Diesen Betrag werden wir von Ihrer nächsten Abschlagsrechnung in Abzug bringen/zahlen Sie bitte bis zum .... an uns.*)

Mit freundlichen Grüßen

....
(Unterschrift des Auftraggebers)

*) Unzutreffendes bitte streichen

Besondere Hinweise zu § 6 Nr. 6 VOB/B (Muster 3.10)

1. **VOB-Text**
   Sind die hindernden Umstände von einem Vertragsteil zu vertreten, so hat der andere Teil Anspruch auf Ersatz des nachweislich entstandenen Schadens, des entgangenen Gewinns aber nur bei Vorsatz oder grober Fahrlässigkeit.

2. **Erläuterungen**

   2.1 Maßgeblich ist zunächst für die Frage, ob der Auftraggeber einen Schadensersatzanspruch gemäß § 6 Nr. 6 VOB/B verlangen kann, daß die Voraussetzungen für eine vom Auftragnehmer zu vertretende Behinderung vorliegen. Bezüglich der Bedeutung von Behinderungen vgl. Erläuterungen zu Muster 3.9, Ziffer 2.1, 2.2.
   Voraussetzung für den Schadensersatzanspruch des Auftraggebers ist, daß der Auftragnehmer die Behinderung in der Ausführung verschuldet hat. Ein solcher Fall liegt beispielsweise vor, wenn der Auftragnehmer nicht genügend Gerät oder Material bzw. Personal auf der Baustelle einsetzt. In diesen Fällen ist der Auftraggeber beweispflichtig.

   2.2 Grundsätzlich hat der Auftragnehmer in solchen Fällen den vollen Schaden zu ersetzen. Abweichend von den gesetzlichen Regelungen muß der Auftragnehmer den entgangenen Gewinn nur dann ersetzen, wenn ihm der Auftraggeber nachweist, daß die Behinderung vom Auftragnehmer vorsätzlich oder durch grobe Fahrlässigkeit verursacht worden ist. Entgangener Gewinn des Auftraggebers ist beispielsweise dann gegeben, wenn er vorgesehen hatte, ein Gebäude zum 1. August eines Jahres zu vermieten, dies jedoch erst aufgrund des Verschuldens des Auftragnehmers am 1. Oktober erfolgen konnte. In diesem Falle hat der Auftragnehmer auch den Mietverlust des Auftraggebers zu ersetzen. Außerdem umfaßt dieser Schadensersatzanspruch des Auftraggebers beispielsweise Hotelkosten, die die Mieter aufwenden mußten, weil sie nicht rechtzeitig zum vorgesehenen Termin in die Wohnungen einziehen konnten. Ebenso fallen hierunter beispielsweise Bereitstellungszinsen, Gutachterkosten, die der Auftraggeber aufgewendet hat, um den Schaden berechnen zu lassen. Dieser Schadensersatzanspruch des Auftraggebers verjährt erst in 30 Jahren.

   2.3 Mit diesem Schadensersatzanspruch kann der Auftraggeber gegen Vergütungsansprüche des Auftragnehmers aufrechnen und sie deshalb von einer fälligen Abschlagsrechnung in Abzug bringen oder – falls der Auftragnehmer bereits seine fällige Vergütung erhalten hat – ihn auffordern, die Zahlung innerhalb einer bestimmten Frist zu leisten.

   2.4 Besondere Probleme können sich dann ergeben, wenn der Auftragnehmer durch einen vom Auftraggeber eingesetzten Vorunternehmer behindert wird (vgl. Heiermann/Riedl/Rusam, a. a. O., B § 6 Rdn. 27c m. w. N.). Der BGH sieht in dem Vorunternehmer nicht den Erfüllungsgehilfen des Auftraggebers (BGH, ZfBR 1985, 282). Da der Auftraggeber auf der anderen Seite nicht selbst tätig wird, kommt eine Haftung für ein Verschulden des Vorunternehmers nicht in Betracht (BGH, ZfBR 1985, 282). Wird der Auftragnehmer also durch einen Vorunternehmer behindert, kann er nicht damit rechnen, die Kosten der damit verbundenen Verzögerungen und seine sonstigen Mehrkosten ersetzt zu.bekommen (vgl. dazu auch Heiermann/Riedl/Rusam, a. a. O., B § 6 Rdn. 12).

2.5 Schadensersatzansprüche verjähren grundsätzlich nach § 195 BGB zwar in dreißig Jahren, für den sich aus § 6 Nr. 6 VOB/B ergebenden Anspruch wird jedoch von der Rechtsprechung und der herrschenden Meinung die kurze Frist des § 196 Abs. 1 BGB bzw. § 196 Abs. 2 BGB (zwei bzw. vier Jahre) angewendet. Es handelt sich hier nämlich um einen „vergütungsgleichen" Schadensersatzanspruch, der den Gegenwert für erbrachte Leistungen und die damit verbundenen Mehraufwendungen darstellt (vgl. wegen der Einzelheiten Heiermann/Riedl/Rusam, a. a. O., B § 6 Rdn. 54 u. 55; BGH, ZfBR 1987, 38).

Muster 3.11 – Kündigung wegen anhaltender Unterbrechung der Ausführung gemäß § 6 Nr. 7 VOB/B

An den . . . . , den . . . .
Auftragnehmer

Bauvorhaben . . . .
gemäß Bauvertrag vom . . . .
hier: Kündigung wegen anhaltender Unterbrechung des Ausführung

Sehr geehrte Damen und Herren,

nachdem nunmehr die Ausführung der Leistung seit mehr als 3 Monaten unterbrochen ist, kündigen wir hiermit den zwischen uns abgeschlossenen Bauvertrag gemäß § 6 Nr. 7 VOB/B. Wir bitten Sie, die Abrechnung gemäß § 6 Nr. 5 und 6 VOB/B unverzüglich vorzunehmen.

Mit freundlichen Grüßen

. . . .
(Unterschrift des Auftraggebers)

Besondere Hinweise zu § 6 Nr. 7 VOB/B (Muster 3.11)

1. VOB-Text

Dauert eine Unterbrechung länger als 3 Monate, so kann jeder Teil nach Ablauf dieser Zeit den Vertrag schriftlich kündigen. Die Abrechnung regelt sich nach Nummern 5 und 6; wenn der Auftragnehmer die Unterbrechung nicht zu vertreten hat, sind auch die Kosten der Baustellenräumung zu vergüten, soweit sie nicht in der Vergütung für die bereits ausgeführten Leistungen enthalten sind.

2. Erläuterungen

2.1 Eine Unterbrechung liegt vor, wenn die Arbeiten, die unmittelbar auf den Leistungserfolg gerichtet sind, vorübergehend nicht mehr ausgeführt werden können, d. h. insoweit ein Stillstand eintritt.

2.2 Eine Kündigung infolge Unterbrechung kann nur erfolgen, wenn die Unterbrechung zum Zeitpunkt der Kündigung 3 Monate angedauert hat und noch dauert. Eine Kündigung scheidet damit aus, wenn beispielsweise nach 3 Monaten die Unterbrechung weggefallen ist.
Dauert zwar nach 3 Monaten die Unterbrechung noch an, steht aber fest, daß die Unterbrechung in Kürze wegfallen wird, kann die Kündigung gegen den Grundsatz von Treu und Glauben verstoßen, wenn beiden Parteien zu diesem Zeitpunkt noch die Fortführung des Bauvertrages zuzumuten ist.

2.3 Wie nach § 8 VOB/B hat auch die Kündigung nach § 6 Nr. 7 VOB/B schriftlich zu erfolgen. Kündigt der Auftraggeber lediglich mündlich, ist die Kündigung unwirksam. Außerdem muß die Kündigung klar und eindeutig sein.

2.4 § 6 Nr. 7 VOB/B bestimmt, daß im Falle der Kündigung die Abrechnung nach Nr. 5 und 6 VOB/B zu erfolgen hat. Die Abrechnung hat vollständig zu erfolgen, d. h., es sind ggf. auch Schadensersatzansprüche nach § 6 Nr. 6 VOB/B abzurechnen.
Außerdem hat der Auftragnehmer, da der Bauvertrag durch die Kündigung beendet ist, auch Anspruch auf Erstattung der für die Baustellenräumung erforderlichen Kosten. Dies gilt nur dann nicht, wenn der Auftragnehmer die Unterbrechung verschuldet hat.

2.5 Die Vergütung für die erbrachten Leistungen bzw. die vergütungsgleiche Forderung des Auftragnehmers aus § 6 Nr. 7 VOB/B bedarf zu ihrer Fälligkeit zwar nicht der Abnahme, wohl aber der Erteilung einer prüfbaren Schlußrechnung und der weiteren sich aus § 16 Nr. 3 Abs. 1 Satz 1 VOB/B ergebenden Voraussetzungen (BGH, ZfBR 1987, 38; Heiermann/Riedl/Rusam, a. a. O., B § 6 Rdn. 59).

Muster 4.1 – Mengenüberschreitung gemäß § 2 Nr. 3 Abs. 1, 2 VOB/B

An den
Auftragnehmer

.......,den.......

Bauvorhaben ....
gemäß Bauvertrag vom ....
hier: Mengenüberschreitung

Sehr geehrte Damen und Herren,

während der Ausführung der Bauleistung hat sich herausgestellt, daß in folgenden Positionen des Leistungsverzeichnisses der ursprünglich vorgesehene Mengenansatz um mehr als 10 % überschritten worden ist. Hierbei handelt es sich um folgende Positionen:

Position Nr. ...... um .... %
Position Nr. ...... um .... %

Es ist deshalb gemäß § 2 Nr. 3 Abs. 2 VOB/B ein neuer Preis unter Berücksichtigung der Mehr- oder Minderkosten zu vereinbaren. Durch diese Mengenüberschreitung ergibt sich deshalb eine Preisminderung für die genannten Positionen. Wir bitten Sie deshalb, uns bis zum ...... ein Nachtragsangebot über die ausgeführten Positionen für eine neue Preisvereinbarung zu übersenden. Sollten Sie die Frist nicht einhalten, so werden wir die Neuberechnung vornehmen und Ihnen die hierdurch entstehenden Kosten in Rechnung stellen.

Mit freundlichen Grüßen

....
(Unterschrift des Auftraggebers)

Besondere Hinweise zu § 2 Nr. 3 Abs. 1, 2 VOB/B (Muster 4.1)

1. VOB-Text
(1) Weicht die ausgeführte Menge der unter dem Einheitspreis erfaßten Leistung oder Teilleistung um nicht mehr als 10 v. H. von dem im Vertrag vorgesehenen Umfang ab, so gilt der vertragliche Einheitspreis.
(2) Für die über 10 v. H. hinausgehende Überschreitung des Mengenansatzes ist auf Verlangen ein neuer Preis unter Berücksichtigung der Mehr- oder Minderkosten zu vereinbaren.

2. Erläuterungen

2.1 Die VOB geht davon aus, daß bei Mengenüber- oder Mengenunterschreitungen von mehr als 10 % der im LV angegebenen Menge für eine Position eine Preisangleichung vorgenommen werden kann. Eine entsprechende Regel ist in den gesetzlichen Bestimmungen des Werkvertragsrechts der §§ 631 ff. BGB nicht enthalten. Treten deshalb bei einem Vertrag, dem die VOB nicht zugrunde liegt, Mengenüber- oder -unterschreitungen auf, so kann in der Regel keine Preisangleichung verlangt werden. Eine Ausnahme besteht lediglich dann, wenn die Mengenüber- oder -unterschreitung aufgrund unklarer oder unvollständiger Leistungsbeschreibung erfolgt ist. In solchen Fällen kann dem Auftragnehmer ein Schadensersatzanspruch aus dem allgemeinen Rechtsgrundsatz des Verschuldens bei Anbahnung eines Vertragsverhältnisses zustehen. Allerdings findet die Regelung des § 2 Nr. 3 VOB/B auch beim VOB-Vertrag keine Anwendung, wenn für die Vergütung eine Pauschalpreisvereinbarung getroffen wurde. In diesem Falle trägt der Auftragnehmer das Risiko eventuell vom LV abweichender Mengen, weil beim Pauschalpreisvertrag die auszuführenden Leistungen pauschaliert werden.

2.2 Den Antrag auf Preisänderung können sowohl der Auftraggeber als auch der Auftragnehmer stellen. Bis zu welchem Zeitpunkt dieser Antrag gestellt werden muß, ist in § 2 Nr. 3 VOB/B nicht geregelt. Der Auftragnehmer kann ihn deshalb, ohne einen Rechtsverlust zu erleiden, bis zum Ende der 12 Tage Vorbehaltsfrist nach der Schlußzahlung stellen. Der Auftraggeber hingegen bis zur Leistung der Schlußzahlung, weil er gemäß § 771 BGB den Vergütungsanspruch des Auftragnehmers entsprechend der Höhe der Schlußzahlung anerkennt. Dies gilt allerdings dann nicht, was in der Regel der Fall ist (z. B. im Straßenbau nach der ZVB-StB 80), wenn im Bauvertrag geregelt ist, daß der Auftragnehmer verpflichtet ist, bei dem Antrag auf eine neue Preisvereinbarung infolge von Mengenüber- oder -unterschreitungen dies dem Auftraggeber unverzüglich schriftlich anzukündigen.

2.3 § 2 Nr. 3 VOB/B gibt den Parteien nur das Recht, eine neue Preisvereinbarung zu verlangen. Die Höhe des neu zu vereinbarenden Preises berechnet sich unter Berücksichtigung der Mehr- oder Minderkosten. Dies bedeutet, daß von den Kalkulationsgrundlagen des bisherigen Preises auszugehen ist. Diese hat der Auftragnehmer auf Verlangen des Auftraggebers vorzulegen. Daraus ergibt sich, daß die neue Preisvereinbarung abhängig vom ursprünglichen Preis ist und lediglich eine Angleichung bezüglich der Mehr- oder Minderkosten für die über 10 % hinausgehenden Massenüber- oder -unterschreitungen erfolgt. Ergibt sich beispielsweise aus den Preisermittlungsgrundlagen (Urkalkulation), daß der Auftragnehmer einen nicht auskömmlichen Preis angeboten hatte und dieser Vertragsbestandteil geworden ist, dann kann hier keine Angleichung des nicht auskömmlichen Preises vorgenommen werden. Eine Ausnahme kann aber dann bestehen, wenn es mit Treu und Glauben (§ 242 BGB) nicht vereinbar wäre, den Auftragnehmer an dem nicht auskömmlichen Preis festzuhalten. Dies wird allerdings die Ausnahme sein. Eine weitere Ausnahme kann gegeben sein, wenn die Mengenüber- oder -unterschreitung aufgrund unklarer oder unzutreffender Angaben im LV erfolgte (vgl. Ziffer 2.1). Die Umsatzsteuer wird entsprechend dem neuen Preis vergütet.

2.4 Fraglich ist die Behandlung von Kalkulationsirrtümern im Rahmen des § 2 Nr. 3 VOB/B. Grundsätzlich ist eine falsche oder mangelhafte Kalkulation dem Risikobereich des Auftragnehmers zuzuordnen (BGH, ZfBR 1980, 31; Heiermann/Riedl/Rusam, a. a. O., B § 2 Rdn. 87). So kann es dem Auftraggeber nicht zugemutet werden, eine ihn belastende neue Kalkulation über § 2 Nr. 3 VOB/B zuzulassen, wenn der Bieter ihn zunächst mit seinem niedrigen Angebot zum Vertragsabschluß veranlaßt hat. Nur in den Fällen, in denen der Auftraggeber den Kalkulationsirrtum des Auftragnehmers positiv gekannt und es unterlassen hat, ihn darauf hinzuweisen, kann im Rahmen der Anpassung nach § 2 Nr. 3 Abs. 2 VOB/B von der ursprünglich falschen Kalkulation abgewichen werden (BGH, BauR 1986, 344; Heiermann/Riedl/Rusam, a. a. O., B § 2 Rdn. 87). Kommt der Auftragnehmer durch die Mehrleistungen in eine Zeit, in der sich Preissteigerungen feststellen lassen, so hat er Anspruch auf Berücksichtigung der eingetretenen Lohn- und Materialpreiserhöhungen (vgl. wegen der Einzelheiten Heiermann/Riedl/Rusam, a. a. O., B § 2 Rdn. 87).

Muster 4.2 – Mengenunterschreitung gemäß § 2 Nr. 3 Abs. 3 VOB/B

An den
Auftragnehmer

.......,den........

Bauvorhaben ....
gemäß Bauvertrag vom ....
hier: Mengenunterschreitung

Sehr geehrte Damen und Herren,

mit Schreiben vom .... haben Sie uns mitgeteilt, daß während der Ausführung der Bauleistung in den von Ihnen näher bezeichneten Positionen des Leistungsverzeichnisses der ursprünglich vorgesehene Mengenansatz um mehr als 10% unterschritten worden ist und daß Sie demgemäß die Vereinbarung eines höheren Preises für die genannten Positionen verlangen. Hierbei ist jedoch zu berücksichtigen, daß Sie durch die Erhöhung der Mengen in anderen Positionen/zusätzliche Leistungen*) einen Ausgleich erhalten, der dem von Ihnen geforderten Erhöhungsbetrag infolge der über 10 % hinausgehenden Überschreitung des Mengenansatzes in den genannten Positionen entspricht. Bei dieser Sachlage sehen wir uns deshalb außerstande, Ihrem Verlangen nach der Vereinbarung eines höheren Preises für die genannten Positionen zu entsprechen.

Mit freundlichen Grüßen

....
(Unterschrift des Auftraggebers)

*) Unzutreffendes bitte streichen

Besondere Hinweise zu § 2 Nr. 3 Abs. 3 VOB/B (Muster 4.2)

1. **VOB-Text**

   (3) Bei einer über 10 v. H. hinausgehenden Unterschreitung des Mengenansatzes ist auf Verlangen der Einheitspreis für die tatsächlich ausgeführte Menge der Leistung oder Teilleistung zu erhöhen, soweit der Auftragnehmer nicht durch Erhöhung der Mengen bei anderen Ordnungszahlen (Positionen) oder in anderer Weise einen Ausgleich erhält. Die Erhöhung des Einheitspreises soll im wesentlichen dem Mehrbetrag entsprechen, der sich durch Verteilung der Baustelleneinrichtungs- und Baustellengemeinkosten und der Allgemeinen Geschäftskosten auf die verringerte Menge ergibt. Die Umsatzsteuer wird entsprechend dem neuen Preis vergütet.

2. **Erläuterungen**

   2.1 § 2 Nr. 3 Abs. 3 VOB/B regelt die Fälle, in welchen der Mengenansatz in einer Position im LV um mehr als 10 % unterschritten wird. Daraus ergibt sich aber auch, daß diese Bestimmung für den Fall gilt, wo ganze Positionen im LV wegfallen oder nur noch ein geringfügiger Rest bleibt. Keine Anwendung findet § 2 Nr. 3 Abs. 3 VOB/B auch dann, wenn die Leistung geändert wurde oder zusätzliche Leistungen ausgeführt werden müssen. Hier gilt als vorrangige Bestimmung § 2 Nr. 5 und § 2 Nr. 6 VOB/B.
   Im übrigen vgl. Ziffer 2.1 bis 2.3 zu Muster 4.1.

   2.2 Im Gegensatz zu § 2 Nr. 3 Abs. 2 VOB/B bestimmt Nr. 3, daß im Falle einer über 10 % hinausgehenden Mengenunterschreitung der Einheitspreis für die tatsächlich ausgeführte Menge der Leistung oder Teilleistung zu erhöhen ist, soweit der Auftragnehmer nicht durch Erhöhung der Mengen bei anderen Positionen oder in anderer Weise einen Ausgleich erhält. Die Erhöhung des Einheitspreises ist hier erforderlich, weil die Kalkulationsgrundlage nicht mehr gegeben ist. Dies gilt insbesondere beispielsweise bezüglich der Verteilung der Baustelleneinrichtungskosten, der Baustellennebenkosten und der Allgemeinen Geschäftskosten. Verlangt der Auftragnehmer eine Erhöhung des Einheitspreises, so ist er nicht nur verpflichtet, die maßgeblichen Preisermittlungsgrundlagen (Urkalkulation) vorzulegen, sondern er muß auch beweisen, daß der bisherige Preis nicht mehr auskömmlich ist und ihm auf der Grundlage des § 2 Nr. 3 Abs. 3 VOB/B eine Erhöhung des Einheitspreises zusteht.

   2.3 Der Auftragnehmer kann allerdings eine Erhöhung des Einheitspreises dann nicht verlangen, wenn er einen Ausgleich z. B. durch Erhöhung der Mengen in anderen Positionen erhält und dadurch beispielsweise aufgrund von Rationalisierung oder preisgünstigerem Materialeinkauf eine Preiserhöhung erfolgt oder aber er auf andere Art einen Ausgleich erhält. Ein solcher Fall liegt beispielsweise dann vor, wenn dem Auftragnehmer zusätzliche Leistungen in erheblichem Umfang in Auftrag gegeben werden, so daß er hierdurch praktisch eine Preiserhöhung erhält.

   2.4 § 2 Nr. 3 Abs. 3 VOB/B findet jedoch beim Fortfall ganzer Positionen keine Anwendung, da diese Regelung zumindest das Verbleiben einer Restmenge voraussetzt (Heiermann/Riedl/Rusam, a. a. O., B § 2 Rdn. 92). Für den Wegfall ganzer Positionen ist von einer Teilkündigung nach § 8 Nr. 1 VOB/B auszugehen, so daß sich in diesem Fall der Vergütungsanspruch nach § 1 Nr. 1 Abs. 2 VOB/B bestimmt.

Muster 4.3 – Änderung des Pauschalpreises gemäß § 2 Nr. 3 Abs. 4 VOB/B

An den ...., den ....
Auftragnehmer

Bauvorhaben ....
gemäß Bauvertrag vom ....
hier: Änderung des Pauschalpreises

Sehr geehrte Damen und Herren,

es hat sich während der Ausführung der Bauleistung herausgestellt, daß in . . . Positionen des Leistungsverzeichnisses eine Mengenüber- bzw. Mengenunterschreitung*) aufgetreten ist. Deshalb wurde eine neue Vereinbarung über die betreffenden Einheitspreise erforderlich. Von diesen unter dem geänderten Einheitspreis erfaßten Leistungen sind auch andere Leistungen abhängig, für die eine Pauschalpreissumme vereinbart ist. Gemäß § 2 Nr. 3 Abs. 4 VOB/B sind wir deshalb berechtigt, mit Änderung der Einheitspreise auch eine angemessene Änderung der Pauschalsumme zu verlangen. Wir fordern Sie deshalb auf, für folgende Positionen . . . . . . uns ein Nachtragsangebot für eine neue Pauschalsumme zu übersenden. Sofern wir Ihre entsprechenden Angebote nicht bis zum . . . . . . erhalten haben, werden wir selbst eine Neuberechnung vornehmen und Ihnen die hierdurch entstehenden Kosten in Rechnung stellen.

Mit freundlichen Grüßen

....
(Unterschrift des Auftraggebers)

*) Unzutreffendes bitte streichen

Besondere Hinweise zu § 2 Nr. 3 Abs. 4 VOB/B (Muster 4.3)

1. VOB-Text

(4) Sind von der unter einem Einheitspreis erfaßten Leistung oder Teilleistung andere Leistungen abhängig, für die eine Pauschalsumme vereinbart ist, so kann mit der Änderung des Einheitspreises auch eine angemessene Änderung der Pauschalsumme gefordert werden.

2. Erläuterungen

2.1 § 2 Nr. 3 Abs. 4 VOB/B regelt, daß Änderungen des Einheitspreises infolge von Mengenüber- oder Mengenunterschreitungen, die in einem Abhängigkeitsverhältnis zu einer im Vertrag enthaltenen Pauschalpreisvereinbarung stehen, auch eine angemessene Änderung dieses Pauschalpreises bewirken können. Ein solcher Fall würde beispielsweise dann vorliegen, wenn aufgrund von Mengenüberschreitungen die für die Wasserhaltung vereinbarte Pauschalsumme nicht mehr angemessen wäre. Die Änderung des Pauschalpreises nach § 2 Nr. 3 Abs. 4 VOB/B kann sowohl der Auftraggeber als auch der Auftragnehmer verlangen.

2.2 Ebenso wie bei der Änderung des Einheitspreises ist auch bei der Änderung der Pauschalpreisvereinbarung von den Preisermittlungsgrundlagen (Urkalkulation) auszugehen. Hierbei sind allerdings die durch die Änderung entstehenden Mehr- oder Minderkosten angemessen zu berücksichtigen.
Bezüglich der übrigen Voraussetzungen vgl. Ziffer 2.1 bis Ziffer 2.4 – Muster 4.2.

Muster 4.4 – Geänderte Ausführung gemäß § 2 Nr. 5 VOB/B

An den . . . . , den . . . .
Auftragnehmer

Bauvorhaben . . . .
gemäß Bauvertrag vom . . . .
hier: Geänderte Ausführung

Sehr geehrte Damen und Herren,

wie Ihnen bekannt ist, wird eine Änderung der Leistungsausführung betreffend . . . .
erforderlich. Wegen dieser Änderung muß gemäß § 2 Nr. 5 VOB/B auch eine Veränderung der Vergütung erfolgen.
Wir bitten Sie deshalb, bis zum . . . . ein entsprechendes Nachtragsangebot über eine Verminderung der Vergütung zu übersenden. Sollten wir Ihr Nachtragsangebot nicht bis zum . . . . erhalten haben, so werden wir die geänderte und insoweit zu vermindernde Vergütung selbst berechnen und Ihnen die hierdurch entstehenden Kosten in Rechnung stellen.

Mit freundlichen Grüßen

. . . .
(Unterschrift des Auftraggebers)

Muster 4.4 a – Geänderte Ausführung gemäß § 2 Nr. 5 VOB/B

An den
Auftragnehmer

.............., den ....

Bauvorhaben ....
gemäß Bauvertrag vom ....
hier: Geänderte Ausführung

Sehr geehrte Damen und Herren,

wir bestätigen Ihr Schreiben vom ...., mit dem sie wegen geänderter Ausführung der Ihnen übertragenen Bauarbeiten gemäß § 2 Nr. 5 VOB/B eine Vergütung gefordert haben. Wir müssen Ihnen leider mitteilen, daß wir der Auffassung, Ihnen stünde ein Vergütungsanspruch aus § 2 Nr. 5 VOB/B zu, nicht folgen können. Die Voraussetzungen für die Regelung aus § 2 Nr. 5 VOB/B liegen nicht vor, denn wir haben weder den Bauentwurf geändert, noch eine andere Anordnung getroffen, mit der in die Grundlagen für die im Vertrag vorgesehenen Leistungen eingegriffen wird. Es sind im vorliegenden Fall vielmehr lediglich Leistungserschwernisse aufgetreten, die Sie als Fachunternehmen bei der Kalkulation hätten berücksichtigen können. Auch war die Möglichkeit des Auftretens derartiger Erscheinungen den Ihnen zur Verfügung gestellten Vertragsunterlagen (vgl. insbesondere Bodengutachten) zu entnehmen. Im übrigen haben wir auch keine Anordnung im Sinne von § 2 Nr. 5 gegeben. Wir haben Sie vielmehr mit unserem Schreiben vom .... darauf hingewiesen, den bestehenden Leistungspflichten nachzukommen.

Mit freundlichen Grüßen

....
(Unterschrift des Auftraggebers)

Besondere Hinweise zu § 2 Nr. 5 VOB/B (Muster 4.4 und 4.4 a)

1. **VOB-Text**
   Werden durch Änderung des Bauentwurfs oder andere Anordnungen des Auftraggebers die Grundlagen des Preises für eine im Vertrag vorgesehene Leistung geändert, so ist ein neuer Preis unter Berücksichtigung der Mehr- oder Minderkosten zu vereinbaren. Die Vereinbarung soll vor der Ausführung getroffen werden.

2. **Erläuterungen**

2.1 Die Praxis zeigt, daß die Ausführung einer Bauleistung oft ohne Änderungen, die sich erst während der Durchführung ergeben, nicht möglich ist. § 2 Nr. 5 VOB/B regelt deshalb, daß bei Leistungen, die während der Ausführung geändert werden, eine neue Preisvereinbarung zu treffen ist.

2.2 § 2 Nr. 5 VOB/B kommt auch dann zur Anwendung, wenn die Änderung in der Ausführung nicht durch den Auftraggeber selbst verursacht worden ist. Ein solcher Fall liegt beispielsweise dann vor, wenn Änderungen durch Dritte (z. B. die Bauaufsichtsbehörde) veranlaßt werden. Voraussetzung ist jedoch, daß der Auftragnehmer die Änderung nicht verschuldet haben darf.

2.3 Eine weitere Voraussetzung für die Anwendung des § 2 Nr. 5 VOB/B ist, daß sich die verlangte Änderung auf den vereinbarten Einheitspreis oder Pauschalpreis auswirkt. So fallen beispielsweise lediglich Erschwernisse bei der Ausführung nicht unter § 2 Nr. 5 VOB/B. Es kann in solchen Fällen ggf. § 6 Nr. 1 VOB/B vorliegen (vgl. Ziffer 3.8). Außerdem kommt § 2 Nr. 5 VOB/B dann in Betracht, wenn eine Umgestaltung bezüglich der Ausführung der Leistung erfolgt (z. B. konventionelle Bauweise anstelle von Fertigteilbauweise). Das gleiche gilt, wenn der Bauentwurf umgestaltet wird.

2.4 Nach § 2 Nr. 5 VOB/B kann sowohl der Auftraggeber als auch der Auftragnehmer eine neue Preisvereinbarung im Falle geänderter Ausführung verlangen. Allerdings können weder Auftraggeber noch Auftragnehmer den neuen Preis einseitig festsetzen, es bedarf vielmehr einer Vereinbarung. Kommt es zu einer derartigen Vereinbarung zwischen Auftraggeber und Auftragnehmer nicht, dann kann die Klärung durch einen Dritten (Sachverständigen als Schiedsgutachter, Schiedsgericht oder ordentliches Gericht) herbeigeführt werden. Die neue Preisvereinbarung ist nicht völlig losgelöst von den ursprünglichen Vertragspreisen zu treffen, sondern es sind vielmehr die Mehr- und Minderkosten zu berücksichtigen. Maßgeblich ist deshalb die Urkalkulation, die der Auftragnehmer verpflichtet ist, zum Zweck der neuen Preisvereinbarung dem Auftraggeber vorzulegen. Allerdings können diese Preisermittlungsgrundlagen nur insoweit von Bedeutung sein, als sie auch für den für die Leistungsänderung geschuldeten Zulagepreis unverändert geblieben sind. Verlangt der Auftraggeber eine Minderung des Preises infolge der Änderung, dann müssen hierbei ggf. auch geminderte Kosten für die Baustelleneinrichtung, Baustellennebenkosten, Gemeinkosten etc. berücksichtigt werden. Allerdings darf in diesem Zusammenhang vom Auftraggeber nicht übersehen werden, daß das Wesen des § 2 Nr. 5 VOB/B darin liegt, daß durch die vom Auftraggeber herrührende Änderung der Auftragnehmer keinen wirtschaftlichen Nachteil haben soll. Liegt allerdings den Preisermittlungsgrundlagen ein Kalkulationsirrtum zugrunde, so kann dieser in der Regel nicht bei der Vereinbarung des neuen Preises aufgrund der geänderten Leistung unberücksichtigt bleiben. Eine seltene Ausnahme wird lediglich dann gegeben sein, wenn ausnahmsweise das Beibehalten des durch den Kalkulationsirrtum zu niedrig angesetzten Preises in den Preisermittlungsgrundlagen gegen Treu und Glauben verstoßen würde.

2.5 § 2 Nr. 5 VOB/B besagt nicht, wann zwingend für Auftraggeber und Auftragnehmer die neue Preisvereinbarung zu treffen ist. Die Regelung, daß die neue Preisvereinbarung vor Ausführung der Leistung getroffen werden soll, ist lediglich eine Empfehlung, die jedoch ohne Verbindlichkeit für die Parteien ist. Dies gilt allerdings nicht bei anderweitigen vertraglichen Regelungen, wenn beispielsweise eine sofortige Anzeigepflicht des Auftragnehmers bei der Beanspruchung einer neuen höheren Vergütung infolge geänderter Ausführung vorgesehen ist (z. B. in der ZVB-StB 80).

2.6 Verlangt der Auftraggeber vom Auftragnehmer infolge geänderter und geminderter Leistung, daß der Auftragnehmer seine Leistungen nunmehr neu berechnet und reagiert der Auftragnehmer hierauf nicht, dann kann der Auftraggeber diese Berechnung vornehmen. Allerdings kann der Auftraggeber die neue Vergütung nicht selbst festsetzen, da die VOB insoweit eine Vereinbarung, d. h. ein beiderseitiges Zustimmen, verlangt. Macht der Auftragnehmer geltend, daß die vom Auftraggeber neu berechnete Vergütung unzutreffend ist, dann muß er dies substantiiert beweisen.

2.7 Bloße Erschwernisse bei der Leistungsausführung, die nicht auf eine Einwirkung des Auftraggebers zurückzuführen sind, führen nicht über § 2 Nr. 5 VOB/B zu einer Preisänderung. Derartige Erschwernisse muß der Auftragnehmer vielmehr bei seiner Kalkulation berücksichtigen (vgl. im übrigen die ausführliche Darstellung bei Heiermann/Riedl/Rusam, a. a. O., B § 2 Rdn. 110).

2.8 Der Begriff „Anordnung" ist nicht eng auszulegen, sie kann auch stillschweigend getroffen werden (BGH, ZfBR 1985, 282; Heiermann/Riedl Rusam, a. a. O., B § 2 Rdn. 110). Zur Annahme einer Anordnung reicht es aus, wenn sich die Parteien stillschweigend auf eine veränderte tatsächliche Situation einstellen, der Auftraggeber beispielsweise aufgrund geänderter äußerer Bedingungen eine aufwendigere Leistung des Auftragnehmers bewußt entgegennimmt. Auf der anderen Seite hat der Auftragnehmer, der aufgrund eines erkennbar unvollständigen oder lückenhaften Leistungsverzeichnisses arbeitet, keinen Anspruch auf Festsetzung eines Neupreises, wenn dann im Zusammenhang mit der Ausführung der Vertragsleistungen Erschwernisse auftreten (BGH, ZfBR 1988, 182; Heiermann/Riedl/Rusam, a. a. O., B § 2 Rdn. 110 ff.). Schließlich kann eine Anordnung, die den Anspruch aus § 2 Nr. 5 VOB/B auslöst, auch ausdrücklich oder konkludent sowie stillschweigend erfolgen (vgl. wegen der Einzelheiten Heiermann/Riedl/Rusam, a. a. O., B § 2 Rdn. 111).

Muster 4.5 – Zusätzliche Leistungen gemäß § 2 Nr. 6 VOB/B

An den ...., den ....
Auftragnehmer

Bauvorhaben ....
gemäß Bauvertrag vom ....
hier: Zusätzliche Leistungen

Sehr geehrte Damen und Herren,

es ist Ihnen bekannt, daß zusätzliche Leistungen ausgeführt werden müssen. Wie Sie uns mitgeteilt haben, fordern Sie deshalb eine zusätzliche Vergütung. Wir bitten Sie deshalb, uns bis zum .... ein entsprechendes Nachtragsangebot zu übersenden. Sollten wir innerhalb dieser Frist Ihr Nachtragsangebot nicht erhalten haben, so werden wir die zusätzliche Vergütung selbst berechnen.

Mit freundlichen Grüßen

....
(Unterschrift des Auftraggebers)

Muster 4.5 a – Zusätzliche Leistungen gemäß § 2 Nr. 6 VOB/B

An den
Auftragnehmer

................., den ....

Bauvorhaben ....
gemäß Bauvertrag vom ....
hier: Zusätzliche Leistungen

Sehr geehrte Damen und Herren,

wir nehmen Bezug auf Ihr Schreiben vom ...., mit dem Sie gemäß § 2 Nr. 6 VOB/B die Vergütung für eine von Ihnen erbrachte zusätzliche Leistung fordern. Diesen Anspruch weisen wir zurück. Voraussetzung für die zusätzliche Vergütung aus § 2 Nr. 6 VOB/B ist, daß Sie den Vergütungsanspruch vor Beginn der Ausführung angezeigt haben. Eine derartige Anzeige ist nicht erfolgt.
Wir bedauern daher, Ihren Vergütungsanspruch nicht erfüllen zu können.

Mit freundlichen Grüßen

....
(Unterschrift des Auftraggebers)

Besondere Hinweise zu § 2 Nr. 6 VOB/B (Muster 4.5 und 4.5 a)

1. VOB-Text

(1) Wird eine im Vertrag nicht vorgesehene Leistung gefordert, so hat der Auftragnehmer Anspruch auf besondere Vergütung. Er muß jedoch den Anspruch dem Auftraggeber ankündigen, bevor er mit der Ausführung der Leistung beginnt.

(2) Die Vergütung bestimmt sich nach den Grundlagen der Preisermittlung für die vertragliche Leistung und den besonderen Kosten der geforderten Leistung. Sie ist möglichst vor Beginn der Ausführung zu vereinbaren.

2. Erläuterungen

2.1 § 2 Nr. 6 VOB/B regelt an sich eine Selbstverständlichkeit, nämlich, daß zusätzliche Leistungen auch eine zusätzliche Vergütung erfordern. Unter zusätzlichen Leistungen versteht man solche, die nach den vertraglichen Vereinbarungen, insbesondere dem Leistungsverzeichnis, aber ebenso auch den einschlägigen Normen, nicht zur vertraglichen Leistung gehören. Weitere Voraussetzung für das Vorliegen zusätzlicher Leistungen ist, daß sie nach Vertragsabschluß gefordert werden. Zusätzliche Leistungen können sowohl beim Einheits- als auch beim Pauschalpreisvertrag auftreten mit der Folge, daß § 2 Nr. 6 VOB/B gleichermaßen auf den Einheits- und den Pauschalpreisvertrag Anwendung findet.

2.2 In der Regel wird der Auftragnehmer bereit sein, zusätzliche Leistungen auszuführen. Diese Bereitschaft wird allerdings dann nicht bestehen, wenn der Auftragnehmer die dem Vertrag zugrunde liegenden Leistungen sehr preisgünstig, ggf. sogar unter Preis, angeboten hat. Grundsätzlich ist davon auszugehen, daß der Auftragnehmer verpflichtet ist, zusätzliche Leistungen auszuführen. Dies folgt aus § 1 Nr. 4 VOB/B, wonach nicht vereinbarte Leistungen, die zur Ausführung der vertraglichen Leistung erforderlich werden, vom Auftragnehmer auf Verlangen des Auftraggebers mit auszuführen sind, außer, wenn sein Betrieb auf derartige Leistungen nicht eingerichtet ist. In solchen Fällen können diese Leistungen dem Auftragnehmer nur mit seiner Zustimmung übertragen werden. Daraus ergibt sich gleichermaßen aber auch eine gewisse Definition der zusätzlichen Leistung in der Weise, daß die zusätzliche Leistung in einem gewissen Abhängigkeitsverhältnis von der Hauptleistung stehen muß. Keine zusätzliche Leistung im Sinne von § 2 Nr. 6 VOB/B liegt deshalb vor, wenn der Auftraggeber beispielsweise aufgrund des Vertrages dem Auftragnehmer die Erstellung eines Doppelhauses in Auftrag gegeben hatte und er als zusätzliche Leistung die Erstellung eines weiteren Doppelhauses verlangt.

2.3 Nach § 2 Nr. 6 VOB/B erhält der Auftragnehmer zusätzliche Leistungen nur dann vergütet, wenn er vor Ausführung der zusätzlichen Leistung dem Auftraggeber seinen Anspruch auf zusätzliche Vergütung angekündigt hat. Nach der einschlägigen Rechtsprechung und Kommentarmeinung handelt es sich hierbei um eine Anspruchsvoraussetzung (vgl. wegen der Einzelheiten Ingenstau/Korbion, a. a. O., B § 2 Rdn. 298 ff.). Hat der Auftragnehmer versäumt, dem Auftraggeber seinen Anspruch vor Ausführung der zusätzlichen Leistung anzukündigen, dann erhält er hierfür auch nicht über den Weg der gesetzlichen Bestimmungen der ungerechtfertigten

Bereicherung eine Vergütung. Dies ergibt sich daraus, daß § 2 Nr. 6 VOB/B insoweit eine vorrangige Sondervorschrift ist. (Die Gegenmeinung von Fahrenschon, Baurecht 1977, 198 ff. und Lehning, NJW 1977, 422 ff., hat sich bisher nicht durchgesetzt). Zu beachten ist in diesem Zusammenhang, daß diese Ankündigungspflicht des Auftragnehmers häufig durch vertragliche Vereinbarungen noch verschärft wird, und zwar in der Weise, daß die Ankündigung schriftlich zu erfolgen hat. Kündigt der Auftragnehmer beispielsweise seinen Anspruch nur mündlich an, so verletzt er damit eine vertragliche Nebenpflicht, die ggf. dem Auftraggeber einen Schadensersatzanspruch gibt. Ausnahmsweise kann ein Vergütungsanspruch des Auftragnehmers trotz fehlender Ankündigung bestehen, wenn, je nach Lage des Einzelfalles, der Auftraggeber nicht darüber im unklaren sein konnte, daß die zusätzliche Leistung nur gegen Vergütung ausgeführt wird. Dies gilt insbesondere dann, wenn beide Vertragspartner von der Entgeltlichkeit der zusätzlichen Leistung ausgingen (vgl. Ingenstau/Korbion, a. a. O., B § 2 Rdn. 299 m. w. N.). Hierfür ist jedoch der Auftragnehmer beweispflichtig.

2.4 Bezüglich der Berechnung der zusätzlichen Vergütung für zusätzliche Leistungen vgl. Ziffer 2.4 zu Muster 4.4.

2.5 Für den Fall, daß der Auftragnehmer nicht innerhalb der vom Auftraggeber gesetzten Frist ein Nachtragsangebot für die zusätzlichen Leistungen abgibt, vgl. Ziffer 2.5 zu Muster 4.4.

2.6 Bei isolierter Vereinbarung bzw. in den Fällen, in denen die VOB/B nicht als Ganzes dem Bauvertrag zugrunde liegt, verstößt die Regelung aus § 2 Nr. 6 VOB/B gegen § 9 AGBG (Ingenstau/Korbion, a. a. O., B § 2 Rdn. 301).

Muster 4.6 – Wegfall der Geschäftsgrundlage gemäß § 2 Nr. 7 VOB/B

An den ...., den ....
Auftragnehmer

Bauvorhaben ....
gemäß Bauvertrag vom ....
hier: Wegfall der Geschäftsgrundlage

Sehr geehrte Damen und Herren,

aufgrund des oben näher bezeichneten Bauvertrages haben wir mit Ihnen für die auszuführenden Leistungen eine Pauschalsumme vereinbart. Diese Leistungen können jedoch aus den Ihnen bekannten Gründen nicht mehr ausgeführt werden.*) Deshalb weicht die ausgeführte Leistung so erheblich von der vertraglich vorgesehenen Leistung ab, daß ein Festhalten an der Pauschalsumme für uns nicht mehr zumutbar ist. Gemäß § 2 Nr. 7 VOB/B steht uns deshalb wegen Wegfalls der Geschäftsgrundlage ein Ausgleich unter Berücksichtigung der Mehr- oder Minderkosten zu.

Wir bitten Sie deshalb, uns bis zum .... ein Nachtragsangebot auf der Grundlage der Urkalkulation über die ausgeführten Leistungen zu übersenden. Sollten wir innerhalb dieser Frist von Ihnen ein entsprechendes Angebot nicht erhalten, so werden wir die neue Vergütung selbst berechnen.

Mit freundlichen Grüßen

....
(Unterschrift des Auftraggebers)

*) Falls die Gründe nicht bekannt sind, sollten sie ggf. angegeben werden.

Besondere Hinweise zu § 2 Nr. 7 VOB/B
in Verbindung mit § 8 Nr. 1 Abs. 2 VOB/B (Muster 4.6)

1. **VOB-Text**
   (1) Ist als Vergütung der Leistung eine Pauschalsumme vereinbart, so bleibt die Vergütung unverändert. Weicht jedoch die ausgeführte Leistung von der vertraglich vorgesehenen Leistung so erheblich ab, daß ein Festhalten an der Pauschalsumme nicht zumutbar ist (§ 242 BGB), so ist auf Verlangen ein Ausgleich unter Berücksichtigung der Mehr- oder Minderkosten zu gewähren. Für die Bemessung des Ausgleichs ist von den Grundlagen der Preisermittlung auszugehen. Nummern 4, 5 und 6 bleiben unberührt.
   (2) Wenn nichts anderes vereinbart ist, gilt Absatz 1 auch für Pauschalsummen, die für Teile der Leistung vereinbart sind: Nummer 3 Absatz 4 bleibt unberührt.

2. **Erläuterungen**

2.1 Obwohl es sich nicht wörtlich aus § 2 Nr. 7 VOB/B ergibt, gilt diese Bestimmung in erster Linie für den Fall, daß vom Auftragnehmer aufgrund erheblich und nicht voraussehbarer Kostensteigerungen z. B. auf dem Lohn- und Materialpreissektor eine Angleichung der Preise gefordert wird. Umgekehrt kann aber auch diese Bestimmung herangezogen werden, wenn – aus welchen Gründen auch immer – sich der auszuführende Leistungsumfang nach einem Pauschalpreisvertrag so erheblich verringert, daß ein Festhalten an der vereinbarten Pauschalsumme für den Auftraggeber nicht zumutbar wäre.

2.2 In der Regel wird in solchen Fällen jedoch nicht § 2 Nr. 7 VOB/B zur Anwendung kommen, sondern vielmehr § 8 Nr. 1 VOB/B. Diese Regelung bestimmt, daß der Auftraggeber berechtigt ist, während der Ausführung jederzeit den Vertrag zu kündigen. Wenn aber entgegen der ursprünglich nach dem Vertrag vorgesehenen Leistung eine erhebliche Verminderung des Leistungsumfangs aus vom Auftraggeber zu vertretenden Gründen eintritt, dann wird auch hier eine Kündigung vorliegen. In diesem Falle kommt deshalb als Sonderregelung § 8 Nr. 1 Abs. 2 VOB/B zur Anwendung, wonach dem Auftragnehmer zwar die vereinbarte Vergütung zusteht, er sich jedoch dasjenige von dieser Vergütung abrechnen lassen muß, was er infolge der Aufhebung des Vertrages an Kosten erspart oder durch anderweitige Verwendung seiner Arbeitskraft oder seines Betriebes erwirbt oder zu erwerben böswillig unterläßt. Zu berücksichtigen ist in diesem Zusammenhang auch, daß eine Anpassung der Preise über den Grundsatz des Wegfalls der Geschäftsgrundlage nur dann zur Anwendung kommt, wenn keine anderen Rechtsbehelfe in Betracht kommen, um das eventuelle Mißverhältnis zu beseitigen. Insoweit bietet sich aber in diesem Falle § 8 Nr. 1 VOB/B an. Diese Regelung ist deshalb in jedem Falle als vorrangig vor § 2 Nr. 7 VOB/B anzusehen.

2.3 Sollte § 2 Nr. 7 VOB/B dennoch ausnahmsweise einmal für den Auftraggeber zur Anwendung kommen, dann ist zu beachten, daß die Rechtsprechung äußerst strenge Anforderungen an den Wegfall der Geschäftsgrundlage stellt. Dies ergibt sich aus dem im deutschen Recht herrschenden Grundsatz der Vertragstreue. Eine Anpassung erfolgt nach der Rechtsprechung nur, wenn es für den Auftraggeber unzumutbar wäre, am Pauschalpreis festgehalten zu werden. In diesem Falle muß die sog. Opfergrenze erreicht sein, d. h., es muß sich um eine derart einschneidende Änderung handeln, daß ein Festhalten an der ursprünglichen vertraglichen Regelung zu einem untragbaren, mit Recht und Gerechtigkeit schlechthin nicht zu vereinbarendem Ergebnis führen würde (BGH, MDR 69, 655). Außerdem muß ein erhebliches Mißverhältnis zwischen Leistung und Gegenleistung bestehen, an welches nach der Rechtsprechung um so schärfere Forderungen zu stellen sind, je eher eine Änderung der bei Vertragsabschluß gegebenen Umstände vorauszusehen war und je klarer bei Vertragsabschluß der Willen der Parteien zum Ausdruck gekommen ist, an den ausgehandelten Vertragsbedingungen festzuhalten (BGH, WM 64, 1253; 69, 65; Heiermann/Riedl/Rusam, a. a. O., B § 2 Rdn. 143 ff.).

2.4 Die Grenzen des vertraglich übernommenen Risikos werden jedoch überschritten, wenn sich die Mengen bei den einzelnen Leistungspositionen um 100 Prozent bzw. mehrere hundert Prozent gegenüber der später tatsächlichen Ausführung verändert haben (vgl. dazu BGH, VersR 1965, 803; Heiermann/Riedl/Rusam, a. a. O., B § 2 Rdn. 151. Demgegenüber führt eine lediglich 15 bzw. 20%ige Abweichung der Leistungen von dem der Pauschalvereinbarung zugrunde liegenden Leistungsumfang nicht zu einer Preisveränderung nach § 2 Nr. 7 VOB/B. Im übrigen sind Klauseln, mit denen sich der Auftraggeber das Recht vorbehält, einzelne Positionen des LV nicht ausführen zu lassen mit der Folge, daß sich dadurch der Pauschalpreis entsprechend mindert, wegen Verstoßes gegen §§ 9, 10 Nr. 4 AGBG unzulässig (vgl. im übrigen Heiermann/Riedl/Rusam, a. a. O., B § 2 Rdn. 152).

Muster 4.7 – Beseitigung vertragswidriger Leistungen gemäß § 2 Nr. 8 Abs. 1 VOB/B

An den ...., den ....
Auftragnehmer

Bauvorhaben ....
gemäß Bauvertrag vom ....
hier: Beseitigung vertragswidriger Leistungen

Sehr geehrte Damen und Herren,

wir haben festgestellt, daß Sie entgegen den vertraglichen Vereinbarungen eigenmächtig und ohne Auftrag Leistungen ausgeführt haben. Hierbei handelt es sich um die als Anlage im einzelnen aufgeführten Leistungen bzw. Leistungsteile.

Wir fordern Sie hiermit bis zum .... auf, diese eigenmächtig und ohne Auftrag ausgeführten Leistungen zu beseitigen.

Sollten Sie wider Erwarten Ihrer Beseitigungspflicht nicht binnen der genannten Frist nachkommen, so werden wir die Beseitigung dieser nicht vertragsgemäßen Leistungen auf Ihre Kosten vornehmen lassen. Wir behalten uns vor, in diesem Falle einen Kostenvorschuß für die Beseitigung dieser Leistungen Ihnen gegenüber geltend zu machen. Sollten uns darüber hinaus durch die Beseitigung dieser nicht vertragsgemäßen Leistungen andere Schäden entstehen, so werden wir auch diese Kosten Ihnen gegenüber geltend machen.

Mit freundlichen Grüßen

....
(Unterschrift des Auftraggebers)

Besondere Hinweise zu § 2 Nr. 8 Abs. 1 VOB/B (Muster 4.7)

1. VOB-Text

(1) Leistungen, die der Auftragnehmer ohne Auftrag oder unter eigenmächtiger Abweichung vom Vertrag ausführt, werden nicht vergütet. Der Auftragnehmer hat sie auf Verlangen innerhalb einer angemessenen Frist zu beseitigen; sonst kann es auf seine Kosten geschehen. Er haftet außerdem für andere Schäden, die dem Auftraggeber hieraus entstehen.

2. Erläuterungen

2.1 Der Auftraggeber ist nicht verpflichtet, Leistungen hinzunehmen oder zu vergüten, die nicht dem Vertrag entsprechen und die der Auftragnehmer ohne Auftrag oder unter eigenmächtiger Abweichung vom Vertrag ausgeführt hat. Grundsätzlich liegt eine Leistung ohne Auftrag vor, wenn sie nicht Gegenstand der vertraglichen Leistungspflicht ist. Ein derartiges Abweichen vom Vertrag kann sowohl in der Art als auch im Umfang der ausgeführten Leistung liegen. Ein besonders strenger Maßstab ist anzulegen, wenn beispielsweise die Leistung nicht die vertraglich vereinbarte zugesicherte Eigenschaft hat.

2.2 Stellt der Auftragnehmer während der Ausführung der Leistung fest, daß nicht vertraglich vereinbarte Leistungen erforderlich werden, so gehört es zu seinen Pflichten, daß er den Auftraggeber hierauf hinweist und ggf. ihm den Abschluß einer Nachtragsvereinbarung (z. B. wegen zusätzlicher Leistungen) vorschlägt.

2.3 Führt der Auftragnehmer dennoch nicht vertraglich vereinbarte Leistungen ohne Auftrag oder in eigenmächtiger Abweichung vom Vertrag aus, so hat er hierfür keinen Anspruch auf Vergütung, es sei denn, der Auftraggeber genehmigt diese Leistungen nachträglich (vgl. insoweit Muster 4.8). Liegt ein Einheitspreisvertrag vor, so entfällt die Vergütung für die vertragswidrig ausgeführte Position. Bei einem Pauschalpreisvertrag hingegen ist die Kürzung der Pauschale nach dem Wert der bisherigen Pauschale abzüglich des Wertes der eigenmächtig erbrachten Leistung zu errechnen.

2.4 Nach § 2 Nr. 8 VOB/B ist der Auftragnehmer verpflichtet, binnen einer vom Auftraggeber zu setzenden angemessenen Frist die vertragswidrig ausgeführte Leistung zu beseitigen. Um Unklarheiten zu vermeiden, sollte der Auftraggeber hier in jedem Falle ein Datum angeben und – obwohl es die VOB nicht verlangt – das Beseitigungsverlangen an den Auftragnehmer schriftlich stellen. Gleichzeitig wird der Auftraggeber den Auftragnehmer auch nicht darüber im unklaren lassen, daß er in jedem Falle eine Beseitigung der vertragswidrigen Leistungen fordert. Es empfiehlt sich deshalb, daß der Auftraggeber bereits im ersten Schreiben den Auftragnehmer darauf hinweist, daß er für den Fall der Überschreitung der Beseitigungsfrist die vertragswidrige Leistung auf Kosten des Auftragnehmers durch einen Dritten beseitigen läßt. Hierfür kann der Auftraggeber den erforderlichen Kostenvorschuß verlangen (BGH, NJW 67, 1366 ff.).

2.5 Soweit durch die vertragswidrig ausgeführten Leistungen dem Auftraggeber ein Schaden entsteht (es werden beispielsweise durch die Beseitigung der vertragswidrigen Leistungen vertragsgemäße Leistungen beschädigt, die Ausführungsfrist wird überschritten), ist der Auftraggeber berechtigt, diesen Schaden gegenüber dem Auftragnehmer geltend zu machen (§ 678 BGB). Für Leistungen, die der Auftragnehmer ohne Auftrag oder unter eigenmächtiger Abweichung vom Vertrag ausgeführt hat, richtet sich der Schadensersatzanspruch nach §§ 276, 278 BGB wegen positiver Vertragsverletzung.

Muster 4.8 – Anerkennung vertragswidriger Leistungen gemäß § 2 Nr. 8 Abs. 2 VOB/B

An den ...., den ....
Auftragnehmer

Bauvorhaben ....
gemäß Bauvertrag vom ....
hier: Anerkennung vertragswidriger Leistungen

Sehr geehrte Damen und Herren,

wie Sie uns mitteilten, mußten einige Leistungen abweichend vom Vertrag ausgeführt werden. Gemäß § 2 Nr. 8 Abs. 2 VOB/B erkennen wir hiermit nachträglich folgende dieser Leistungen an:

....

Wir bitten Sie, uns bis zum .... ein entsprechendes Nachtragsangebot auf der Grundlage der Urkalkulation zu übersenden. Sollten wir dieses Nachtragsangebot nicht innerhalb der genannten Frist erhalten, so werden wir die Vergütung für die von Ihnen abweichend vom Vertrag ausgeführten Leistungen selbst berechnen.

Mit freundlichen Grüßen

....
(Unterschrift des Auftraggebers)

Besondere Hinweise zu § 2 Nr. 8 Abs. 2 VOB/B (Muster 4.8)

1. **VOB-Text**

   (2) Eine Vergütung steht dem Auftragnehmer jedoch zu, wenn der Auftraggeber solche Leistungen nachträglich anerkennt. Eine Vergütung steht ihm auch zu, wenn die Leistungen für die Erfüllung des Vertrages notwendig waren, dem mutmaßlichen Willen des Auftraggebers entsprachen und ihm unverzüglich angezeigt wurden.

2. **Erläuterungen**

   2.1 Bezüglich der Leistungen, die der Auftragnehmer ohne Auftrag oder unter eigenmächtiger Abweichung vom Vertrag ausgeführt hat, gelten zunächst die Ausführungen unter 2.1 bis 2.5 zu Muster 4.7.

   2.2 Die VOB sieht keine besondere Form der Anerkennung von Leistungen durch den Auftraggeber vor, die der Auftragnehmer ohne Auftrag oder unter eigenmächtiger Abweichung vom Vertrag ausgeführt hat. Die Anerkennung kann deshalb sowohl mündlich als auch durch schlüssige Handlung erfolgen (z. B. der Auftraggeber rügt die vertragswidrig ausgeführte Leistung nicht). Um jedoch bezüglich der daraus resultierenden Vergütungspflicht des Auftraggebers Klarheit zu haben, empfiehlt es sich, daß der Auftraggeber in jedem Falle schriftlich darlegt, welche Leistungen (Art und Umfang) er nachträglich anerkennt. Mit der Anerkennung entfällt auch die Verpflichtung des Auftragnehmers zur Beseitigung der vertragswidrigen Leistung.
   Keine Anerkennung einer vertragswidrigen Leistung liegt vor, wenn der Auftraggeber gemeinsam mit dem Auftragnehmer ein Aufmaß auch über die vertragswidrigen Leistungen erstellt. Das gemeinsame Aufmaß dient nur dazu, den Umfang der tatsächlich ausgeführten Leistungen festzustellen. Nur insoweit hat es deshalb auch bindende Wirkung (BGH, NJW 74, 646).

   2.3 Eine Vergütungspflicht des Auftraggebers besteht auch dann, wenn die Leistung für die Erfüllung des Vertrages notwendig war, dem mutmaßlichen Willen des Auftraggebers entsprach und ihm unverzüglich angezeigt wurde (§ 2 Nr. 8 Abs. 2 Satz 2 VOB/B). Wann eine dem Vertrag nicht gemäße Leistung dem mutmaßlichen Willen des Auftraggebers entspricht, richtet sich nach objektiver Beurteilung aller gegebenen Umstände. Das ist der Fall, wenn Gefahr im Verzug ist und unverzüglich weitere Leistungen erbracht werden müssen, um größere als die schon eingetretenen oder noch eintretenden Schäden zu vermeiden. Unter unverzüglich versteht man, daß der Auftragnehmer den Auftraggeber hierüber ohne schuldhaftes Zögern unterrichten muß, d. h. sofort, um möglicherweise den Auftraggeber in die Lage zu versetzen, selbst zu bestimmen, wie die Gefahr oder Teile hiervon beseitigt werden können.
   Die dem Auftragnehmer in diesem Falle zustehende Vergütung berechnet sich bei zusätzlichen Leistungen nach § 2 Nr. 6 VOB/B und bei geänderten Leistungen nach § 2 Nr. 5 VOB/B.
   Ob und inwieweit ein vom Auftraggeber bevollmächtigter Architekt berechtigt ist, nicht vertragsgemäße Leistungen anzuerkennen, richtet sich nach der Architektenvollmacht. Grundsätzlich wird davon ausgegangen werden können, daß der Architekt entsprechend dem Leistungsbild des § 15 Nr. 5 bis 8 HOAI bevollmächtigt ist, die Aufmaßverhandlungen zu führen und die Feststel-

lungen im Sinne von § 14 Nr. 2 VOB/B anzuerkennen. Außerdem gehört es zu seinen Aufgaben, geringfügige Bauleistungen zu vergeben, Weisungen zu erteilen, Mängel zu rügen und geleistete Arbeiten in technischer Hinsicht abzunehmen sowie Mahnungen zu erteilen und zur Mängelbeseitigung aufzufordern sowie Nachfristen zu setzen. Daraus ergibt sich gleichermaßen aber auch, daß der Architekt in der Regel nicht bevollmächtigt sein wird, vertragswidrige Leistungen anzuerkennen.

Muster 4.9 – Vergütung für Unterlagen gemäß § 2 Nr. 9 VOB/B

An den
Auftragnehmer

.............., den ....

Bauvorhaben ....
gemäß Bauvertrag vom ....
hier: Vergütung für Unterlagen

Sehr geehrte Damen und Herren,

unter Bezugnahme auf § 2 Nr. 9 VOB/B verlangen Sie von uns die Vergütung für Zeichnungen, Berechnungen und andere Unterlagen*) mit der Begründung, daß Sie diese nicht nach dem Vertrag, besonders den Technischen Vertragsbedingungen oder der gewerblichen Verkehrssitte, zu beschaffen hätten.

Dieser Auffassung können wir uns nicht anschließen. Dies ergibt sich daraus, daß die von Ihnen in Rechnung gestellten Zeichnungen, Berechnungen und anderen Unterlagen*) gemäß unseren vertraglichen Vereinbarungen von Ihnen zu erstellen bzw. zu beschaffen waren.

Mit freundlichen Grüßen

....
(Unterschrift des Auftraggebers)

*) Unzutreffendes bitte streichen

Besondere Hinweise zu § 2 Nr. 9 VOB/B (Muster 4.9)

1. **VOB-Text**
   (1) Verlangt der Auftraggeber Zeichnungen, Berechnungen oder andere Unterlagen, die der Auftragnehmer nach dem Vertrag, besonders den Technischen Vertragsbedingungen oder der gewerblichen Verkehrssitte, nicht zu beschaffen hat, so hat er sie zu vergüten.
   (2) Läßt er vom Auftragnehmer nicht aufgestellte technische Berechnungen durch den Auftragnehmer nachprüfen, so hat er die Kosten zu tragen.

2. **Erläuterungen**
   Grundsätzlich ist gemäß § 3 Nr. 1 VOB/B davon auszugehen, daß der Auftraggeber die für die Ausführung notwendigen Unterlagen unentgeltlich und rechtzeitig zu übergeben hat. Abweichend von dieser VOB-Regelung kann jedoch zwischen den Parteien nach Vertragsabschluß vereinbart werden, daß der Auftragnehmer (z. B. weil er über die größere Sach- und Fachkunde verfügt) Zeichnungen, Berechnungen oder andere Unterlagen zu beschaffen hat. In diesem Falle hat der Auftraggeber diese dem Auftragnehmer zu vergüten. Sollte beispielsweise vertraglich vereinbart worden sein (vgl. insoweit auch § 14 VOB/B), daß der Auftragnehmer beispielsweise Aufmaßzeichnungen zu erstellen hat, dann kann er hierfür keine Vergütung verlangen (vgl. Heiermann/Riedl/Rusam, a. a. O., B § 2 Rdn. 178 ff.).

Muster 5.1 – Kündigung des Bauvertrags gemäß § 8 Nr. 1 VOB/B

An den ...., den ....
Auftragnehmer

Bauvorhaben ....
gemäß Bauvertrag vom ....
hier: Kündigung des Bauvertrages

Sehr geehrte Damen und Herren,

hiermit kündigen wir gemäß § 8 Nr. 1 VOB/B den mit Ihnen abgeschlossenen Bauvertrag. Wir bitten Sie, Ihre Leistungen unter Berücksichtigung von § 8 Nr. 1 Abs. 2 VOB/B unverzüglich abzurechnen.

Mit freundlichen Grüßen

....
(Unterschrift des Auftraggebers)

Besondere Hinweise zu § 8 Nr. 1 VOB/B (Muster 5.1)

1. VOB-Text
(1) der Auftraggeber kann bis zur Vollendung der Leistung jederzeit den Vertrag kündigen.
(2) Dem Auftragnehmer steht die vereinbarte Vergütung zu. Er muß sich jedoch anrechnen lassen, was er infolge der Aufhebung des Vertrages an Kosten erspart oder durch anderweitige Verwendung seiner Arbeitskraft und seines Betriebes erwirbt oder zu erwerben böswillig unterläßt (§ 649 BGB).

2. Erläuterungen

2.1 Solange der Bauvertrag noch nicht erfüllt ist, d. h. die Bauleistung noch nicht vollständig ausgeführt wurde, hat der Auftraggeber das Recht, den Bauvertrag jederzeit – und zwar ohne Angabe von Gründen – zu kündigen. Dieses Kündigungsrecht steht dem Auftraggeber auch dann zu, wenn die Leistung zwar vollendet ist, aber noch einen Mangel aufweist und die Abnahme noch nicht stattgefunden hat, weil in diesem Falle noch keine vertragsgemäße Leistung vorliegt. Nach der Abnahme ist die Kündigung unzulässig.

2.2 Die Kündigung ist eine einseitig empfangsbedürftige und bedingungsfeindliche Willenserklärung. Sie darf nur dann unter einer Bedingung ausgesprochen werden, wenn der Eintritt dieser Bedingungen vom Willen des Auftragnehmers abhängig ist (z. B. Mängelbeseitigung innerhalb einer vom Auftraggeber gesetzten angemessenen Frist während der Ausführungszeit). Eine einmal ausgesprochene Kündigung ist unwiderruflich, und sie wird mit dem Zugang beim Auftragnehmer wirksam.
Wie aus § 8 Nr. 5 VOB/B folgt, ist die Kündigung nur wirksam, wenn sie schriftlich erfolgt.

2.3 Durch das allgemeine Kündigungsrecht des Auftraggebers soll der Auftragnehmer weder einen Vor- noch einen Nachteil haben. Dementsprechend regelt § 8 Nr. 1 Abs. 2 VOB/B, daß dem Auftragnehmer in einem solchen Falle die vereinbarte Vergütung zusteht, wobei er sich allerdings das anrechnen lassen muß, was er im Falle der Kündigung erspart oder durch anderweitige Verwendung seiner Arbeitskraft oder seines Betriebes erwirbt oder zu erwerben böswillig unterläßt. Dies bedeutet, daß der Auftragnehmer nicht berechtigt ist, infolge der Kündigung des Auftraggebers die volle Vergütung zu erlangen, er muß sich insbesondere die eingesparten Materialkosten abziehen lassen. Dies gilt auch bezüglich der Lohnkosten, wenn seine Arbeitnehmer auf anderen Baustellen eingesetzt werden können. Der Auftragnehmer hat deshalb die Höhe der Ersparnisse darzutun und zu beweisen, da nur dann nach deren Abzug die Höhe der geschuldeten Vergütung berechnet werden kann. Hatte der Auftragnehmer beispielsweise einen Verlust einkalkuliert, so ist dieser, soweit er bei der Kündigung bereits entstanden war, von der Vergütung des Auftragnehmers in Abzug zu bringen. Anzurechnen sind hingegen die allgemeinen Geschäftskosten und andere Kosten, die auch ohne Kündigung entstanden wären.
Ist die Kündigung erfolgt, bleibt dem Auftraggeber die vereinbarte Vertragsstrafe erhalten, ohne daß es eines Vorbehaltes bedarf, wenn keine Abnahme erfolgt. Das gleiche gilt für Ansprüche aus positiver Vertragsverletzung oder vom Auftragnehmer zu vertretende Behinderungen (§ 6

Nr. 6 VOB/B), wenn diese nicht ihre Ursache in der vom Auftraggeber ausgesprochenen Kündigung haben.

Sollte ausnahmsweise der Auftragnehmer in seinen Vertragsbedingungen – die Vertragsbestandteil geworden sein müssen – geregelt haben, daß ihm im Falle der Kündigung die gesamte Vergütung zusteht, ohne daß er sich etwas anrechnen lassen muß, dann sind diese Regelungen gemäß § 9 AGB-Gesetz unwirksam.

2.4 Es empfiehlt sich, daß Auftraggeber und Auftragnehmer vor der Abrechnung durch den Auftragnehmer gemeinsam das Aufmaß erstellen.

2.5 Bei erfolgter Kündigung bestimmt sich die Abnahme des vom Auftragnehmer teilweise hergestellten Werks nach § 8 Nr. 6 VOB/B. Nach erfolgter Kündigung kann nämlich der Auftragnehmer Aufmaß und Abnahme der von ihm ausgeführten Leistungen alsbald verlangen (vgl. dazu Heiermann/Riedl/Rusam, a. a. O., B § 8 Rdn. 48 ff.). Mit dem Aufmaß wird der Umfang der tatsächlich ausgeführten Leistungen bestimmt. Ein derartiges Aufmaß ist auch beim Pauschalpreisvertrag notwendig, damit der Wert der erbrachten Teilleistungen in bezug zum Wert der nach dem Vertrag zu erbringenden Leistungen berechnet und so die einteilige Pauschale ermittelt werden kann (vgl. OLG München, ZfBR 1982, 67). Dabei scheidet die fiktive Abnahme aus, weil nach § 8 Nr. 6 VOB/B das Verlangen der Abnahme notwendig ist (BGH, NJW 1981, 1839). Die Vergütungsforderung bei Vertragskündigung durch den Auftraggeber hängt von der Erteilung einer prüfbaren Schlußrechnung ab (BGH, ZfBR 1987, 38; Heiermann/Riedl/Rusam, a. a. O., B § 8 Rdn. 49). Mit der Erteilung der prüfbaren Schlußrechnung beginnt dann auch die Verjährung.

2.6 Der Auftragnehmer ist in bezug auf die Höhe des ursprünglichen Vergütungsanspruchs beweisbelastet, während der Auftraggeber die Voraussetzungen für die Anspruchsminderung aus § 8 Nr. 1 Abs. 2 VOB/B darzulegen und zu beweisen hat (BGH, ZfBR 1986, 220; Heiermann/Riedl/Rusam, a. a. O., B § 8 Rdn. 27). Dabei ist jedoch an den Vortrag des Auftraggebers in der Regel kein besonderer Anspruch zu stellen; der Auftraggeber muß darlegen und unter Beweis stellen, daß es der Auftragnehmer bei voller Auslastung seines Betriebs unterlassen hat, anstelle des gekündigten Auftrags einen anderen gewinnbringend auszuführen (BGH, ZfBR 1986, 220).

Muster 5.2 – Kündigung aus vom Auftragnehmer zu vertretenden Gründen gemäß § 8 Nr. 2 VOB/B

An den ...., den ....
Auftragnehmer

Bauvorhaben ....
gemäß Bauvertrag vom ....
hier: Kündigung aus von Ihnen zu vertretenden Gründen

Sehr geehrte Damen und Herren,

hiermit kündigen wir den mit Ihnen abgeschlossenen Bauvertrag gemäß § 8 Nr. 2 Abs. 1 VOB/B, weil Sie Ihre Zahlungen eingestellt haben/das Vergleichsverfahren/Konkursverfahren beantragt haben.*)

Wir fordern Sie hiermit auf, die ausgeführten Leistungen unverzüglich gemäß § 6 Nr. 5 VOB/B abzurechnen. Wir behalten uns vor, Schadensersatz wegen Nichterfüllung der noch nicht ausgeführten Leistungen zu verlangen.

Mit freundlichen Grüßen

....
(Unterschrift des Auftraggebers)

*) Unzutreffendes bitte streichen

Besondere Hinweise zu § 8 Nr. 2 VOB/B (Muster 5.2)

1. VOB-Text

(1) Der Auftraggeber kann den Vertrag kündigen, wenn der Auftragnehmer seine Zahlungen einstellt, das Vergleichsverfaren beantragt oder in Konkurs gerät.
(2) Die ausgeführten Leistungen sind nach § 6 Nr. 5 abzurechnen. Der Auftraggeber kann Schadensersatz wegen Nichterfüllung des Restes verlangen.

2. Erläuterungen

2.1 Nach § 8 Nr. 2 VOB/B hat der Auftraggeber ein außerordentliches Kündigungsrecht, wenn beim Auftragnehmer ein Vermögensverfall eintritt. Die im einzelnen in § 8 Nr. 2 VOB/B aufgeführten Kündigungsgründe müssen zu dem Zeitpunkt vorliegen, wo die Kündigung wirksam wird (Zugang beim Auftragnehmer). Dieses außerordentliche Kündigungsrecht nach § 8 Nr. 2 VOB/B ist auch wirksam, wenn den Auftragnehmer hieran kein Verschulden trifft (beispielsweise Einstellung von Zahlungen infolge Zahlungsschwierigkeiten bei anderen Auftraggebern und damit fehlende Liquidität beim Auftragnehmer).

2.2 Bezüglich der allgemeinen Voraussetzungen und der Form der Kündigung vgl. 2.1 und 2.2 zu Muster 5.1.

2.3 Zahlungseinstellung (§ 102 Abs. 2 Konkursordnung)
Eine Zahlungseinstellung liegt vor, wenn der Auftragnehmer wegen eines voraussichtlich dauernden Mangels an Zahlungsmittel nicht in der Lage ist und aufhört, seine fälligen Geldschulden im allgemeinen zu erfüllen (z. B. gegenüber seinen Arbeitnehmern oder Lieferanten). Diese Zahlungseinstellung muß einen wesentlichen Teil der Verbindlichkeiten des Auftragnehmers betreffen, und sie muß nach außen erkennbar sein. Behauptet der Auftragnehmer, daß eine Zahlungseinstellung seinerseits nicht vorliege, dann hat er seine Zahlungsfähigkeit gegenüber dem Auftraggeber zu beweisen.

2.4 Beantragung des gerichtlichen Vergleichsverfahrens (§§ 2 ff. Vergleichsordnung)
Das Kündigungsrecht des Auftraggebers entsteht erst, wenn der Antrag des Auftragnehmers auf Eröffnung des gerichtlichen Vergleichsverfahrens beim Gericht eingegangen ist. Der Eröffnungsantrag kann nur vom Auftragnehmer gestellt werden.

2.5 Beantragung des Konkursverfahrens (§§ 1 ff. Konkursordnung)
Der Antrag auf Eröffnung des Konkursverfahrens kann vom Auftragnehmer und vom Auftraggeber sowie von sonstigen Gläubigern des Auftragnehmers gestellt werden. Konkursgrund ist die Zahlungsunfähigkeit des Auftragnehmers, sofern der Auftragnehmer eine juristische Person ist, auch Überschuldung.
Wenn der Konkurs eröffnet wurde, tritt der Konkursverwalter als Partei kraft Amtes an die Stelle des Auftragnehmers, d. h., er tritt in das Vertragsverhältnis mit dem Auftraggeber ein, wie es

sich zur Zeit der Konkurseröffnung darstellt. Dabei bleibt es dem Konkursverwalter überlassen, ob er den Bauvertrag erfüllt oder nicht. Eine teilweise Erfüllung des Bauvertrages bzw. Ablehnung der Erfüllung ist nicht möglich. Es empfiehlt sich, daß in solchen Fällen der Auftraggeber ggf. den Konkursverwalter auffordert mitzuteilen, ob er den Vertrag erfüllen will oder nicht.

2.6 Spricht der Auftraggeber infolge von Vermögensverfall des Auftragnehmers die Kündigung aus, so werden die bis zu diesem Zeitpunkt ausgeführten Leistungen gemäß § 6 Nr. 5 VOB/B abgerechnet (vgl. auch Ziff. 2.4 zu Muster 5.1). Soweit zu diesem Zeitpunkt Ausführungsmängel vorhanden sind, kann mit den Kosten für deren Beseitigung gegen den evtl. dem Auftragnehmer noch zustehenden Vergütungsanspruch aufgerechnet werden. Ein Nachbesserungsrecht des Auftragnehmers wird in der Regel ausgeschlossen sein (§ 634 Abs. 2 BGB, § 13 Nr. 6 Satz 2 VOB/B).

Außerdem ist der Auftraggeber berechtigt, wegen der noch nicht ausgeführten Leistungen nach dem Vertrag Schadensersatz wegen Nichterfüllung zu verlangen. Dabei ist es unerheblich, ob der Auftragnehmer den Kündigungsgrund verschuldet hat.

Sowohl der Vergütungsanspruch des Auftragnehmers als auch der Schadensersatz des Auftraggebers müssen abgerechnet werden. Diese Ansprüche können trotz eines vereinbarten Aufrechnungsverbotes gegeneinander aufgerechnet werden (BGH, NJW 1977, 1345). Allerdings kann im Konkursfalle des Auftragnehmers der Auftraggeber mit seinem Schadensersatzanspruch nicht gegen den Anspruch des Konkursverwalters, der nach Verfahrenseröffnung entsteht, aufrechnen. Ein solcher Fall liegt beispielsweise dann vor, wenn der Auftraggeber Geräte des Auftragnehmers über den Konkursverwalter benutzt.

Muster 5.3 – Kündigung wegen Verzugs des Auftragnehmers gemäß § 8 Nr. 3 VOB/B

An den
Auftragnehmer

.............., den ....

Bauvorhaben ....
gemäß Bauvertrag vom ....
hier: Kündigung wegen Verzug des Auftragnehmers

Sehr geehrte Damen und Herren,

hiermit kündigen wir den Bauvertrag, weil Sie innerhalb der Ihnen gesetzten, angemessenen Nachfrist die Mängel an der ausgeführten Leistung nicht beseitigt haben (§ 4 Nr. 7 VOB/B)/die Ausführung der Leistung verzögert haben (§ 5 Nr. 4 und 3 VOB/B)*)

Wir werden die bislang nicht ausgeführten Teile der Leistungen zu Ihren Lasten durch einen Dritten ausführen lassen/Schadensersatz wegen Nichterfüllung fordern*). Wegen der voraussichtlichen Mehrkosten haben Sie einen Vorschuß in Höhe von ...... zu leisten (Satz ist zu streichen, falls Schadensersatz wegen Nichterfüllung gefordert wird).

Für den weiteren Schaden, der nach Ausführung der Leistungen durch den zu beauftragenden Unternehmer verbleibt, nehmen wir Sie gemäß § 8 Nr. 3 Abs. 2 Satz 1, 2. Halbsatz VOB/B in Anspruch. Diesen Schaden werden wir mit Abschluß der Restarbeit berechnen.

Da Ihre bis zum Zeitpunkt der Wirksamkeit dieser Kündigung erbrachten Leistungen Mängel aufweisen, fordern wir Sie zugleich zur Mängelbeseitigung auf. Sollten Sie Ihre Bereitschaft zur Mängelbeseitigung nicht innerhalb von 10 Tagen erklärt haben, werden wir diese Mängel auf Ihre Kosten beseitigen lassen.

Eine Aufstellung der uns entstandenen Mehrkosten und unsere anderen Ansprüche werden Sie binnen 12 Werktagen nach der Abrechnung mit dem Nachfolgunternehmer erhalten.

Die zur Weiterführung der Arbeiten erforderlichen Geräte, Gerüste, auf der Baustelle vorhandenen anderen Einrichtungen sowie angelieferte Stoffe und Bauteile werden wir in Anspruch nehmen. Hierfür werden Sie eine angemessene Vergütung erhalten. Mit dieser Vergütung werden wir jedoch gegen die uns gegen Sie zustehenden Ansprüche aufrechnen.

Mit freundlichen Grüßen

....
(Unterschrift des Auftraggebers)

*) Unzutreffendes bitte streichen

Besondere Hinweise zu § 8 Nr. 3 VOB/B (Muster 5.3)

1. VOB-Text

(1) Der Auftraggeber kann den Vertrag kündigen, wenn in den Fällen des § 4 Nr. 7 und des § 5 Nr. 4 die gesetzte Frist fruchtlos abgelaufen ist (Entziehung des Auftrags). Die Entziehung des Auftrags kann auf einen in sich abgeschlossenen Teil der vertraglichen Leistung beschränkt werden.

(2) Nach der Entziehung des Auftrags ist der Auftraggeber berechtigt, den noch nicht vollendeten Teil der Leistung zu Lasten des Auftragnehmers durch einen Dritten ausführen zu lassen, doch bleiben seine Ansprüche auf Ersatz des etwa entstehenden weiteren Schadens bestehen. Er ist auch berechtigt, auf die weitere Ausführung zu verzichten und Schadensersatz wegen Nichterfüllung zu verlangen, wenn die Ausführung aus den Gründen, die zur Entziehung des Auftrags geführt haben, für ihn kein Interesse mehr hat.

(3) Für die Weiterführung der Arbeiten kann der Auftraggeber Geräte, Gerüste, auf der Baustelle vorhandene andere Einrichtungen und angelieferte Stoffe und Bauteile gegen angemessene Vergütung in Anspruch nehmen.

(4) Der Auftraggeber hat dem Auftragnehmer eine Aufstellung über die entstandenen Mehrkosten und über seine anderen Ansprüche spätestens binnen 12 Werktagen nach Abrechnung mit dem Dritten zuzusenden.

2. Erläuterungen

2.1 Nach § 8 Nr. 3 VOB/B hat der Auftraggeber ein außerordentliches Kündigungsrecht, wenn
– der Auftragnehmer trotz Setzung einer angemessenen Nachfrist Mängel an der ausgeführten Leistung nicht beseitigt (§ 4 Nr. 7 VOB/B),
– der Auftragnehmer die Ausführung der Leistung verzögert (§ 5 Nr. 4 VOB/B),
– der Auftragnehmer sich einer so schweren positiven Vertragsverletzung schuldig gemacht hat, daß der Auftraggeber zur sofortigen Loslösung vom Vertrag berechtigt ist (BGH, NJW 1974, 1080 ff.).
Im übrigen gelten die Ausführungen zu 2.1 und 2.2 zu Muster 5.1.

2.2 Das Kündigungsrecht des Auftraggebers nach § 4 Nr. 7 und 5 Nr. 4 VOB/B entsteht erst nach fruchtlosem Ablauf der gesetzten Frist. Einer Fristsetzung bedarf es allerdings dann nicht, wenn der Auftragnehmer unmißverständlich erklärt hat, daß er beispielsweise den gerügten Ausführungsmangel nicht beseitigt oder nachweislich zu erkennen gegeben hat, daß er nicht bereit ist, die Leistung innerhalb der vertraglichen Ausführungsfrist zu erbringen.
Unzulässig ist die Kündigung, wenn der Auftragnehmer die ihm vom Auftraggeber gesetzte Nachfrist nur geringfügig (z. B. 2 bis 3 Tage) überschritten hat und er dafür Sorge getragen hat, daß die Leistungen zügig ausgeführt werden. Das gleiche gilt, wenn die vom Auftraggeber gesetzte Frist abgelaufen ist und der Auftragnehmer die Mängelbeseitigung danach vornimmt, ohne daß der Auftraggeber von seinem Kündigungsrecht Gebrauch gemacht hat.

2.3 Die Rechtsfolgen von § 8 Nr. 3 VOB/B sind sinngemäß dann anzuwenden, wenn sich der Auftragnehmer einer schweren positiven Vertragsverletzung schuldig gemacht hat. Die Rechtsprechung hat allgemein anerkannt (vgl. Heiermann/Riedl/Rusam, VOB, Rdn. 24 zu § 8 VOB/B), daß sich der Auftraggeber nicht am Vertrag festzuhalten lassen braucht, wenn der Auftragnehmer bei der Abwicklung des Vertrages durch schuldhaftes Verhalten eine solche Unsicherheit in das Vertragsverhältnis hineinbringt, daß dem vertragsgetreuen Auftraggeber die Aufrechterhaltung des Vertrages nicht zugemutet werden kann (BGH, NJW 1969, 975 ff.). Ein derartiger Fall liegt vor, wenn beispielsweise die vom Auftragnehmer bis zu diesem Zeitpunkt erbrachten Leistungen erhebliche Mängel aufweisen und der Auftragnehmer die Mängelbeseitigung und spätere Gewährleistung ablehnt. Das gleiche gilt beispielsweise, wenn der Auftragnehmer Personal und Maschinen von der Baustelle abzieht. Für das Vorliegen einer positiven Vertragsverletzung ist der Auftraggeber beweispflichtig. Meinungsverschiedenheiten zwischen Auftragnehmer und Auftraggeber reichen nicht aus, um dem Auftraggeber ein außerordentliches Kündigungsrecht zu geben.

Einer vorherigen Fristsetzung mit Kündigungsandrohung bedarf es in den Fällen der schweren positiven Vertragsverletzung nicht (BGH, a. a. O. und Baurecht 1976, 285).

2.4 Nach § 8 Nr. 3 Abs. 2 VOB/B ist der Auftraggeber berechtigt, nach Entziehung des Auftrags (Kündigung) den noch nicht vollendeten Teil der Leistung auf Kosten des Auftragnehmers durch einen Dritten ausführen zu lassen. Macht der Auftraggeber von diesem Recht Gebrauch, dann ist er verpflichtet, den neuen Unternehmer sorgfältig auszuwählen und die dadurch entstehenden Mehrkosten möglichst niedrig zu halten. Deshalb ist er auch gemäß § 8 Nr. 3 Abs. 3 VOB/B berechtigt, Geräte, Gerüste, auf der Baustelle vorhandene Einrichtungen, angelieferte Stoffe und Bauteile zu verwenden. Allerdings kann der Auftraggeber gegenüber dem neuen Auftragnehmer etwaige Preiszugeständnisse, wie etwa die Vereinbarung einer Lohn- und Materialgleitklausel, machen, wenn dies branchenüblich ist. Die Beauftragung eines anderen Unternehmens mit der Fertigstellung der Leistung oder der Beseitigung von Mängeln ist nicht zulässig, wenn dies einen unverhältnismäßig hohen Aufwand erfordern würde (§ 633 Abs. 2 Satz 2 BGB und OLG Köln in Baurecht 1974, 61). In diesem Falle hat der Auftraggeber Ansprüche nach 2.5. Läßt der Auftraggeber durch den neuen Unternehmer die Leistung anders als nach dem Vertrag vorgesehen ausführen, dann kann der Auftraggeber nicht die durch die Änderung bedingten Mehrkosten verlangen. Es ist Sache des Auftraggebers zu beweisen, welche Mehrkosten ohne die Änderungen entstanden wären. Läßt der Auftraggeber nur einen Teil der noch nicht vollendeten Leistung durch einen neuen Unternehmer ausführen, dann hat er wegen dieses Teils Anspruch auf Kostenerstattung und wegen des nicht ausgeführten Anteils Anspruch auf Schadensersatz gemäß 2.5.

Neben dem Recht, den noch nicht vollendeten Teil der Leistung durch einen anderen Unternehmer ausführen zu lassen, kann der Auftraggeber den Ersatz des weiteren Schadens und die Beseitigung von Mängeln an der Leistung verlangen, die bis zur Kündigung entstanden sind. Weiterer Schaden kann beispielsweise darin gesehen werden, daß der Auftraggeber zusätzliche Lohn- und Materialkosten aufwenden muß, für die durch die Kündigung erfolgte Verzögerung des Bauvorhabens. Der Auftraggeber kann jedoch nicht den Gebrauchsvorteil ersetzt verlangen, d. h. beispielsweise Mieteinnahmen, die ihm zu einem früheren Zeitpunkt entsprechend der vertraglichen Fertigstellungsfrist zugeflossen wären.

Eventuelle Gewährleistungsansprüche des Auftraggebers für Leistungen, die bis zur Kündigung erbracht wurden, werden durch die Kündigung nicht berührt.

2.5 Nach § 8 Nr. 3 VOB/B kann der Auftraggeber wählen, ob er den noch nicht ausgeführten Teil der Leistung durch einen Dritten fertigstellen läßt oder auf die Ausführung verzichtet und Schadensersatz wegen Nichterfüllung verlangt. Voraussetzung ist, daß die Ausführung aus Gründen, die zur Entziehung des Auftrags geführt haben, kein Interesse mehr für den Auftraggeber hat. Insoweit ist der Auftraggeber beweispflichtig. In diesen Fällen ist der Auftragnehmer verpflichtet, dem Auftraggeber unbeschränkt den dadurch entstandenen Schaden zu ersetzen, und zwar einschließlich des entgangenen Gewinns. Voraussetzung ist, daß der Auftragnehmer in diesem Falle die Kündigung verschuldet hat.

Nach der Kündigung hat eine Abrechnung zu erfolgen. Im Rahmen dieser Abrechnung hat der Auftragnehmer seinen etwa noch vorhandenen Vergütungsanspruch bezüglich des ausgeführten Teils der Leistung abzurechnen und der Auftraggeber die ihm zustehenden Ansprüche nach 2.4 und 2.5. Ein Vergütungsanspruch des Auftragnehmers kann ganz oder teilweise entfallen, wenn die bis zum Zeitpunkt der Kündigung vom Auftragnehmer erbrachten Leistungen für den Auftraggeber wertlos sind.

Gemäß § 8 Nr. 3 Abs. 3 VOB/B hat der Auftraggeber dem Auftragnehmer eine prüfbare Aufstellung über die entstandenen Mehrkosten und über seine anderen Ansprüche spätestens binnen 12 Werktagen nach Abrechnung mit dem Dritten zuzusenden. Hält der Auftraggeber die Frist nicht ein, so verliert er seine Ansprüche dadurch nicht, er kann lediglich zum Schadensersatz aus positiver Vertragsverletzung verpflichtet sein.

2.6 Die Ansprüche des Auftraggebers nach § 8 Nr. 3 Abs. 2 VOB/B verjähren – im Gegensatz zu seinen sonstigen Ansprüchen – grundsätzlich erst in 30 Jahren.

Deckt sich der Erstattungsanspruch mit den Schadensersatzansprüchen aus § 4 Nr. 7 Satz 2 VOB/B, so läuft ab Abnahme die Verjährungsfrist des § 13 Nr. 4 (vgl. wegen Einzelheiten Heiermann/Riedl/Rusam, a.a.O., B § 8 Rdn. 38). Hat der Auftraggeber das Werk noch nicht abgenommen, beginnt die Verjährungsfrist des § 13 Nr. 4 VOB/B zu dem Zeitpunkt, zu dem die Abnahme von ihm endgültig abgelehnt wird. Wird die bis zur Kündigung erbrachte Teilleistung nicht abgenommen, so beginnt die Verjährung mit der Abnahme der Leistung nach Fertigstellung durch den Dritten (Heiermann/Riedl/Rusam, a.a.O., B § 8 Rdn. 38). Der Schadensersatzanspruch wegen Nichterfüllung nach § 8 Nr. 3 Abs. 2 Satz 2 verjährt gemäß § 195 BGB in dreißig Jahren.

Im übrigen schließt das Kündigungsrecht nach § 8 Nr. 3 VOB/B das Rücktrittsrecht nach § 326 BGB aus (Heiermann/Riedl/Rusam, a.a.O., B § 8 Rdn. 37).

2.7 Der Auftraggeber hat für den Fall der Ersatzvornahme aus § 8 Nr. 3 VOB/B einen Vorschußanspruch im Hinblick auf die voraussichtlichen Mehrkosten (KG, ZfBR 1984, 132; Heiermann/Riedl/Rusam, a.a.O., B § 8 Rdn. 31).

Dieser Vorschußanspruch setzt jedoch voraus, daß der Auftraggeber den ernsthaften Willen hat, die Leistung durch Dritte fertigstellen zu lassen. Über den Vorschuß muß innerhalb einer angemessenen Frist abgerechnet werden; der Vorschußanspruch kann auch gegen den Vergütungsanspruch des Auftragnehmers aufgerechnet werden (KG, ZfBR 1984, 132).

Muster 5.4 – Absprache gemäß § 8 Nr. 4 VOB/B

An den ...., den ....
Auftragnehmer

Bauvorhaben ....
gemäß Bauvertrag vom ....
hier: Absprache

Sehr geehrte Damen und Herren,

wir haben festgestellt, daß Sie anläßlich der Vergabe der dem Bauvertrag zugrunde liegenden Leistungen eine Abrede getroffen haben, die eine unzulässige Wettbewerbsbeschränkung darstellt.

Gemäß § 8 Nr. 4 VOB/B kündigen wir deshalb den Bauvertrag.
Im übrigen verweisen wir auf § 8 Nr. 3 VOB/B. Wir werden Sie sowohl für die durch die Kündigung entstehenden Mehrkosten als auch für den uns hierdurch entstehenden Schaden in Anspruch nehmen.

Für die Weiterführung der Arbeiten werden wir Geräte, Gerüste, auf der Baustelle vorhandene Einrichtungen und angelieferte Stoffe und Bauteile selbst oder durch von uns beauftragte dritte Firmen weiter benutzen.

Mit freundlichen Grüßen

....
(Unterschrift des Auftraggebers)

Besondere Hinweise zu § 8 Nr. 4 VOB/B (Muster 5.4)

1. VOB-Text

Der Auftraggeber kann den Auftrag entziehen, wenn der Auftragnehmer aus Anlaß der Vergabe eine Abrede getroffen hatte, die eine unzulässige Wettbewerbsbeschränkung darstellt. Die Kündigung ist innerhalb von 12 Werktagen nach Bekanntwerden des Kündigungsgrundes auszusprechen. Die Nr. 3 gilt entsprechend.

2. Erläuterungen

2.1 Rechtsgrundlage für dieses Kündigungsrecht des Auftraggebers ist § 25 Nr. 1 d VOB/A und das Gesetz gegen Wettbewerbsbeschränkungen (GWB) vom 27. 7. 1957 i. d. F. vom 20. 2. 1990. Zur Begründung vgl. insoweit Heiermann/Riedl/Rusam, VOB, Rdn. 42 ff. zu § 8 VOB/B. Das Kündigungsrecht nach § 8 Nr. 4 VOB/B ist auch gegeben, wenn beispielsweise Schmiergelder gezahlt wurden, unwahre und geschäftsschädigende Behauptungen über Mitwettbewerber verbreitet wurden oder sittenwidrige Abwerbung von Arbeitskräften anderer Mitbieter erfolgte. Wurde der Auftraggeber durch ein derartiges schuldhaftes und wettbewerbswidriges Verhalten des Auftragnehmers geschädigt, dann kann er Schadensersatz wegen Verschuldens bei Vertragsabschluß oder unerlaubter Handlung geltend machen.

2.2 Die Kündigung ist innerhalb von 12 Werktagen nach Bekanntwerden des Kündigungsgrundes (Satz 2) auszusprechen. Hält der Auftraggeber diese Frist nicht ein, verliert er das Recht zur Kündigung. Teilkündigungen sind ausgeschlossen.

2.3 Voraussetzung für die Kündigung nach § 8 Nr. 4 VOB/B ist, daß der Auftraggeber positive Kenntnis über das wettbewerbswidrige Verhalten des Auftragnehmers hat.
Im übrigen wird auf 2.2 bis 2.6 zu Muster 5.3 verwiesen.

2.4 Es wird ausdrücklich darauf hingewiesen, daß in der Absprache auch ein Straftatbestand (Betrug gemäß § 263 StGB) gesehen werden kann (vgl. BGH, ZfBR 1992, 126 ff.).

Muster 6.1 – Förmliche Abnahme gemäß § 12 Nr. 1, 4, 5, 6 VOB/B

An den ...., den ....
Auftragnehmer

Bauvorhaben ....
gemäß Bauvertrag vom ....
hier: Förmliche Abnahme

Sehr geehrte Damen und Herren,

Sie haben uns mitgeteilt, daß die vertraglichen Leistungen fertiggestellt worden sind. Gemäß § 12 Nr. 4 VOB/B werden wir Ihre Leistungen förmlich abnehmen.
Als Abnahmetermin bestimmen wir hiermit

....
Ort, Datum, Uhrzeit

Mit freundlichen Grüßen

....
(Unterschrift des Auftraggebers)

Besondere Hinweise zu § 12 Nr. 1, 4, 5, 6 VOB/B (Muster 6.1)

1. **VOB-Text**

    1. Verlangt der Auftragnehmer nach der Fertigstellung – gegebenenfalls auch vor Ablauf der vereinbarten Ausführungsfrist – die Abnahme der Leistung, so hat sie der Auftraggeber binnen 12 Werktagen durchzuführen; eine andere Frist kann vereinbart werden.
    4. (1) Eine förmliche Abnahme hat stattzufinden, wenn eine Vertragspartei es verlangt. Jede Partei kann auf ihre Kosten einen Sachverständigen zuziehen. Der Befund ist in gemeinsamer Verhandlung schriftlich niederzulegen. In die Niederschrift sind etwaige Vorbehalte wegen bekannter Mängel und wegen Vertragsstrafen aufzunehmen, ebenso etwaige Einwendungen des Auftragnehmers. Jede Partei erhält eine Ausfertigung.
    (2) Die förmliche Abnahme kann in Abwesenheit des Auftragnehmers stattfinden, wenn der Termin vereinbart war oder der Auftraggeber mit genügender Frist dazu eingeladen hatte. Das Ergebnis der Abnahme ist dem Auftragnehmer alsbald mitzuteilen.
    5. (1) Wird keine Abnahme verlangt, so gilt die Leistung als abgenommen mit Ablauf von 12 Werktagen nach schriftlicher Mitteilung über die Fertigstellung der Leistung.
    (2) Hat der Auftraggeber die Leistung oder einen Teil der Leistung in Benutzung genommen, so gilt die Abnahme nach Ablauf von 6 Werktagen nach Beginn der Benutzung als erfolgt, wenn nichts anderes vereinbart ist. Die Benutzung von Teilen einer baulichen Anlage zur Weiterführung der Arbeiten gilt nicht als Abnahme.
    (3) Vorbehalte wegen bekannter Mängel oder wegen Vertragsstrafen hat der Auftraggeber spätestens zu den in den Absätzen 1 und 2 bezeichneten Zeitpunkten geltend zu machen.
    6. Mit der Abnahme geht die Gefahr auf den Auftraggeber über, soweit er sie nicht schon nach § 7 trägt.

2. **Erläuterungen**

2.1 Unter Abnahme versteht man, daß der Auftraggeber die vom Auftragnehmer ausgeführte Leistung als eine im wesentlichen vertragsgemäße anerkennt. Der Abnahmebegriff ist sowohl nach dem BGB als auch nach der VOB gleich zu verstehen. Die Abnahme ist eine vertragliche Hauptverpflichtung des Auftraggebers. Deshalb hat der Auftraggeber auch die Kosten für die Abnahme zu tragen. Der Auftragnehmer kann deshalb auf Abnahme klagen. Ist die Bauleistung abnahmefähig fertiggestellt, kann eine Kündigung nicht mehr erfolgen.

2.2 Die Abnahme kann förmlich (durch Abhaltung eines Abnahmetermins und Erstellung eines Abnahmeprotokolls) und durch schlüssiges Verhalten erfolgen. Eine förmliche Abnahme muß – wie aus § 12 Nr. 1 VOB/B folgt – durchgeführt werden, wenn eine Vertragspartei dies verlangt. Eine förmliche Abnahme ist in jedem Falle zu empfehlen, weil nur hierdurch eindeutig festgestellt wird, ob die Leistung im wesentlichen vertragsgemäß ist, ob Mängel in welcher Art und welchem Umfang vorliegen, ob eine Vertragsstrafe vorbehalten wird, etc. (vgl. auch 2.3).
Eine sogenannte fiktive Abnahme tritt ein, wenn keine förmliche Abnahme verlangt wird. Die Leistung gilt als abgenommen mit dem Ablauf von 12 Werktagen nach schriftlicher Mitteilung über die Fertigstellung der Leistung. Hat der Auftraggeber die Leistung oder einen Teil der

Leistung in Benutzung genommen, so gilt die Abnahme nach Ablauf von 6 Werktagen nach Beginn der Benutzung als erfolgt, wenn nichts anderes vereinbart ist.

Eine schlüssige Abnahme liegt beispielsweise auch dann vor, wenn der Auftraggeber die Schlußrechnung des Auftragnehmers bezahlt, die Bauleistung billigend besichtigt, die Sicherheit freigibt, freiwillig eine Sicherungshypothek bewilligt.

2.3 Die Abnahme hat folgende Wirkung:
- Für Mängel, die bei der Abnahme nicht vorbehalten wurden, verliert der Auftraggeber seinen Anspruch auf Nachbesserung oder Minderung der Vergütung, nicht hingegen auf Schadensersatzanspruch.
- Die Gefahr geht auf den Auftraggeber über.
- Die Gewährleistungsfrist beginnt.
- Es tritt die sogenannte Umkehr der Beweislast ein, d. h., der Auftraggeber hat nach der Abnahme zu beweisen, daß ein Mangel vom Auftragnehmer im Rahmen seiner Gewährleistungsverpflichtung zu beseitigen ist.
- Die Vergütung wird fällig. (Nach der neuesten Rechtsprechung des BGH ist die Abnahme eine Fälligkeitsvoraussetzung für die Schlußzahlung.)
- Will der Auftraggeber eine vertraglich vereinbarte Vertragsstrafe geltend machen, dann muß er sie sich bei der Abnahme vorbehalten. Der Begriff „bei der Abnahme" ist wörtlich zu nehmen. Behält sich der Auftraggeber beispielsweise die Geltendmachung der Vertragsstrafe erst in einem wenige Tage nach der Abnahme erstellten Abnahmeprotokoll vor, dann ist der Vorbehalt der Vertragsstrafe nicht bei der Abnahme erfolgt und damit unwirksam.

Nach der Rechtsprechung ist es jedoch zulässig, in den Vertragsbestimmungen eine Regelung aufzunehmen, wonach der Auftraggeber berechtigt ist, sich die Geltendmachung der Vertragsstrafe bis zur Leistung der Schlußzahlung vorzubehalten.

2.4 Erscheint der Auftragnehmer zum Abnahmetermin nicht, obwohl ihn der Auftraggeber mit angemessener Frist zu einem Abnahmetermin eingeladen hat und der Auftragnehmer diesem Termin nicht widersprochen hat, kann der Auftraggeber gemäß § 12 Nr. 4 Abs. 2 die Abnahme auch ohne den Auftragnehmer durchführen. Das Ergebnis der Abnahme hat der Auftraggeber dem Auftragnehmer alsbald mitzuteilen.

2.5 Der Auftraggeber ist berechtigt, einen Sachverständigen zur Abnahme hinzuzuziehen. Der nur mit der Bauleitung beauftragte Architekt ist in der Regel nicht bevollmächtigt, für den Auftraggeber die Abnahme vorzunehmen. Hierzu bedarf es einer besonderen vertraglichen Regelung. Dies gilt auch bezüglich der Vertragsstrafe. Generell ist der Architekt nicht bevollmächtigt, für den Auftraggeber die Vertragsstrafe vorzubehalten. Insoweit bedarf es einer besonderen vertraglichen Regelung.

2.6 Abnahmeprotokoll
Vergleiche das als Muster 6.3 abgedruckte Abnahmeprotokoll.

2.7 Es ist auch noch auf die Abnahme durch schlüssiges Verhalten hinzuweisen (vgl. wegen der Einzelheiten Heiermann/Riedl/Rusam, a. a. O., B § 12 Rdn. 8). Diese weder im BGB noch in der VOB besonders geregelte Art der Abnahme ist solche durch schlüssiges Verhalten des Auftraggebers ohne eine ausdrückliche Äußerung. Darunter fallen der Einzug in das fertiggestellte Haus

ohne Beanstandungen, vorbehaltlose Zahlung der vereinbarten Vergütung, obwohl Mängel vorhanden sind, Freigabe der vereinbarten Sicherheiten, Inbetriebnahme des Werks (vgl. im übrigen Heiermann/Riedl/Rusam, a. a. O., B § 12 Rdn. 8).
Die Abnahme ist im übrigen nicht anfechtbar (vgl. Heiermann/Riedl/Rusam, a. a. O., B § 12 Rdn. 10). Nimmt der Auftraggeber die mangelhafte Leistung in Kenntnis des Mangels ab, ohne sich bei der Abnahme die Rechte vorzubehalten, verliert er das Nachbesserungs- und -minderungsrecht aus § 13 Nr. 5 und 6 VOB/B (vgl. wegen der Einzelheiten Heiermann/Riedl/Rusam, a. a. O., B § 12 Rdn. 11 ff.).

2.8 Die Verweigerung der Abnahme durch den Auftraggeber führt unter Umständen zum verschuldensunabhängigen Gläubigerverzug des Auftraggebers, wobei der Auftragnehmer auf Erfüllung der Abnahmepflicht klagen kann (vgl. dazu Heiermann/Riedl/Rusam, a. a. O., B § 12 Rdn. 36 ff.). Hat der Auftraggeber die Abnahmeverweigerung zu vertreten, macht er sich gemäß § 286 BGB schadensersatzpflichtig, wozu dann auch die Annahme gehört, daß die Fälligkeitsvoraussetzungen für die Schlußzahlung eingetreten sind und der Lauf der Gewährleistungsfrist beginnt (Heiermann/Riedl/Rusam, a. a. O., B § 12 Rdn. 36 ff.). Im übrigen treten die Wirkungen der Abnahme auch dann ein, wenn der Auftraggeber sie ernsthaft und endgültig verweigert (BGH, NJW 1979, 152). Wird die Abnahme vom Auftraggeber hingegen zu Recht verweigert, treten die Rechtsfolgen nicht ein.

2.9 Die Abnahme ist auch bezüglich der Teilleistungen dann möglich und zulässig, wenn es sich um in sich abgeschlossene Teile der Leistungen handelt (vgl. wegen der Einzelheiten Heiermann/Riedl/Rusam, a. a. O., B § 12 Rdn. 32 ff.). Nicht um eine echte Abnahme handelt es sich bei der sogenannten technischen Abnahme nach § 12 Nr. 2 b VOB/B, die lediglich der Kontrolle der Leistungsteile dient, die bei der weiteren Ausführung der Prüfung und Feststellung entzogen werden. Diese Art der Abnahme löst den Zahlungsanspruch des Auftragnehmers nicht aus. Bei Verweigerung der Durchführung der technischen Abnahme durch den Auftraggeber kann sich ein Kündigungsrecht des Auftragnehmers nach § 9 VOB/B ergeben.

Muster 6.2 – Teilabnahme gemäß § 12 Nr. 2 VOB/B

An den ...., den ....
Auftragnehmer

Bauvorhaben ....
gemäß Bauvertrag vom ....
hier: Teilabnahme

Sehr geehrte Damen und Herren,

Sie haben uns mitgeteilt, daß die vertraglichen Leistungen betreffend .... fertiggestellt worden sind. Gemäß § 12 Nr. 2 VOB/B werden wir diese Leistungen förmlich abnehmen. Als Teilabnahmetermin bestimmen wir hiermit

....
Ort, Datum, Uhrzeit

Mit freundlichen Grüßen

....
(Unterschrift des Auftraggebers)

Besondere Hinweise zu § 12 Nr. 2 VOB/B (Muster 6.2)

1. VOB-Text

Besonders abzunehmen sind auf Verlangen:
a) in sich abgeschlossene Teile der Leistung,
b) andere Teile der Leistung, wenn sie durch die weitere Ausführung der Prüfung und Feststellung entzogen werden.
(Im übrigen vergleiche Text zu Muster 6.1)

2. Erläuterungen

2.1 Nach § 12 Nr. 2 a sind in sich abgeschlossene Teile der Leistung auf Verlangen (des Auftraggebers oder Auftragnehmers) gesondert abzunehmen. In sich abgeschlossen ist eine Leistung, wenn sie für sich allein als Bauleistung bestehen und angesprochen werden kann (z. B. der Rohbau, die Heizungsanlage, etc.). Maßgebend ist insoweit die Verkehrsauffassung. Keine abgeschlossenen Leistungen hingegen sind beispielsweise die einzelnen Geschoßdecken im Rohbau.

2.2 Eine Teilabnahme gemäß § 12 Nr. 2 a VOB/B hat dieselben rechtlichen Wirkungen wie die Abnahme der Gesamtleistung. Insoweit wird auf die Ausführungen zu 2.1 bis 2.9 zu Muster 6.1 verwiesen.

2.3 Nach § 12 Nr. 2 b VOB/B können andere Teile der Leistung, wenn sie durch die weitere Ausführung der Prüfung und Feststellung entzogen werden (z. B. Abnahme des Betons oder Estrichs in Rohbauten), abgenommen werden. Hierbei handelt es sich um eine „technische Abnahme". Sie dient lediglich der technischen Überprüfung der Leistung und der Leistungsfeststellung. Sie soll die spätere Abnahme der Leistung vorbereiten.
Verweigert der Auftraggeber grundlos die Durchführung einer Abnahme gemäß § 12 Nr. 2 b VOB/B und kommt es hierdurch zu einer Behinderung bzw. Unterbrechung der weiteren Rechte, so stehen dem Auftragnehmer die Rechte aus § 6 Nr. 6 VOB/B (Schadensersatz wegen vom Auftraggeber zu vertretenden Behinderungen) und 9 VOB/B (Kündigung) zu. Weitere Ansprüche hat der Auftragnehmer nicht.
Die Abnahme gemäß § 12 Nr. 2 b VOB/B hat nicht die Abnahmewirkungen der Gesamtabnahme zur Folge. Vergleiche insoweit insbesondere 2.3 zu Muster 6.1.

2.4 Vgl. Erläuterungen 2.8 zu Muster 6.1.

Muster 6.3 – Abnahmeprotokoll

Name und Anschrift
des Auftraggebers

Abnahmeprotokoll

1. Bauvorhaben: . . . .
2. Gebäude/Bauwerk: . . . .
3. Auftragnehmer: . . . .
4. Am heutigen Tage wurden folgende Leistungen abgenommen: . . . .
5. Die Ausführung der abgenommenen Leistung wurde am . . . . begonnen und am . . . . beendet.
6. Bei der Abnahme wurden folgende Mängel gemäß Anlage 1 festgestellt.
   Diese Mängel sind unverzüglich, spätestens bis zum . . . . zu beseitigen.
   Sofern der Auftragnehmer nicht innerhalb der vorgenannten Frist die Mängel beseitigt, ist der Auftraggeber berechtigt, auf Kosten des Auftragnehmers die Mängelbeseitigung vorzunehmen bzw. durch Dritte vornehmen zu lassen.
   Alle Ansprüche des Auftraggebers auf Gewährleistung und Schadensersatz bleiben unberührt.
7. Der Auftraggeber behält sich vor, die vereinbarte Vertragsstrafe geltend zu machen.
8. Die Frist für die Geltendmachung von Gewährleistungsansprüchen endet am . . . .

. . . ., den . . . .

. . . .
(Unterschrift des Auftraggebers)

. . . .
(Unterschrift des Auftragnehmers)

Der Auftragnehmer hat einen Durchschlag des Abnahmeprotokolls erhalten.

Muster 6.4 – Abnahmeverweigerung gemäß § 12 Nr. 3 VOB/B

An den ....,den ....
Auftragnehmer

Bauvorhaben ....
gemäß Bauvertrag vom ....
hier: Abnahmeverweigerung

Sehr geehrte Damen und Herren,

die von Ihnen ausgeführten Leistungen weisen wesentliche Mängel auf. Im einzelnen handelt es sich um die Mängel gemäß Anlage 1.
Aufgrund dieser Mängel sind wir gemäß § 12 Nr. 3 VOB/B berechtigt, die Abnahme zu verweigern. Dies gilt auch insoweit wir die Leistung bereits in Benutzung genommen haben.
Wir fordern Sie hiermit auf, diese wesentlichen Mängel unverzüglich, spätestens bis zum ....
zu beseitigen. Sollte die Mängelbeseitigung nicht innerhalb der vorgegebenen Frist erfolgen, behalten wir uns schon jetzt vor, nach Ablauf der Frist ein anderes Unternehmen mit der Mängelbeseitigung bzw. Fertigstellung zu beauftragen. Hierdurch werden unsere Ansprüche auf Kündigung und insbesondere Schadensersatz nicht berührt.

Mit freundlichen Grüßen

....
(Unterschrift des Auftraggebers)

Besondere Hinweise zu § 12 Nr. 3 VOB/B (Muster 6.4)

1. **VOB-Text**
   Wegen wesentlicher Mängel kann die Abnahme bis zur Beseitigung verweigert werden. (Im übrigen vergleiche Text zu Muster 6.2)

2. **Erläuterungen**

   2.1 Der Auftraggeber darf die Abnahme nur verweigern, wenn die Leistung wesentliche Mängel aufweist. Wesentliche Mängel liegen grundsätzlich dann vor, wenn der Leistung eine zugesicherte Eigenschaft fehlt, sie nicht den anerkannten Regeln der Technik entspricht oder mit erheblichen Fehlern behaftet ist, die den Wert oder die Tauglichkeit zu dem gewöhnlichen oder nach dem Vertrag vorausgesetzten Gebrauch aufheben oder mindern (§ 13 Nr. 1 VOB/B). Außerdem liegt ein wesentlicher Mangel dann vor, wenn die Bauleistung noch nicht fertiggestellt ist (beispielsweise die Heizungsanlage in einem Neubau funktioniert im Winter nicht, die Elektrizitäts- und Installationsanlagen weisen Mängel auf, die Außenanlagen eines Wohnhauses sind noch nicht fertiggestellt, so daß die Bewohner des Hauses nicht ohne Schwierigkeiten das Haus betreten können, etc.). Kein wesentlicher Mangel liegt vor, wenn beispielsweise eine Vielzahl geringfügiger Mängel (Nachschleifen der Türen etc.) vorliegt.

   2.2 Verweigert der Auftraggeber die Abnahme der Leistung wegen wesentlicher Mängel, so ist er berechtigt, dem Auftragnehmer eine Frist für die Mängelbeseitigung zu setzen. Für den Fall des fruchtlosen Ablaufes dieser Frist stehen dem Auftraggeber die Ansprüche gemäß § 4 Nr. 7 VOB/B zu.
   Außerdem hat der Auftraggeber Anspruch auf Ersatz der Kosten, die durch die erneute Anberaumung eines Abnahmetermins und Durchführung der Abnahme entstehen.

   2.3 Verweigert der Auftraggeber die Abnahme, obwohl keine wesentlichen Mängel vorliegen, die zur Abnahmeverweigerung berechtigen würden, gilt die Abnahme als nicht erfolgt.
   Der Auftraggeber gerät in Annahmeverzug, wenn der Auftragnehmer dem Auftraggeber aufgrund der erfolgten Abnahmeverweigerung eine Frist zur Durchführung der Abnahme schriftlich setzt. Mit dem Ablauf der Frist treten die Abnahmewirkungen (2.3 zu Muster 6.1) ein.

Muster 6.5 – Abnahmeverweigerung – Niederschrift

Name und Anschrift
des Auftraggebers

Niederschrift

1. Baumaßnahme ....
2. Gebäude/Bauwerk ....
3. Auftragnehmer ....
4. Die für den heutigen Tag vorgesehene Abnahme konnte wegen wesentlicher Mängel – die in Anlage 1 aufgeführt sind – nicht durchgeführt werden.
5. Diese wesentlichen Mängel sind unverzüglich, spätestens bis zum .... zu beseitigen.
   Sofern dies nicht geschieht, ist der Auftraggeber berechtigt, auf Kosten des Auftragnehmers die Mängelbeseitigung vornehmen zu lassen.
   Alle Ansprüche des Auftraggebers, insbesondere auf Kündigung und Schadensersatz, bleiben hierdurch unberührt.

.............., den ....

....
(Unterschrift des Auftraggebers)

....
(Unterschrift des Auftragnehmers)

Der Auftragnehmer hat eine Ausfertigung dieses Protokolls erhalten.

Muster 7.1 – Mängelrüge gemäß § 13 Nr. 1, 2, 3, 4, 5 Abs. 1 VOB/B

An den ...., den ....
Auftragnehmer

Bauvorhaben ....
gemäß Bauvertrag vom ....
hier: Mängelrüge

Sehr geehrte Damen und Herren,

an dem vorbezeichneten Bauvorhaben haben sich folgende Mängel gezeigt:

Wir bitten Sie, diese Mängel unverzüglich, spätestens bis zum ...... zu beseitigen.
Bitte stimmen Sie den Termin für die Mängelbeseitigung – ggf. telefonisch – mit uns ab.

Mit freundlichen Grüßen

....
(Unterschrift des Auftraggebers)

Besondere Hinweise zu § 13 Nr. 1, 2, 3, 4, 5 Abs. 1 VOB/B (Muster 7.1)

1. **VOB-Text:**
   1. Der Auftragnehmer übernimmt die Gewähr, daß seine Leistung zur Zeit der Abnahme die vertraglich zugesicherten Eigenschaften hat, den anerkannten Regeln der Technik entspricht und nicht mit Fehlern behaftet ist, die den Wert oder die Tauglichkeit zu dem gewöhnlichen oder dem nach dem Vertrag vorausgesetzten Gebrauch aufheben oder mindern.
   2. Bei Leistungen nach Probe gelten die Eigenschaften der Probe als zugesichert, soweit nicht Abweichungen nach der Verkehrssitte als bedeutungslos anzusehen sind. Dies gilt auch für Proben, die erst nach Vertragsabschluß als solche anerkannt sind.
   3. Ist ein Mangel zurückzuführen auf die Leistungsbeschreibung oder auf Anordnungen des Auftraggebers, auf die von diesem gelieferten oder vorgeschriebenen Stoffe oder Bauteile oder die Beschaffenheit der Vorleistung eines anderen Unternehmers, so ist der Auftragnehmer von der Gewährleistung für diese Mängel frei, außer wenn er die ihm nach § 4 Nr. 3 obliegende Mitteilung über die zu befürchtenden Mängel unterlassen hat.
   4. (1) Ist für die Gewährleistung keine Verjährungsfrist im Vertrag vereinbart, so beträgt sie für Bauwerke und für Holzerkrankungen 2 Jahre, für Arbeiten an einem Grundstück und für die vom Feuer berührten Teile von Feuerungsanlagen ein Jahr.
   (2) Bei maschinellen und elektrotechnischen/elektronischen Anlagen oder Teilen davon, bei denen die Wartung Einfluß auf die Sicherheit und Funktionsfähigkeit hat, beträgt die Verjährungsfrist für die Gewährleistungsansprüche abweichend von Absatz 1 ein Jahr, wenn der Auftraggeber sich dafür entschieden hat, dem Auftragnehmer die Wartung für die Dauer der Verjährungsfrist nicht zu übertragen.
   (3) Die Frist beginnt mit der Abnahme der gesamten Leistung; nur für in sich abgeschlossene Teile der Leistung beginnt sie mit der Teilabnahme (§ 12 Nr. 2a).
   5. (1) Der Auftragnehmer ist verpflichtet, alle während der Verjährungsfrist hervortretenden Mängel, die auf vertragswidrige Leistung zurückzuführen sind, auf seine Kosten zu beseitigen, wenn es der Auftraggeber vor Ablauf der Frist schriftlich verlangt. Der Anspruch auf Beseitigung der gerügten Mängel verjährt mit Ablauf der Regelfristen der Nummer 4, gerechnet vom Zugang des schriftlichen Verlangens an, jedoch nicht vor Ablauf der vereinbarten Frist. Nach Abnahme der Mängelbeseitigungsleistung beginnen für diese Leistung die Regelfristen der Nummer 4, wenn nichts anderes vereinbart ist.

2. **Erläuterungen**

2.1 Das Wesen der Gewährleistung besteht darin, daß der Auftragnehmer zum Zeitpunkt der Abnahme die Gewähr übernimmt, daß seine Leistung
   – die vertraglich zugesicherten Eigenschaften hat,
   – den anerkannten Regeln der Technik entspricht,
   – nicht mit Fehlern behaftet ist, die den Wert oder die Tauglichkeit zu dem gewöhnlichen oder dem nach dem Vertrag vorausgesetzten Gebrauch aufheben oder mindern.
   Die Bedeutung der Gewährleistung ist in dem BGB und der VOB gleich. Zwar ist in dem § 634 BGB nicht auf die allgemein anerkannten Regeln der Technik Bezug genommen, es gehört jedoch zu den allgemeinen Sorgfaltspflichten des Auftragnehmers, daß er auch beim BGB-Vertrag bei der Ausführung der Leistung die anerkannten Regeln der Technik beachtet.
   Zugesicherte Eigenschaften sind in der Regel wertbildende Faktoren (z. B. Betonfestigkeitsklasse, Lichtbeständigkeit von Farben, etc.). Keine zugesicherten Eigenschaften sind der Preis

oder der Wert der Leistung selbst. Außerdem müssen sie vertraglich zugesichert sein, es genügt deshalb nicht, daß beispielsweise der Auftragnehmer einseitig die Güte seiner Leistung anpreist. Das gleiche gilt in bezug auf Hinweise auf eventuell vorhandene Gütezeichen. Das Vorhandensein von DIN-Normen reicht nicht aus, um die Zusicherung einer DIN-gemäßen Beschaffenheit einer Leistung anzunehmen.

Eigenschaften müssen ausdrücklkich zugesichert werden, von einer stillschweigenden Zusicherung kann nur im Ausnahmefall ausgegangen werden.

Unter anerkannten Regeln der Technik versteht man geschriebene (z. B. in DIN-Normen oder ATVen) oder ungeschriebene Grundsätze, die sich sowohl in der Theorie (z. B. Lehrmeinungen) als auch in der Praxis als richtig erwiesen haben. Der Auftragnehmer ist deshalb verpflichtet, sich stets über den neuesten Stand zu unterrichten. Tut er dies nicht und basieren später Mängel hierauf, dann ist hierin eine objektive Pflichtverletzung zu sehen. Bei neuentwickelten Baustoffen und sonstigen Materialien obliegt dem Auftragnehmer eine Hinweispflicht. Das gleiche gilt für vom Auftragnehmer ausgesuchte und beschaffte Baustoffe, die bauamtlich noch nicht zugelassen sind. Entspricht die Leistung nicht den anerkannten Regeln der Technik, dann liegt immer ein Mangel vor. Ein Mangel besteht nicht, wenn die maßgeblichen Toleranzen eingehalten sind. Die Leistung muß zum Zeitpunkt der Abnahme den anerkannten Regeln der Technik entsprechen. Ändern sich die anerkannten Regeln der Technik zwischen Abgabe des Angebots und der Abnahme, dann muß der Auftragnehmer den Auftraggeber darauf hinweisen.

Die Leistung ist fehlerhaft, wenn die Beschaffenheit von den vertraglichen Vereinbarungen abweicht oder eine vertraglich zugesicherte Eigenschaft fehlt. Unerheblich ist, ob der Fehler für den Auftraggeber voraussehbar oder während der Ausführung der Leistung erkennbar war und ob der Auftragnehmer insoweit den Mangel verschuldet hat. Weitere Voraussetzung ist, daß der Fehler den Wert der Leistung zu dem gewöhnlichen oder dem vertraglich vorausgesetzten Gebrauch beeinträchtigt. Fehlerhaft ist die Leistung beispielsweise dann, wenn nicht die vertragliche Deckenstärke bei einem Maschinenhallenbau eingehalten wurde und deshalb infolge der fehlenden Festigkeit in der Werkhalle keine Maschinen im vorgesehenen Umfang aufgestellt werden können. Außerdem muß der Fehler bewirken, daß der Wert oder die Tauglichkeit der Leistung aufgehoben oder gemindert wurde. Insoweit verpflichten auch unerhebliche Minderungen zur Gewährleistung.

2.2 Die Gewährleistungsansprüche des Auftraggebers bestehen aus:
– Nachbesserung (§ 13 Nr. 5 VOB/B). Läßt er sich nur teilweise beseitigen, so kann dem Auftraggeber ein Anspruch auf Minderung der Vergütung oder Schadensersatz zustehen.
– Minderung der Vergütung (§ 13 Nr. 6 VOB/B) bei Unmöglichkeit der Mängelbeseitigung oder unverhältnismäßig hohem Aufwand oder Unzumutbarkeit der Beseitigung des Mangels für den Auftragnehmer.
– Liegt ein wesentlicher Mangel vor, der die Gebrauchsfähigkeit erheblich beeinträchtigt und ist dieser Mangel auf ein Verschulden des Auftragnehmers oder seiner Erfüllungsgehilfen zurückzuführen, kann der Auftraggeber Schadensersatz geltend machen (§ 13 Nr. 7 VOB/B). Zu unterscheiden ist zwischen der Ersetzung des Schadens an der baulichen Anlage und dem darüber hinausgehenden Schaden (Folgeschaden), wenn der Mangel auf Vorsatz oder grober Fahrlässigkeit, einem Verstoß gegen die anerkannten Regeln der Technik oder in dem Fehlen einer vertraglich zugesicherten Eigenschaft beruht bzw. der Auftragnehmer es unterlassen hat, sich durch Versicherungen abzusichern.
– Recht zur Zahlungsverweigerung gemäß § 320 BGB bis zur Durchführung der Nachbesserung.

- Aufforderung zur Mängelbeseitigung unter Fristsetzung mit Hinweis auf Eigennachbesserung und Erstattungspflicht.
- Aufforderung zur Mängelbeseitigung unter Fristsetzung (ausnahmsweise entbehrlich) mit Hinweis auf Nachbesserung durch Drittunternehmer und Kostenerstattung.
- Vorschußanspruch in Höhe der zu erwartenden Mängelbeseitigungskosten.

(Vergleiche im übrigen das nachfolgende Gewährleistungsschema.)

2.3 Der Auftragnehmer wird gemäß § 13 Nr. 3 VOB/B von seiner Gewährleistungsverpflichtung frei, wenn der Mangel auf
- die Leistungsbeschreibung,
- Anordnungen des Auftraggebers,
- vom Auftraggeber gelieferte oder vorgeschriebene Stoffe oder Bauteile,
- die Beschaffenheit der Vorleistung eines anderen Unternehmers

zurückzuführen ist und der Auftragnehmer die ihm obliegende Mitteilung über die zu befürchtenden Mängel nicht gemäß § 4 Nr. 4 VOB/B unterlassen hat. Insoweit ist der Auftragnehmer beweispflichtig.

2.4 Die Gewährleistungsansprüche verjähren entsprechend den vertraglichen Grundlagen (z. B. nach BGB in 5 Jahren, nach § 13 Nr. 4 VOB/B in 2 Jahren).

Die Gewährleistungsfrist ist gehemmt, solange der Auftragnehmer im Einvernehmen mit dem Auftraggeber sich der Prüfung des Vorhandenseins oder der Beseitigung des Mangels unterzieht (§ 639 Abs. 2 BGB). Der Zeitraum der Hemmung (der Prüfung oder Beseitigung) wird nicht gezählt.

Die Verjährung wird unterbrochen
- wenn der Auftragnehmer den Mangel anerkennt (§ 208 BGB),
- durch die schriftliche Geltendmachung des Nachbesserungsanspruchs durch den Auftraggeber (§ 13 Nr. 5 VOB/B),
- durch die Beantragung des gerichtlichen Beweissicherungsverfahrens,
- durch die Beantragung eines Mahnbescheides bzw. Klageerhebung.

Bei einer Unterbrechung der Verjährungsfrist wird die bis zum Ende der Unterbrechung gelaufene Gewährleistungsfrist nicht mehr berücksichtigt, sie beginnt vielmehr neu zu laufen, wenn die Unterbrechung beendet ist.

Es reicht allerdings aus, wenn der Auftraggeber lediglich Mangelerscheinungen rügt, die sich an einem der Bauteile gezeigt haben, um die Verjährung für sämtliche von dem gleichen Mangel befallenen Bauteile zu unterbrechen (BGH, ZfBR 1990, 172).

Ferner wird die Verjährung während eines sogenannten Stillhalteabkommens gehemmt (vgl. wegen der Einzelheiten Heiermann/Riedl/Rusam, a. a. O., B § 13 Rdn. 89). Sie wird ferner gehemmt, wenn der Auftragnehmer sein Einverständnis mit der Prüfung bzw. Beseitigung des Mangels erklärt (vgl. Heiermann/Riedl/Rusam, a. a. O., B § 13 Rdn. 89). Der Hemmungstatbestand des § 639 Abs. 2 BGB ist nämlich sowohl für das Werkvertragsrecht des BGB als auch für den der VOB unterliegenden Bauvertrag anwendbar (BGH, NJW 1967, 2005; Heiermann/Riedl/Rusam, a. a. O., B § 13 Rdn. 99).

2.5 Der Unterschied zwischen der Gewährleistung nach BGB und VOB liegt im wesentlichen darin, daß beim VOB-Vertrag durch einfache schriftliche Mängelrüge gemäß § 13 Nr. 5 VOB/B der Auftraggeber die Gewährleistungsfrist unterbrechen kann. Eine derartige Möglichkeit besteht beim BGB-Vertrag nicht. Hat der Auftraggeber beim VOB-Vertrag die Gewährleistungsfrist durch die schriftliche Mängelrüge unterbrochen, dann beginnt mit dem schriftlichen Zugang der Mängelrüge erneut die zweijährige Verjährungsfrist für den Anspruch auf Mängelbeseitigung zu laufen. Beseitigt der Auftragnehmer den Mangel, so beginnt die Gewährleistungsfrist für die Mängelbeseitigungsleistung (und nur für diese) mit der vollständigen Ausführung der Mängelbeseitigungsleistung zu laufen. Die Frist richtet sich nach den vertraglichen Vereinbarungen. Lautet beispielsweise die vertragliche Vereinbarung „die Gewährleistung richtet sich nach VOB, die Gewährleistungsfrist beträgt 5 Jahre", dann beträgt die Frist für die Mängelbeseitigungsleistung – da VOB-Regelung hierfür vereinbart ist – nicht 5, sondern gemäß § 13 Nr. 5, 4 VOB/B 2 Jahre.

2.6 Es empfiehlt sich, dem Auftragnehmer in jedem Falle mit der schriftlichen Mängelrüge auch eine Frist zu setzen, innerhalb welcher die gerügten Mängel beseitigt werden müssen. Diese Frist muß in bezug auf die Beseitigung des Mangels (der Mängel) angemessen sein. Erst nach fruchtlosem Ablauf dieser Frist kann der Auftraggeber ein anderes Unternehmen mit der Mängelbeseitigung beauftragen oder Schadensersatz verlangen. Dies folgt daraus, daß der Auftragnehmer nicht nur die Pflicht, sondern auch das Recht hat, aufgetretene Mängel an seiner Leistung zu beseitigen.

2.7 Die Verpflichtung des Auftragnehmers ist darauf gerichtet, dem Auftraggeber ein mangelfreies und zweckgerechtes Werk zur Verfügung zu stellen. Es wird der Leistungserfolg geschuldet, der in einer dauerhaften und gebrauchstauglichen Leistung besteht, so daß es im Ergebnis nicht darauf ankommt, ob die anerkannten Regeln der Technik eingehalten wurden (BGH, ZfBR 1985, 276; BGH, ZfBR 1987, 71; BGH, ZfBR 1989, 213). Ist die Leistung zwar den anerkannten Regeln der Technik nach erbracht, entspricht sie dennoch nicht den vertraglichen Erfordernissen, ist sie als fehlerhaft anzusehen (vgl. wie vor und Heiermann/Riedl/Rusam, a.a.O., B § 13 Rdn. 25). Auf der anderen Seite ist die Leistung in der Regel dann jedoch fehlerhaft, wenn der Auftragnehmer gegen die anerkannten Regeln der Technik verstoßen hat (BGH, ZfBR 1984, 176). Besteht hinsichtlich der Werkleistung noch keine anerkannte Regel der Technik, dann ist diese schon dann mangelhaft, wenn hinsichtlich der Tauglichkeit zum vertraglichen Gebrauch Ungewißheit besteht (so OLG München, BauR 1984, 637). Schließlich schuldet der Auftragnehmer ohne Anspruch auf besondere Vergütung auch die Ausführung derjenigen Maßnahmen, die geeignet sind, den Leistungserfolg zu erzielen, und zwar über die einzelnen vertraglichen Vereinbarungen hinaus (BGH, ZfBR 1987, 71).

2.8 In diesem Zusammenhang ist auf Aufklärungs- und Beratungspflichten des Auftragnehmers hinzuweisen, deren Verletzung zum Schadensersatz führen kann. Der Auftragnehmer hat den Auftraggeber nämlich beim Vertragsabschluß über die Verwendbarkeit des zu bestellenden Werks zu beraten (BGH, ZfBR 1987, 283).

2.9 Die Gewährleistungsregelung des § 13 VOB/B kann im übrigen nach der Rechtsprechung des BGH nicht isoliert wirksam vereinbart werden, soweit damit die Gewährleistungsfrist des § 638 Abs. 1 BGB verkürzt wird (BGH, NJW 1983, 816ff.; Heiermann/Riedl/Rusam, a.a.O., B § 13 Rdn. 69). Das gilt im übrigen auch dann, wenn die Vertragspartner Kaufleute sind (BGH, ZfBR 1986, 33). Soweit allerdings der Auftraggeber in den von ihm gestellten Vertragsbedingungen die Regelung aus § 13 VOB/B isoliert vereinbart, ist dies nicht zu beanstanden, da eine Inhaltskontrolle zugunsten des Verwenders nicht stattzufinden hat, da der die für ihn selbst nachteilige Regelung ausgewählt hat (BGH, ZfBR 1987, 73). Schließlich muß darauf hingewiesen werden, daß eine Gewährleistungsbestimmung, wonach die Gewährleistungszeit erst am Tag der mangelfreien Abnahme des Gesamtwerks beginnt, mangels Bestimmtheit und Bestimmbarkeit des Fristablaufs gegen § 9 Abs. 2 Abs. 1 AGBG verstößt und damit unwirksam ist (vgl. Heiermann/Riedl/Rusam, a. a. O., B § 13 Rdn. 69).

2.10 Bei arglistigem Verschweigen von Mängeln gilt eine dreißigjährige Gewährleistungsfrist gemäß § 195 BGB (BGH, NJW 1981, 2471). Dies gilt insbesondere dann, wenn der Auftragnehmer aus Arglist verschweigt, daß das Werk einen für den Auftraggeber wesentlichen Mangel aufweist, den dieser allerdings nicht erkennen kann (Heiermann/Riedl/Rusam, a. a. O., B § 13 Rdn. 81). Im übrigen beginnt die Verjährungsfrist für die Gewährleistungsansprüche mit der Abnahme (vgl. wegen der Einzelheiten Heiermann/Riedl/Rusam, a. a. O., B § 13 Rdn. 84 ff.).

2.11 Schließlich ist auf die Mängelansprüche beim Wohnungseigentum hinzuweisen. Beim Sondereigentum gemäß § 5 WEG kann jeder einzelne Wohnungseigentümer Gewährleistungsansprüche aufgrund des von ihm mit dem Bauträger abgeschlossenen Vertrags geltend machen. Beim Gemeinschaftseigentum ist dies anders. Hier kann zwar jeder einzelne Wohnungseigentümer mängelfreie Herstellung der gesamten Leistung verlangen, die Minderung bzw. der Schadensersatz kann jedoch nur gemeinschaftlich geltend gemacht werden (vgl. wegen der Einzelheiten Heiermann/Riedl/Rusam, a. a. O., B § 13 Rdn. 111 ff.).

2.12 Schließlich ist auf das Problem der Vorteilsausgleichung einzugehen. Der diesem Rechtsinstitut zugrunde liegende Gedanke ist der, daß der Geschädigte durch das schädigende Ereignis nicht bessergestellt werden soll, als er ohne dieses Ereignis stehen würde (BGH, NJW 1984, 2457; Heiermann/Riedl/Rusam, B § 13 Rdn. 135 u. 136). So muß sich der Auftraggeber diejenigen Vorteile anrechnen lassen, die er außerhalb der vertraglichen Verpflichtungen auf Kosten des Auftragnehmers im Zusammenhang mit der Erfüllung der Gewährleistungspflichten erlangt. Im Ergebnis bedeutet dies, daß der Ersatzanspruch des Auftraggebers um den Betrag gekürzt wird, um den das Werk bei ordnungsgemäßer Ausführung von vornherein teurer geworden wäre (BGH, ZfBR 1990, 171 und ZfBR 1990, 16). Hat allerdings der Auftragnehmer einen bestimmten Erfolg zu einem bestimmten Preis versprochen, bleibt er auch dann an diese vertragliche Zusage gebunden, wenn sich später herausstellt, daß die beabsichtigte Ausführungsart nachträglich unzureichend war und aufwendige Mehrmaßnahmen erforderlich machte (BGH, ZfBR 1984, 222 und 1987, 71). Hat sich der Auftragnehmer demgegenüber in seiner Kalkulation nach dem ihm vom Auftraggeber vorgegebenen Leistungsverzeichnis gerichtet, fallen die Mehrkosten im Wege der Vorteilsausgleichung dem Auftraggeber zur Last (vgl. wegen der Einzelheiten Heiermann/Riedl/Rusam, a. a. O., B § 13 Rdn. 135 u. 136; BGH, ZfBR 1994, 12).

Muster 7.2 – Nachfrist für die Mängelbeseitigung gemäß § 13 Nr. 5 Abs. 2 VOB/B

An den ...., den ....
Auftragnehmer

Bauvorhaben ....
gemäß Bauvertrag vom ....
hier: Nachfrist für Mängelbeseitigung

Sehr geehrte Damen und Herren,

mit Schreiben vom .... hatten wir Ihnen mitgeteilt, daß an dem vorbezeichneten Bauvorhaben Mängel aufgetreten sind. Wir baten Sie, diese unverzüglich zu beseitigen. Da Sie dieser Aufforderung nicht nachgekommen sind, setzen wir Ihnen hiermit eine Nachfrist bis zum

....
zur Mängelbeseitigung.
Sollten Sie wider Erwarten auch diese Frist zur Mängelbeseitigung nicht einhalten, so werden wir ein anderes Unternehmen mit der Mängelbeseitigung auf Ihre Kosten beauftragen.

Mit freundlichen Grüßen

....
(Unterschrift des Auftraggebers)

Besondere Hinweise zu § 13 Nr. 5 Abs. 2 VOB/B (Muster 7.2)

1. VOB-Text
(2) Kommt der Auftragnehmer der Aufforderung zur Mängelbeseitigung in einer vom Auftraggeber gesetzten angemessenen Frist nicht nach, so kann der Auftraggeber die Mängel auf Kosten des Auftragnehmers beseitigen lassen.

2. Erläuterungen

2.1 Bezüglich der Gewährleistung gelten die allgemeinen Ausführungen von 2.1 bis 2.12 zu Muster 7.1.

2.2 Das Musterschreiben 7.2 ist insbesondere dann anzuwenden, wenn der Auftraggeber zwar schriftlich Mängel gerügt hat und um eine schnelle oder unverzügliche Beseitigung bat, dem Auftragnehmer jedoch keine Frist zur Beseitigung der Mängel gesetzt hat. Erst wenn der Auftragnehmer eine ihm gesetzte angemessene Frist zur Mängelbeseitigung fruchtlos verstreichen ließ, gerät er in Verzug mit der Folge, daß der Auftraggeber die Rechte auf § 13 Nr. 5 VOB/B geltend machen kann, d. h. ein anderes Unternehmen mit der Mängelbeseitigung auf Kosten des Auftragnehmers zu beauftragen und/oder Anspruch auf Schadensersatz nach § 13 Nr. 7 VOB/B hat. Allerdings muß der Auftraggeber hierbei berücksichtigen, daß er grundsätzlich nur zu angemessenen Preisen ein drittes Unternehmen mit der Mängelbeseitigung beauftragen darf. Es empfiehlt sich deshalb, daß der Auftraggeber nach Möglichkeit mehrere (mindestens 3) Vergleichsangebote einholt. Dies gilt dann nicht, wenn Gefahr im Verzug ist oder die Möglichkeit besteht, daß eine Hinauszögerung der Mängelbeseitigung zusätzliche Kosten verursachen würde. In solchen Fällen ist der Auftraggeber berechtigt, beispielsweise ein sach- und fachkundiges Unternehmen unmittelbar am Ort zu beauftragen.

2.3 Einer angemessenen schriftlichen Nachfristsetzung für die Mängelbeseitigung bedarf es dann nicht, wenn der Auftragnehmer von vornherein oder später seine Verpflichtung zur Mängelbeseitigung bestreitet (BGH, Baurecht 1976, 283). Auf den Grund für die Weigerung der Mängelbeseitigung kommt es nicht an. Allerdings muß hierbei berücksichtigt werden, daß die Erklärung des Auftragnehmers, die Mängel nicht beseitigen zu wollen, unmißverständlich sein muß. Bloße Meinungsverschiedenheiten (z. B. über Art und Umfang der Mängelbeseitigung) zwischen Auftraggeber und Auftragnehmer reichen nicht aus, um eine Verweigerung der Mängelbeseitigung anzunehmen. Erklärt der Auftragnehmer beispielsweise, daß er seine Mängel nur zusammen mit anderen an der Verursachung der Mängel Verantwortlichen durchführen wolle, dann ist dies einer endgültigen Weigerung gleichzusetzen (BGH-Urteil vom 25. 3. 1976 – VII ZR 100/74). Eine Aufforderung zur Mängelbeseitigung durch den Auftraggeber ist auch dann nicht erforderlich, wenn der Auftragnehmer sich während der Ausführung der Leistung als so unzuverlässig erwiesen hat (er hat beispielsweise trotz mehrmaliger Mahnung Ausführungsmängel nicht beseitigt, Ausführungsfristen nicht eingehalten, etc.), daß dem Auftraggeber nicht zugemutet werden kann, länger mit dem Auftragnehmer zusammenzuarbeiten. Beweispflichtig dafür, daß ein derartiger Tatbestand vorliegt, ist der Auftraggeber.

2.4 Wenn der Auftraggeber Mängel beseitigen läßt, ohne daß er dem Auftragnehmer eine angemessene Nachfrist zur Mängelbeseitigung gesetzt hat oder ohne daß Gründe vorliegen, die eine derartige Aufforderung ausschließen (vgl. Ziffer 2.3), kann der Auftraggeber nicht den Ersatz der Kosten für die Mängelbeseitigung vom Auftragnehmer verlangen. Dies ergibt sich daraus, daß der Auftragnehmer nicht nur die Pflicht, sondern auch das Recht zur Mängelbeseitigung hat.

2.5 Der Anspruch des Auftraggebers auf Mängelbeseitigung verjährt innerhalb der vertraglich vereinbarten Frist für die Verjährung von Gewährleistungsansprüchen. Diese Frist beginnt mit dem Zugang des Schreibens des Auftraggebers, mit welchem er den Auftragnehmer zur Mängelbeseitigung auffordert.

2.6 Auch hier hat die Vorteilsausgleichung im Rahmen des Kostenerstattungs- bzw. Vorschußanspruches stattzufinden (vgl. wie vor).

Muster 7.3 – Kostenvorschuß für die Mängelbeseitigung gemäß § 13 Nr. 5 Abs. 2 VOB/B

An den . . . ., den . . . .
Auftragnehmer

Bauvorhaben . . . .
gemäß Bauvertrag vom . . . .
hier: Kostenvorschuß für die Mängelbeseitigung

Sehr geehrte Damen und Herren,

da Sie die Mängelbeseitigung nicht innerhalb der von uns gesetzten angemessenen Nachfrist vorgenommen haben, werden wir die Mängel durch ein drittes Unternehmen beseitigen lassen. Die hierdurch entstehenden Kosten betragen DM . . . . (vgl. den anliegenden Kostenanschlag). Wir fordern Sie hiermit auf, den Kostenvorschuß bis zum . . . . an uns (Konto-Nr. . . . . . .) zu überweisen.
Sollte die Zahlung nicht innerhalb dieser Frist erfolgen, behalten wir uns vor, diesen Kostenvorschuß unverzüglich gerichtlich geltend zu machen.

Mit freundlichen Grüßen

. . . .
(Unterschrift des Auftraggebers)

Besondere Hinweise zu § 13 Nr. 5 Abs. 2 VOB/B (Muster 7.3)

1. **VOB-Text**
   (2) Kommt der Auftragnehmer der Aufforderung zur Mängelbeseitigung in einer vom Auftraggeber gesetzten angemessenen Frist nicht nach, so kann der Auftraggeber die Mängel auf Kosten des Auftragnehmers beseitigen lassen.

2. **Erläuterungen**

   2.1 Zunächst wird auf die Ausführungen unter 2.1 bis 2.12 zu Muster 7.1 und 2.2 bis 2.6 zu Muster 7.2 Bezug genommen.

   2.2 Nach § 13 Nr. 5 VOB/B kann der Auftraggeber die zur Mängelbeseitigung erforderlichen Kosten vom Auftragnehmer verlangen. Daraus folgt, daß die aufzuwendenden Kosten für die Mängelbeseitigung objektiv angegeben werden müssen und nicht subjektiv, d. h. nach den Vorstellungen des Auftraggebers. In diesem Falle empfiehlt es sich deshalb, mehrere Vergleichsangebote einzuholen oder einen Kostenvoranschlag – beispielsweise von einem Sachverständigen – erarbeiten zu lassen. Hierbei brauchen die Kosten nicht notwendigerweise nach Einheitspreisen berechnet zu werden, sondern es genügt auch die Angabe nach Stundenlohn. Bessert der Auftraggeber selbst nach, dann gehören zu dem Kostenvorschußanspruch auch die Kosten für die eigenen Leistungen des Auftraggebers (BGH, NJW 1973, 46 ff.). Zu dem Kostenvorschuß gehören alle Kosten, die für die Mängelbeseitigung unmittelbar erforderlich sind oder damit in Zusammenhang stehen. (Ist beispielsweise ein Setzungsriß entstanden und muß dieser nachgebessert werden, so gehören hierzu auch die Maler- bzw. Tapezierarbeiten). Außerdem fallen unter den Kostenvorschußanspruch eventuelle Sachverständigenkosten, Kosten der Bauleitung sowie Kosten der Räumung von Bauschutt, Aufräumungsarbeiten etc. Um Streitigkeiten zu vermeiden, empfiehlt es sich, daß der Auftraggeber diese Kosten von einem Sachverständigen berechnen bzw. nachprüfen läßt.

   2.3 Der Kostenvorschuß kann vom Auftraggeber entweder in Form eines besonderen Zahlungsanspruches (z. B. nach Bezahlung der Schlußrechnung) geltend gemacht werden, oder der Auftraggeber kann mit diesem Anspruch gegenüber einem eventuell noch bestehenden Vergütungsanspruch des Auftragnehmers aufrechnen. Später muß der Auftraggeber allerdings mit den tatsächlichen Kosten für die Mängelbeseitigung gegenüber dem Auftragnehmer abrechnen. Dabei sind auch etwa gezahlte Zinsen zu berücksichtigen. Ein Anspruch auf Vorschuß besteht nicht, wenn der Auftraggeber nicht nachbessern will oder wenn der Auftragnehmer dem Auftraggeber eine ausreichend geleistete oder einbehaltene Sicherheit gegeben hat. Wegen der zu erwartenden Preiserhöhungen und sonstigen – von vornherein nicht genau anzugebenden weiteren – Kosten ist es gerechtfertigt, daß der Auftraggeber den 1½- bis 2fachen Betrag der Mängelbeseitigungskosten geltend macht.

   2.4 Der Anspruch auf Kostenvorschuß für die Mängelbeseitigung verjährt – sofern nicht eine andere vertragliche Regelung getroffen wurde – innerhalb der vertraglichen Fristen und, sofern eine derartige Regelung nicht getroffen ist und die VOB Vertragsgrundlage ist, gemäß § 13 Nr. 4 VOB/B. Die Verjährung beginnt mit der Abnahme. Hierauf hat der Auftraggeber besonders zu achten, da der Anspruch auf Kostenvorschuß für die Mängelbeseitigung ggf. schon verjährt ist, bevor ihn der Auftraggeber durchsetzen kann, nämlich dann, wenn ein Mangel, für welchen der Kostenvorschuß geltend gemacht wird, erst kurz vor Ablauf der Verjährungsfrist auftritt.

2.5 Im Rahmen des Kostenerstattungs- bzw. Vorschußanspruchs hat die Vorteilsausgleichung Berücksichtigung zu finden (vgl. Heiermann/Riedl/Rusam, a. a. O., B § 13 Rdn. 135 u. 136). Ferner hat ein eventuelles Mitverschulden des Auftraggebers oder eines seiner Erfüllungsgehilfen (Architekt, Sondergutachter usw.) stattzufinden.

2.6 Die Fristsetzung ist dann allerdings entbehrlich, wenn der Auftragnehmer – so auch noch während des Rechtsstreits – Nachbesserung ernsthaft und endgültig verweigert (BGH, BauR 1984, 450; Heiermann/Riedl/Rusam, a. a. O., B § 13 Rdn. 138).

2.7 Sind allerdings die Voraussetzungen des § 13 Nr. 5 Abs. 2 VOB/B nicht eingehalten, entfällt der Kostenerstattungsanspruch des Auftraggebers, den dieser auch unter keinem anderen rechtlichen Gesichtspunkt mehr vom Auftragnehmer fordern kann, da insoweit § 13 Nr. 5 Abs. 2 VOB/B eine abschließende Sonderregelung enthält (BGH, ZfBR 1984, 173; Heiermann/Riedl/Rusam, a. a. O., B § 13 Rdn. 146 ff.).

2.8 Über den Kostenvorschußanspruch, der seiner Natur nach keine endgültige Zahlung ist, muß abgerechnet werden, und zwar nach Abschluß der Nachbesserungsarbeiten (BGH, ZfBR 1983, 185). Bei Zahlungsverweigerung durch den Auftragnehmer ist dieser Kostenvorschußanspruch im Wege der Klage durchzusetzen. Der Auftraggeber kann den Vorschußanspruch auch gegen den Vergütungsanspruch des Auftragnehmers aufrechnen (vgl. wegen der Einzelheiten Heiermann/Riedl/Rusam, a. a. O., B § 13 Rdn. 155 ff.). Schließlich ist bei der Verjährung des Kostenerstattungs- bzw. Vorschußanspruchs zu berücksichtigen, daß der Auftraggeber lediglich den Mangel hinreichend konkret bestimmen muß (vgl. Heiermann/Riedl/Rusam, a. a. O., B § 13 Rdn. 155 ff.). Mit einer hinreichend genauen Beschreibung der zutage getretenen Erscheinungen kann der Mangel der Werkleistung insgesamt rechtzeitig gerügt oder zum Gegenstand einer Vorschußklage gemacht werden, ohne daß sich diese Wirkungen dann auf die angegebenen Stellen beschränken, sondern den Mangel vielmehr in seinem vollen Umfang erfassen (vgl. dazu Heiermann/Riedl/Rusam, a. a. O., B § 13 Rdn. 124 f.).

Muster 7.4 – Ablehnung der Mängelbeseitigung gemäß § 13 Nr. 6 Satz 2 VOB/B

An den ...., den ....
Auftragnehmer

Bauvorhaben ....
gemäß Bauvertrag vom ....
hier: Ablehnung der Mängelbeseitigung

Sehr geehrte Damen und Herren,

die von Ihnen vorgesehene Mängelbeseitigung bezüglich .... müssen wir wegen Unzumutbarkeit gemäß § 13 Nr. 6 VOB/B ablehnen. Diese Unzumutbarkeit begründet sich wie folgt:

Im Hinblick auf die Regelung des § 13 Nr. 6 VOB/B verlangen wir deshalb eine Minderung der Vergütung in Höhe von DM .... Bitte teilen Sie uns bis zum .... mit, ob Sie mit dieser Regelung einverstanden sind, da wir uns anderenfalls vorbehalten müssen, weitere Schritte einzuleiten.

Mit freundlichen Grüßen

....
(Unterschrift des Auftraggebers)

Besondere Hinweise zu § 13 Nr. 6 Satz 2 VOB/B (Muster 7.4)

1. VOB-Text

Ist die Beseitigung des Mangels unmöglich oder würde sie einen unverhältnismäßig hohen Aufwand erfordern und wird sie deshalb vom Auftragnehmer verweigert, so kann der Auftraggeber Minderung der Vergütung verlangen (§ 634 Abs. 4, § 472 BGB). Der Auftraggeber kann ausnahmsweise auch dann Minderung der Vergütung verlangen, wenn die Beseitigung des Mangels für ihn unzumutbar ist.

2. Erläuterungen

2.1 Zunächst wird auf die Ausführungen unter 2.1 bis 2.12 zu Muster 7.1 verwiesen.

2.2 Nach § 13 Nr. 6 VOB/B kann der Auftraggeber nur dann einen Minderungsanspruch geltend machen, wenn
– die Mängelbeseitigung unmöglich ist,
– die Mängelbeseitigung einen unverhältnismäßig hohen Aufwand erfordern würde und deshalb vom Auftragnehmer verweigert wird,
– der Auftraggeber ausnahmsweise berechtigt ist, Minderung der Vergütung zu verlangen, wenn die Beseitigung des Mangels für ihn unzumutbar ist.
Die Beseitigung des Mangels muß objektiv unmöglich sein, d. h., weder der Auftragnehmer noch ein sonstiger sach- und fachkundiger, leistungsfähiger und zuverlässiger Unternehmer ist in der Lage, den Mangel zu beseitigen (BGH, NJW 1965, 152 ff.). Die objektive Unmöglichkeit ist allein nach tatsächlichen Gegebenheiten zu beurteilen, d. h., die Mängelbeseitigung ist technisch unmöglich. Eine derartige Unmöglichkeit liegt auch dann vor, wenn nur durch eine Neuherstellung die Mängelbeseitigung erfolgen kann. Für das Vorliegen dieser Umstände ist der Auftraggeber beweispflichtig.
Weigerung des Auftragnehmers wegen unverhältnismäßig hohem Aufwand
Ein unverhältnismäßig hoher Aufwand für die Mängelbeseitigung liegt dann vor, wenn die Kosten für die Mängelbeseitigung in keinem annehmbaren und vernünftigen Verhältnis zu dem tatsächlich erzielten Erfolg stehen. In solchen Fällen würde es den Grundsätzen von Treu und Glauben widersprechen, wenn der Auftraggeber dem Auftragnehmer diese Kosten anlasten könnte. Allein der Umstand, daß die Kosten der Mängelbeseitigung höher sind als der vereinbarte Werklohn, berechtigt den Auftragnehmer nicht, die Mängelbeseitigung zu verweigern. Insoweit ist der Auftragnehmer verpflichtet, ggf. einen Verlust hinzunehmen (OLG Düsseldorf, Baurecht 1977, 418). Von einer Unzumutbarkeit kann man ggf. bei geringfügigen Schönheitsfehlern (Farbunterschiede) ausgehen. Die Beweislast für die Unzumutbarkeit trägt der Auftragnehmer.
Verweigerung der Mängelbeseitigung durch den Auftraggeber
Der Auftraggeber ist nur berechtigt, die Mängelbeseitigung zu verweigern, wenn sie für ihn nach den Grundsätzen von Treu und Glauben unzumutbar ist. An die Unzumutbarkeit sind unter Anwendung objektiver und subjektiver Maßstäbe strenge Anforderungen zu stellen. Unzumutbarkeit kann beispielsweise dann vorliegen, wenn der Auftraggeber aufgrund von geringfügigen

Unebenheiten in Decken oder Böden gezwungen wäre, Einrichtungen herauszunehmen, was nur unter großem Zeit- und Kostenaufwand erfolgen könnte. Beweispflichtig für das Vorliegen einer Unzumutbarkeit ist der Auftraggeber.

2.3 Die Berechnung der jeweiligen Minderung kann nur nach Lage des Einzelfalles erfolgen. Grundsätzlich ist davon auszugehen, daß bei einer Minderung die vereinbarte Vergütung in dem Verhältnis herabzusetzen ist, in welchem der Wert der mangelfreien Leistung zum Wert der mangelhaften bei der Abnahme steht (BGHZ 42, 232 ff.). Da diese Berechnung in der Praxis für den Auftraggeber oft kaum durchführbar sein wird, empfiehlt es sich, daß er insoweit einen Sachverständigen zu Rate zieht.

2.4 Ist der Auftraggeber zu einer Minderung der Vergütung berechtigt, dann ist er in solchen Fällen nicht nur auf die bloße Minderung der Vergütung oder die Geltendmachung des merkantilen Minderwertes beschränkt, sondern er kann auch Schadensersatz nach den für die Mängelbeseitigung gemachten oder erforderlichen Aufwendungen verlangen. Da § 13 Nr. 6 VOB/B eine abschließende Regelung enthält, kann der Auftraggeber keine Ansprüche auf ungerechtfertigte Bereicherung (§§ 812 ff. BGB) oder aus Geschäftsführung ohne Auftrag (§§ 677 ff. BGB) geltend machen.

2.5 Beweispflichtig für die Höhe der Minderung und eventuelle weitere Ansprüche ist der Auftraggeber.

Muster 7.5 – Schadensersatz wegen wesentlicher Mängel gemäß § 13 Nr. 7 VOB/B

An den ...., den ....
Auftragnehmer

Bauvorhaben ....
gemäß Bauvertrag vom ....
hier: Schadensersatz wegen wesentlicher Mängel

Sehr geehrte Damen und Herren,

an dem vorbezeichneten Bauvorhaben sind wesentliche Mängel aufgetreten, die die Gebrauchsfähigkeit erheblich beeinträchtigen und von Ihnen verschuldet worden sind. Sie sind deshalb verpflichtet, auch den Schaden an der baulichen Anlage zu ersetzen, zu deren Herstellung/Instandhaltung/Änderung*) die Leistung dient. Hierbei handelt es sich um folgende Schäden:

Außerdem sind Sie auch verpflichtet, den darüber hinausgehenden, d. h. den sog. Folgeschaden zu ersetzen, weil der Mangel auf Vorsatz oder grober Fahrlässigkeit/einem Verstoß gegen die anerkannten Regeln der Technik beruht*) bzw. in dem Fehlen einer vertraglich zugesicherten Eigenschaft besteht.*) Dieser Schaden berechnet sich wie folgt:

Wir fordern Sie hiermit auf, den vorgenannten Schadensersatz bis spätestens zum ...... zu leisten. Sollten Sie diese Frist nicht einhalten, so behalten wir uns vor, weitere Schritte gegen Sie einzuleiten, insbesondere ggf. die Gewährleistungsbürgschaft*) in Anspruch zu nehmen.

Mit freundlichen Grüßen

....
(Unterschrift des Auftraggebers)

*) Unzutreffendes bitte streichen

Besondere Hinweise zu § 13 Nr. 7 VOB/B (Muster 7.5)

1. **VOB-Text**

   (1) Ist ein wesentlicher Mangel, der die Gebrauchsfähigkeit erheblich beeinträchtigt, auf ein Verschulden des Auftragnehmers oder seiner Erfüllungsgehilfen zurückzuführen, so ist der Auftragnehmer außerdem verpflichtet, dem Auftraggeber den Schaden an der baulichen Anlage zu ersetzen, zu deren Herstellung, Instandhaltung oder Änderung die Leistung dient.

   (2) Den darüber hinausgehenden Schaden hat er nur dann zu ersetzen:
   a) wenn der Mangel auf Vorsatz oder grober Fahrlässigkeit beruht,
   b) wenn der Mangel auf einem Verstoß gegen die anerkannten Regeln der Technik beruht,
   c) wenn der Mangel in dem Fehlen einer vertraglich zugesicherten Eigenschaft besteht oder
   d) soweit der Auftragnehmer den Schaden durch Versicherung seiner gesetzlichen Haftpflicht gedeckt hat oder innerhalb der von der Versicherungsaufsichtsbehörde genehmigten Allgemeinen Versicherungsbedingungen zu tarifgemäßen, nicht auf außergewöhnliche Verhältnisse abgestellten Prämien und Prämienzuschlägen bei einem im Inland zum Geschäftsbetrieb zugelassenen Versicherer hätte decken können.

   (3) Abweichend von Nr. 4 gelten die gesetzlichen Verjährungsfristen, soweit sich der Auftragnehmer nach Absatz 2 durch Versicherung geschützt hat oder hätte schützen können oder soweit ein besonderer Versicherungsschutz vereinbart ist.

   (4) Eine Einschränkung oder Erweiterung der Haftung kann in begründeten Sonderfällen vereinbart werden.

2. **Erläuterungen**

   2.1 Zunächst wird auf die Ausführungen unter 2.1 bis 2.12 zu Muster 7.1 verwiesen.
   § 13 Nr. 7 VOB/B behandelt die Schadensersatzansprüche, die dem Auftraggeber aus einem Mangel zustehen, der nach der Abnahme entstanden ist. Derartige Schadensersatzansprüche kann der Auftraggeber zusätzlich zu Ansprüchen aus Mängelbeseitigung (§ 13 Nr. 6 VOB/B) geltend machen. Insoweit unterscheidet sich die VOB zu Lasten des Auftragnehmers von dem BGB, wo der Auftraggeber nur wahlweise (d. h. entweder oder) Nachbesserung, Minderung der Vergütung oder Schadensersatzansprüche geltend machen kann.

   2.2 § 13 Nr. 7 VOB/B unterscheidet zwischen dem unmittelbaren und dem mittelbaren Schadensersatzanspruch.
   Der unmittelbare (kleine) Schadensersatzanspruch aus § 13 Nr. 7 Abs. 1 VOB/B ist in seinem Umfang auf den tatsächlich an der baulichen Anlage aufgetretenen Schaden begrenzt (z. B. Beseitigung des Risses im Mauerwerk). Voraussetzung für die Geltendmachung dieses Schadensersatzanspruches ist, daß ein wesentlicher Mangel an der baulichen Anlage vorliegt, der die Gebrauchsfähigkeit erheblich beeinträchtigt. Wesentlich ist ein Mangel, wenn er nach der allgemeinen Verkehrsauffassung, dem besonderen Vertragszweck und der Interessenlage des Auftraggebers so beachtlich ist, daß ein Ausgleich in Geld geboten ist (OLG Stuttgart, Baurecht 1979, 432). Daraus folgt, daß die Gebrauchsfähigkeit der baulichen Anlage erheblich beeinträchtigt sein muß. Von einer Erheblichkeit spricht man beispielsweise dann, wenn eine andere als die

vereinbarte Holzlage verwendet wurde. Keine Erheblichkeit liegt vor, wenn lediglich Farbabweichungen vorliegen.

Weitere Voraussetzung ist, daß der Schaden, der dem Auftraggeber durch den Mangel entstanden ist, nicht durch die Nachbesserung gemäß § 13 Nr. 5 VOB/B ganz beseitigt oder durch Minderung der Vergütung (§ 13 Nr. 6 VOB/B) ausgeglichen ist. Da der Schadensersatzanspruch neben der Nachbesserung und der Minderung der Vergütung besteht, müssen die Voraussetzungen für die Nachbesserung und die Minderung vorliegen.

Unter besonderen Voraussetzungen ist auch der mittelbare (große) Schadensersatzanspruch gegeben. Dieser Fall liegt vor, wenn die Voraussetzungen des § 13 Nr. 7 Abs. 2 VOB/B vorliegen, d. h. der Mangel muß
– auf Vorsatz oder grober Fahrlässigkeit des Auftragnehmers
– oder auf einem Verstoß gegen die anerkannten Regeln der Technik beruhen,
– oder in dem Fehlen einer vertraglich zugesicherten Eigenschaft bestehen,
– oder wenn der Auftraggeber diesen Schaden durch Versicherung seiner gesetzlichen Haftpflicht gedeckt hat oder hätte decken können.

2.3 Die Beweislast für das Vorliegen eines Schadensersatzanspruches trägt der Auftraggeber.

2.4 Schadensersatzansprüche nach § 13 Nr. 7 Abs. 1 und 2 VOB/B verjähren – sofern keine andere Vereinbarung getroffen wurde und dem Vertrag die VOB zugrunde liegt – innerhalb der zweijährigen Verjährungsfrist nach § 13 Nr. 4 VOB/B. Die Verjährung beginnt mit der Abnahme, und zwar auch dann, wenn der Schaden erst nach der Fertigstellung der Leistung entstanden ist (BGHZ 50, 21).

2.5 Dem Auftraggeber ist auch ein Ausgleich für entgangene Nutzung zu gewähren. Dieser erfaßt die abstrakt entgangenen Gebrauchsvorteile ohne Nachweis eines konkreten Schadens. Die Nutzung einer beispielsweise zum Haus gehörenden Garage stellt einen Vermögenswert dar, der für den Fall der Nutzungsentziehung zu entschädigen ist (BGH, ZfBR 1986, 26; vgl. auch die ausführliche Darstellung bei Heiermann/Riedl/Rusam, a. a. O., B § 13 Rdn. 208). Wird durch den Mangel des Bauwerks dieses selbst oder ein Teil unbrauchbar, ist der sich daraus ergebende Vermögensschaden grundsätzlich zu ersetzen (BGH, ZfBR 1986, 26).

2.6 Für die „mittelbaren" Mangelfolgeschäden, die der Auftragnehmer nach den Grundsätzen der positiven Vertragsverletzung zu erstatten hat, gilt die 30jährige Verjährungsfrist gemäß § 195 BGB.

Muster 7.6 – Gewährleistungsschema

Schema über die Gewährleistungsbestimmungen nach dem BGB und der VOB

AG = Auftraggeber
AN = Auftragnehmer

1. Umfang der Gewährleistung

VOB	BGB	Bemerkung
§ 13 Nr. 1: Die Leistung – muß die vertraglich zugesicherten Eigenschaften haben, – muß den anerkannten Regeln der Technik entsprechen, – darf nicht mit Fehlern behaftet sein, die den Wert oder die Tauglichkeit zu dem gewöhnlichen oder dem nach dem Vertrag vorausgesetzten Gebrauch aufheben oder mindern.	§ 633 Abs. 1: Das Werk muß so hergestellt werden, daß – es die zugesicherten Eigenschaften hat, – nicht mit Fehlern behaftet ist, die den Wert oder die Tauglichkeit zu dem gewöhnlichen oder dem nach dem Vertrag vorausgesetzten Gebrauch aufheben oder mindern.	**Bemerkung:** Auch nach dem BGB muß die Bauleistung den anerkannten Regeln der Technik entsprechen, weil der Auftragnehmer zu sorgfältiger Ausführung der Bauleistung verpflichtet ist, worunter auch die Beachtung der anerkannten Regeln der Technik fällt.

2. Beginn der Gewährleistung

VOB	BGB	Bemerkung
§ 13 Nr. 1: Mit der Abnahme (§ 12 VOB/B) oder falls keine Abnahme erfolgt – 12 Werktage nach Mitteilung über die Fertigstellung (§ 12 Nr. 5 Abs. 1), – 6 Werktage nach Inbenutzungnahme (§ 12 Nr. 5 Abs. 2).	§ 638 Abs. 1 Satz 2: Mit der Abnahme	**Bemerkung:** Auch nach dem BGB kann die Abnahme durch schlüssige Handlung, z. B. durch Ingebrauchnahme des im wesentlichen funktionstüchtigen Werkes geschehen. Sie muß aber dem AN gegenüber zum Ausdruck kommen. Beim AG intern gebliebene Vorgänge, aus denen objektiv auf eine Billigung des Werkes geschlossen werden kann, genügen nicht (BGH, NJW 1974, 95).

Muster 7.6 – Fortsetzung

3. Verjährungsfrist für Gewährleistungsansprüche

VOB

§ 13 Nr. 4 VOB/B:
1 Jahr für Arbeiten an einem Grundstück;
2 Jahre für Bauwerke

§ 13 Nr. 5 VOB/B:
Der Anspruch auf Beseitigung der gerügten Mängel verjährt mit Ablauf der 2jährigen (bzw. 1jährigen) Frist, die mit Zugang des schriftlichen Verlangens des AG, die Mängel zu beseitigen, beginnt.

BGB

§ 638 Abs. 1 Satz 1:
1 Jahr für Arbeiten an einem Grundstück;
5 Jahre bei Bauwerken
Sofern die Mängel vom AN arglistig verschwiegen wurden, verjähren sie gemäß §§ 637, 638, 195 BGB nach 30 Jahren.

Bemerkung:

Da im deutschen Recht der Grundsatz der Vertragsfreiheit herrscht, können andere Fristen im Bauvertrag vereinbart werden. Für die öffentlichen AG gilt jedoch, daß diese nur in Ausnahmefällen von der 2jährigen Frist abweichen dürfen (§ 13 VOB/A). Bei arglistig verschwiegenen Mängeln gilt auch nach der VOB die 30jährige Verjährungsfrist.

4. Hemmung der Verjährung

VOB

Die Hemmung der Verjährung ist in der VOB nicht geregelt, es gelten deshalb die gesetzlichen Vorschriften.

BGB

§ 639 Abs. 2:
Eine Hemmung der Verjährung liegt vor, solange sich der AN im Einverständnis mit dem AG der Prüfung des Vorhandenseins des Mangels oder der Beseitigung des Mangels unterzieht. Die Hemmung ist beendet, wenn der AN das Ergebnis der Prüfung dem AG mitteilt oder ihm gegenüber den Mangel für beseitigt erklärt oder die Fortsetzung der Beseitigung verweigert. Nach der Beendigung der Hemmung läuft die vertragliche Verjährungsfrist weiter.

Bemerkung:

Durch den Beginn der Nachbesserungsleistung ist der bisherige Lauf der mit der Abnahme begonnenen Verjährungsfrist gemäß § 639 Abs. 2 BGB gehemmt. Mit der Abnahme (oder Fertigstellung) der Mängelbeseitigungsleistungen beginnt gemäß § 13 Nr. 5 Satz 3 VOB/B die Regelfrist nach § 13 Nr. 4 VOB/B erneut zu laufen.

Muster 7.6 – Fortsetzung

5. Unterbrechung der Verjährung

VOB
§ 13 Nr. 5 Abs. 2 Satz 2:
Mit Zugang der schriftlichen Mängelbeseitigungsaufforderung beginnt die in Nr. 4 vorgesehene Frist erneut für die Gewährleistungsansprüche zu laufen.

§ 13 Nr. 5 Abs. 1 Satz 3:
Nach der Abnahme der Mängelbeseitigungsleistung beginnen für diese Leistungen die Regelfristen der Nr. 4 erneut zu laufen.

BGB
§ 639 Abs. 1 in Verbindung mit §§ 208–217:
Mit der Unterbrechung beginnt die Verjährungsfrist neu zu laufen. Die Unterbrechung kann insbesondere durch Klageerhebung, die Einleitung eines Beweissicherungsverfahrens oder durch Anerkennung durch den AN erfolgen. Eine Unterbrechung kann nicht – wie nach der VOB – durch eine schriftliche Mängelrüge erfolgen.

Bemerkung:
Bei § 13 Nr. 5 Abs. 2 Satz 2 VOB/B handelt es sich nicht unmittelbar um eine Unterbrechung der Verjährung, die Auswirkungen sind jedoch die gleichen. (BGH, NJW 1972, 1753).

6. Verweigerung der Mängelbeseitigung

VOB
§ 13 Nr. 3:
Der AN wird von seiner Gewährleistungspflicht frei, wenn der Mangel
– auf die Leistungsbeschreibung
– auf eine Anordnung des AG
– auf vom AG gelieferte oder vorgeschriebene Stoffe oder Bauteile
– oder auf die Beschaffenheit der Vorleistung eines anderen Unternehmers
zurückzuführen ist und der AN den AG hiervon schriftlich gemäß § 4 Nr. 3 VOB/B unterrichtet hat.

§ 13 Nr. 6:
Der AN kann die Beseitigung eines Mangels verweigern, wenn sie unmöglich ist oder einen unverhältnismäßig hohen Aufwand erfordern würde.

BGB
Keine entsprechende Regelung

§ 633 Abs. 2 Satz 3:
Der Unternehmer ist berechtigt, die Mängelbeseitigung zu verweigern, wenn sie einen unverhältnismäßig hohen Aufwand erfordern würde.

Bemerkung:
Der Umfang der dem AN obliegenden Prüfungspflicht ergibt sich aus den objektiven Kenntnissen des AN, die man üblicherweise für die spezielle Branche verlangen kann.

Nach VOB und BGB kann der AG eine Minderung der Vergütung verlangen. § 13 Nr. 6 VOB/B: BGB § 634

Muster 7.6 – Fortsetzung

7. Die einzelnen Gewährleistungsansprüche

7.1 Nachbesserung

VOB
§ 13 Nr. 5 Abs. 1 VOB/B:
Der AN ist verpflichtet, alle während der Verjährungsfrist hervortretenden Mängel, die auf eine vertragswidrige Leistung zurückzuführen sind, auf seine Kosten zu beseitigen.

BGB
§ 633 Abs. 2 Satz 1
Wenn das Werk nicht entsprechend § 633 Abs. 1 hergestellt ist, kann der AG die Beseitigung des Mangels verlangen.

Bemerkung:
Die Mängelbeseitigung kann schriftlich oder mündlich verlangt werden. Bei der VOB setzt nur die schriftliche Aufforderung erneut die Frist in Lauf.

7.2 Nachbesserung durch den AG bzw. einen von ihm beauftragten Dritten

VOB
§ 13 Nr. 5 Abs. 2 VOB/B:
Wenn der AN der Aufforderung des AG zur Mängelbeseitigung nicht innerhalb der vom AG gesetzten angemessenen Frist nachkommt, kann der AG die Mängel auf Kosten des AN beseitigen lassen.

BGB
§ 633 Abs. 2 Satz 2 BGB:
Ist der AN mit der Beseitigung des Mangels in Verzug, so kann der AG den Mangel selbst beseitigen und Ersatz der erforderlichen Aufwendungen verlangen.

Bemerkung:
In den Auswirkungen entspricht die BGB-Regelung in etwa der der VOB.

7.3 Minderung der Vergütung

VOB
§ 13 Nr. 6 VOB/B:
Der AG kann Minderung der Vergütung verlangen, wenn der AN
– die Beseitigung des Mangels wegen Unmöglichkeit oder
– oder unverhältnismäßig hohen Aufwands verweigert.

BGB
§ 634 Abs. 1, 2, 4 BGB:
Der AG kann Minderung der Vergütung verlangen, wenn der AN nicht innerhalb der von ihm gesetzten Frist die Mängel beseitigt hat.

Bemerkung:
Nach dem BGB hat der AG das Wahlrecht, nach dem Ablauf der Frist die Rückgängigmachung des Vertrages (Wandelung) oder die Herabsetzung der Vergütung (Minderung) zu verlangen.

7.4 Wandelung (Rückgängigmachung des Bauvertrages)

VOB
Nicht geregelt, da beim Bauvertrag nicht praktikabel.

BGB
§ 634 Abs. 1 BGB:
Der AG ist zur Rückgängigmachung des Vertrages berechtigt, wenn der AN nicht innerhalb der von ihm gesetzten Frist den Mangel beseitigt hat.

Bemerkung:
Auch nach dem BGB wird sich eine Rückgängigmachung des Bauvertrages nur äußerst selten verwirklichen lassen, so daß es hier bei der Minderung der Vergütung bleibt.

Muster 7.6 – Fortsetzung

7.5 Schadensersatz

Für Schäden am Bauwerk (unmittelbarer Schaden)

VOB	BGB	Bemerkung:
§ 13 Nr. 7 Abs. 1: Der AG kann vom AN Schadensersatz verlangen, wenn ein wesentlicher Mangel vorliegt, der die Gebrauchsfähigkeit erheblich beeinträchtigt und auf ein Verschulden des AN oder seiner Erfüllungsgehilfen zurückzuführen ist. Dieser Schadensersatzanspruch, der ein Verschulden voraussetzt, tritt neben den Nachbesserungsanspruch aus § 13 Nr. 5 Abs. 1 Satz 1 VOB/B oder den Minderungsanspruch nach § 13 Nr. 6 VOB/B. Im letzteren Falle jedoch nur, soweit neben der Minderung der Vergütung dem AG tatsächlich ein Schaden entstanden ist.	§ 635: Wenn der Mangel auf einem Umstand beruht, den der AN zu vertreten hat, so kann der AG statt Wandelung oder Minderung der Vergütung Schadensersatz wegen Nichterfüllung verlangen. Dieser Schadensersatzanspruch, der ein Verschulden voraussetzt, tritt anstelle des Anspruchs auf Minderung der Vergütung (§ 634 Abs. 1 Satz 2 BGB) und Wandelung (§ 634 Abs. 1 BGB).	Der „kleine Schadensersatzanspruch" umfaßt z. B. den dem Werk unmittelbar anhaftenden Schaden und den technischen und merkantilen Minderwert.

Für den über den am Bauwerk hinausgehenden (mittelbaren) Folgeschaden

VOB	BGB	Bemerkung:
§ 13 Nr. 7 Abs. 2: Den darüber hinausgehenden Schaden hat der AN dem AG nur zu ersetzen - wenn der Mangel auf Vorsatz oder grober Fahrlässigkeit beruht, - wenn der Mangel auf einem Verstoß gegen die anerkannten Regeln der Technik beruht, - wenn der Mangel in dem Fehlen einer vertraglich zugesicherten Eigenschaft besteht, - soweit der AN den Schaden durch Versicherung seiner gesetzlichen Haftpflicht gedeckt hat oder . . . hätte decken können. Verjährung gemäß § 13 Nr. 7 Abs. 3 VOB/B = 5 Jahre.	§ 635: Der Schadensersatz geht nur auf Entschädigung in Geld und bezieht sich nur auf den dem Werk unmittelbar anhaftenden Schaden, d. h. den Schaden, der dadurch entstand, daß das Werk beispielsweise unbrauchbar, wertlos oder minderwertig ist. Für Folgeschäden bietet § 635 keine Anspruchsgrundlage, ggf. Ansprüche aus positiver Vertragsverletzung.	Der „große Schadensersatzanspruch" umfaßt nach der VOB die sogenannten Folgekosten, z. B. Mietausfall, Kosten für anderweitige Unterbringung, etc.

Muster 8.1 – Kürzung der Abschlagsrechnung gemäß § 16 Nr. 1 und § 4 Nr. 7 VOB/B

An den ...., den ....
Auftragnehmer

Bauvorhaben ....
gemäß Bauvertrag vom ....
hier: Kürzung Ihrer Abschlagsrechnung

Sehr geehrte Damen und Herren,

unter Bezugnahme auf die uns übersandte Abschlagsrechnung vom .... teilen wir Ihnen mit, daß diese nicht in voller Höhe ausgezahlt werden kann, da die Leistungen, für die die Abschlagszahlungen verlangt werden, folgende Mängel aufweisen/folgende Gegenforderungen bestehen:*)
Wir verweisen insoweit auf § 16 Nr. 1 Abs. 2 VOB/B und fordern Sie auf unverzüglich, spätestens bis zum .... die mangelhaften Leistungen durch mangelfreie zu ersetzen. Sollten Sie die vorgegebene Frist nicht einhalten, so behalten wir uns vor, gemäß § 4 Nr. 7 VOB/B zu verfahren.

Mit freundlichen Grüßen

....
(Unterschrift des Auftraggebers)

*) Unzutreffendes bitte streichen

Besondere Hinweise zu § 16 Nr. 1 und § 4 Nr. 7 VOB/B (Muster 8.1)

1. **VOB-Text**

    § 16 Nr. 1
    (1) Abschlagszahlungen sind auf Antrag in Höhe des Wertes der jeweils nachgewiesenen vertragsgemäßen Leistungen einschließlich des ausgewiesenen, darauf entfallenden Umsatzsteuerbetrags in möglichst kurzen Zeitabständen zu gewähren. Die Leistungen sind durch eine prüfbare Aufstellung nachzuweisen, die eine rasche und sichere Beurteilung der Leistungen ermöglichen muß. Als Leistungen gelten hierbei auch die für die geforderte Leistung eigens angefertigten und bereitgestellten Bauteile sowie die auf der Baustelle angelieferten Stoffe und Bauteile, wenn dem Auftraggeber nach seiner Wahl das Eigentum an ihnen übertragen ist oder entsprechende Sicherheit gegeben wird.
    (2) Gegenforderungen können einbehalten werden. Andere Einbehalte sind nur in den im Vertrag und in den gesetzlichen Bestimmungen vorgesehenen Fällen zulässig.
    (3) Abschlagszahlungen sind binnen 18 Werktagen nach Zugang der Aufstellung zu leisten.
    (4) Die Abschlagszahlungen sind ohne Einfluß auf die Haftung und Gewährleistung des Auftragnehmers; sie gelten nicht als Abnahme von Teilen der Leistung.

    § 4 Nr. 7
    Leistungen, die schon während der Ausführung als mangelhaft oder vertragswidrig erkannt werden, hat der Auftragnehmer auf eigene Kosten durch mangelfreie zu ersetzen. Hat der Auftragnehmer den Mangel oder die Vertragswidrigkeit zu vertreten, so hat er auch den daraus entstehenden Schaden zu ersetzen. Kommt der Auftragnehmer der Pflicht zur Beseitigung des Mangels nicht nach, so kann ihm der Auftraggeber eine angemessene Frist zur Beseitigung des Mangels setzen und erklären, daß er ihm nach fruchtlosem Ablauf der Frist den Auftrag entziehe (§ 8 Nr. 3).

2. **Erläuterungen**

    2.1 Grundsätzlich hat der Auftragnehmer beim VOB-Vertrag Anspruch auf Abschlagszahlungen. Insoweit unterscheidet sich der VOB-Vertrag vom BGB-Vertrag, der keine Abschlagszahlungen vorsieht.
    Abschlagszahlungen haben nur vorläufigen Charakter. Sie sind deshalb ohne Einfluß auf die Haftung und Gewährleistung des Auftragnehmers. Daraus folgt, daß sich beispielsweise der Auftragnehmer nicht darauf berufen kann, daß der Auftraggeber durch die Leistung von Abschlagszahlungen für bestimmte Leistungen diese als vertragsgemäß anerkannt habe.

    2.2 Der Auftraggeber hat Abschlagszahlungen nur zu leisten, wenn der Auftragnehmer einen entsprechenden Antrag (d. h. Abschlagsrechnung) stellt. Voraussetzung für die Leistung von Abschlagszahlungen ist, daß sie nur in Höhe des Wertes der jeweils nachgewiesenen vertragsgemäßen Leistungen zu zahlen sind. Vertragsgemäß sind die Leistungen beispielsweise dann nicht, wenn sie Mängel aufweisen. In diesem Falle ist der Auftraggeber berechtigt, die Abschlagszah-

lungen angemessen zu kürzen. Angemessen ist eine Kürzung in der Weise, daß die Abschlagszahlung nur für den Wert der mangelfreien Leistung gezahlt wird, d. h. abzüglich des Wertes der mangelhaften Leistung.
Weitere Voraussetzung ist, daß die Abschlagsrechnung prüffähig ist. Hierbei gelten die Voraussetzungen des § 14 VOB/B (vgl. auch Muster 8.2).

2.3 Grundsätzlich sind die Abschlagszahlungen einschließlich Mehrwertsteuer zu leisten, wenn der Auftragnehmer diese in seinen Abschlagsrechnungen ausgewiesen hat. Eine Ausnahme besteht seit der Umsatzsteuerregelung vom 1. 1. 1980 nur dann, wenn der mit der Abschlagsrechnung geforderte Betrag unter DM 10 000,- liegt und der Auftragnehmer die Mehrwertsteuer in der Abschlagsrechnung nicht gesondert ausgewiesen hat.

2.4 Die aus Abschlagsrechnungen zu leistenden Abschlagszahlungen sind mit dem Ablauf von 18 Werktagen nach Zugang der Abschlagsrechnung beim Auftraggeber fällig. Leistet der Auftraggeber die Abschlagszahlung nicht innerhalb dieser Frist und setzt ihm der Auftragnehmer schriftlich eine angemessene Nachfrist, dann kann der Auftragnehmer nach Ablauf der Nachfrist Verzugszinsen gemäß § 16 Nr. 5 Abs. 3 VOB/B geltend machen, sofern er nicht einen höheren Verzugsschaden nachweist. Maßgeblich für die Einhaltung der Frist ist der Eingang der Abschlagszahlung beim Auftragnehmer. Es genügt deshalb beispielsweise nicht die Anweisung des Auftraggebers an seine auszahlende Stelle.
Diese Regelungen gelten allerdings dann nicht, wenn andere vertragliche Regelungen über die Fälligkeit der Abschlagszahlungen getroffen wurden.

2.5 Ist die Leistung, für die der Auftragnehmer die Abschlagszahlung verlangt hat, mangelhaft, empfiehlt es sich, daß der Auftraggeber dem Auftragnehmer in jedem Falle schriftlich eine angemessene Frist zur Beseitigung des Mangels setzt. Hält der Auftragnehmer diese Frist nicht ein, ist der Auftraggeber berechtigt, dem Auftragnehmer den Auftrag gemäß § 8 Nr. 3 VOB/B zu entziehen und ein anderes Unternehmen mit der Mängelbeseitigung und der Fertigstellung der Leistung auf Kosten des Auftragnehmers zu beauftragen. In diesem Falle ist nach Ablauf der angemessenen Nachfrist die entsprechende Entziehung des Auftrages (Kündigung) schriftlich auszusprechen.

2.6 Abschlagszahlungen können vom Auftragnehmer nur so lange verlangt werden, wie die Leistung noch nicht fertiggestellt ist. Liegt eine Fertigstellung und ggf. eine Abnahme der Leistung vor, dann kann sinngemäß nur noch die Schlußzahlung aufgrund der Schlußrechnung verlangt werden.

Muster 8.2 – Fehlende Prüffähigkeit der Abschlags-/ Schlußrechnung gemäß § 14 Nr. 1 VOB/B

An den
Auftragnehmer

.............., den ....

Bauvorhaben ....
gemäß Bauvertrag vom ....
hier: Fehlende Prüffähigkeit der Abschlags-/Schlußrechnung*)

Sehr geehrte Damen und Herren,

nach § 14 Nr. 1 VOB/B, der auch für die Abschlags-/Schlußrechnung*) gilt, haben Sie Ihre Leistungen prüfbar abzurechnen. Wir dürfen insoweit auf die Voraussetzungen für die Prüffähigkeit gemäß § 14 Nr. 1 VOB/B verweisen. Diese Voraussetzungen weist Ihre Abschlags-/ Schlußrechnung*) nicht auf. Sie erhalten als Anlage Ihre Abschlags-/Schlußrechnung*) zurück. Außerdem fordern wir Sie auf, Ihre Abschlags-/Schlußrechnung*) unverzüglich prüffähig aufzustellen.

Mit freundlichen Grüßen

....
(Unterschrift des Auftraggebers)

*) Unzutreffendes bitte streichen

Besondere Hinweise zu § 16 Nr. 1 und 3 VOB/B in Verbindung mit § 14 VOB/B (Muster 8.2)

1. **VOB-Text**
   § 14 Nr. 1
   Der Auftragnehmer hat seine Leistungen prüfbar abzurechnen. Er hat die Rechnungen übersichtlich aufzustellen und dabei die Reihenfolge der Posten einzuhalten und die in den Vertragsbestandteilen enthaltenen Bezeichnungen zu verwenden. Die zum Nachweis von Art und Umfang der Leistung erforderlichen Mengenberechnungen, Zeichnungen und andere Belege sind beizufügen. Änderungen und Ergänzungen des Vertrages sind in der Rechnung besonders kenntlich zu machen; sie sind auf Verlangen getrennt abzurechnen.

2. **Erläuterungen**

2.1 Aus § 16 Nr. 1 und 3 VOB/B in Verbindung mit § 14 VOB/B folgt, daß sowohl die Abschlags- als auch die Schlußrechnungen prüffähig sein müssen. Die Voraussetzung der Prüffähigkeit entspricht nicht nur den Interessen des Auftraggebers, sondern auch den Interessen des Auftragnehmers. Maßgeblich ist, daß der Auftraggeber in die Lage versetzt werden muß nachzuprüfen, ob der an ihn gerichtete Zahlungsanspruch gerechtfertigt ist (OLG Köln, in NJW 1973, 2111), und der Auftragnehmer gleichzeitig eine Übersicht darüber erhält, für welche Leistungen er bereits eine Abschlagszahlung beantragt bzw. erhalten hat.

2.2 Die Anforderungen, die an die Prüffähigkeit der Rechnungen zu stellen sind, ergeben sich aus § 14 VOB/B. Danach hat der Auftragnehmer die Rechnungen übersichtlich aufzustellen und dabei die Reihenfolge der Posten einzuhalten und die in den Vertragsbestandteilen enthaltenen Bezeichnungen zu verwenden. Diese Forderungen sind in der Regel – und dies zeigt auch die Praxis – ohne weiteres zu erfüllen. Darüber hinaus geht die VOB davon aus, daß die zum Nachweis von Art und Umfang der Leistung erforderlichen Mengenberechnungen, Zeichnungen und andere Belege beizufügen sind. In diesem Falle ergeben sich häufig Schwierigkeiten, ob der Auftragnehmer grundsätzlich verpflichtet ist, Abrechnungszeichnungen zu erstellen. In solchen Fällen wird oft auf die Abrechnungsvorschriften der VOB/C verwiesen. Hierzu muß jedoch festgestellt werden, daß es der Aufstellung kostspieliger Abrechnungszeichnungen dann nicht bedarf, wenn der Auftraggeber ohne weiteres aufgrund der Abschlagsrechnungen und den hierin gemachten Angaben in die Lage versetzt wird, eine Prüfung der in Rechnung gestellten Leistung vorzunehmen. Etwas anderes gilt dann, wenn im Vertrag ausdrücklich die Erstellung von sogenannten Abrechnungszeichnungen verlangt wurde. Die Prüfbarkeit ist insbesondere auch daran zu messen, welches Fachwissen beim Auftraggeber vorhanden ist. Handelt es sich beispielsweise beim Auftraggeber um einen Laien, dann muß der Auftragnehmer seine Rechnungen so aufstellen, daß sie der Auftraggeber nachvollziehen kann. Wenn hingegen der Auftraggeber durch einen sach- und fachkundigen Architekten beraten wird, dann ist es ausreichend, wenn die Rechnung so aufgestellt wird, daß sie der Architekt nachprüfen kann. In diesem Falle kann davon ausgegangen werden, daß der Architekt im Rahmen seiner aus dem Architektenvertrag resultierenden Sorgfalts- und Beratungspflichten dem Auftraggeber die Rechnung erläutert.

Die vorgenannten Anforderungen sind allerdings dann nicht zu erfüllen, wenn beispielsweise für die Leistung von Abschlagszahlungen ein sogenannter Zahlungsplan vereinbart wurde. In diesem Falle hat der Auftragnehmer lediglich nachzuweisen, daß das jeweilige Leistungsziel, für welches die Abschlagszahlung verlangt wird, erreicht wurde (z. B. Fälligkeit der 2. Abschlagszahlung nach Fertigstellung der Kellerdecke).

Sind beispielsweise während der Ausführung geänderte oder zusätzliche Leistungen auszuführen – was in der Praxis häufig vorkommt –, dann sind die hierfür verlangten Zahlungen in der Abschlags-/Schlußrechnung besonders kenntlich zu machen. Es empfiehlt sich insoweit, Nachtragsangebote vom Auftragnehmer zu verlangen und hierüber entsprechende Vereinbarungen zu treffen (vgl. auch die Muster zu § 2 Nr. 3, 5, 6 VOB/B). Die hierfür verlangte Vergütung sollte nach Möglichkeit mit Position Nr. 1, 2 etc. in die Abschlags-/Schlußrechnung aufgenommen werden.

2.3 Die Prüfbarkeit der Rechnungen ist eine vertragliche Nebenpflicht. Erfüllt der Auftragnehmer diese Verpflichtung nicht, wird die Abschlags-/Schlußrechnung nicht fällig. Die Frage, ob eine Abschlags-/Schlußrechnung prüffähig ist, sollte der Auftraggeber bzw. der von ihm bevollmächtigte Architekt unmittelbar nach Eingang der Rechnungen prüfen. Es ist gerade im Hinblick auf die Fälligkeitsregelungen in § 16 VOB/B mit dem Grundsatz von Treu und Glauben nicht zu vereinbaren, daß beispielsweise der Auftraggeber erst kurz vor Ablauf der 2-Monats-Frist nach § 16 Nr. 3 Abs. 1 VOB/B die fehlenden Lieferscheine für bestimmte Positionen rügt. Dies ergibt sich auch aus § 16 Nr. 5 Abs. 1 VOB/B, wonach alle Zahlungen aufs äußerste zu beschleunigen sind. Maßgeblich ist insoweit insbesondere auch, daß der Auftraggeber unmittelbar nach Eingang der jeweiligen Rechnung ohne größeren Zeitaufwand feststellen kann, ob diese prüffähig ist oder nicht.

2.4 Von besonderer Bedeutung für die Prüffähigkeit einer Rechnung ist das Aufmaß. Ob allerdings bereits für Abschlagsrechnungen ein Aufmaß erstellt werden kann, richtet sich nach der Lage des Einzelfalles. Grundsätzlich ist davon auszugehen, daß mit der Schlußrechnung – sofern nichts anderes vereinbart wurde – ein Aufmaß vorgelegt und der Schlußrechnung zugrunde gelegt werden soll.
Nach § 14 Nr. 2 VOB/B sind die für die Abrechnung notwendigen Feststellungen möglichst gemeinsam vorzunehmen. Daraus folgt, daß jede Partei berechtigt ist, die gemeinsame Erstellung des Aufmaßes zu verlangen.
Die Erstellung des Aufmaßes sind tatsächliche Feststellungen, die für beide Parteien verbindlich sind. Sie können nur wegen Irrtum oder arglistiger Täuschung nach den allgemein gültigen gesetzlichen Vorschriften angefochten werden. Haben die Parteien gemeinsam und einverständlich das Aufmaß festgestellt und vereinbart, daß es für die Abrechnung maßgeblich sein soll, dann liegen insoweit rechtsgeschäftliche Willenserklärungen vor und damit ein bindendes Schuldanerkenntnis nicht nur bezüglich der tatsächlichen Feststellungen, sondern auch für die Verbindlichkeit des Aufmaßes als Abrechnungsbasis für die Schlußzahlung. Grundsätzlich ist deshalb davon auszugehen, daß ein gemeinsam von den Parteien erstelltes Aufmaß gemäß § 14 Nr. 2 VOB/B als vertraglich vereinbarte Grundlage für Abschlags-/Schlußrechnungen anzusehen ist (Heiermann/Riedl/Rusam, VOB, Rdn. 32 ff. zu § 14 VOB/B).

2.5 Nach der Rechtsprechung ist davon auszugehen, daß der Architekt zur Anerkennung des Aufmaßes im Rahmen seiner Architektenvollmacht als bevollmächtigt anzusehen ist. Dies gilt auch dann, wenn der Architekt nur mit der Bauleitung beauftragt ist (BGH, NJW 1960, 859; 1966, 1461 sowie Hochstein, Baurecht 1973, 333).

2.6 Für die Abrechnung bei öffentlichen Aufträgen gilt das VHB zu § 14 VOB/B. Wegen der Einzelheiten ist zu verweisen auf Heiermann/Riedl/Rusam, a. a. O., B § 14 Rdn. 58 f.).

Muster 8.3 – Kürzung der Schlußzahlung gemäß § 16 Nr. 3 VOB/B

An den ...., den ....
Auftragnehmer

Bauvorhaben ....
gemäß Bauvertrag vom ....
hier: Kürzung der Schlußzahlung

Sehr geehrte Damen und Herren,

die von Ihnen eingereichte Schlußrechnung haben wir geprüft.
Eine volle Auszahlung des Schlußrechnungsbetrages ist jedoch nicht möglich, weil Ihre Leistungen Mängel aufweisen/die vereinbarte Vertragsstrafe in Abzug gebracht wird/die vertraglich vereinbarte Gewährleistungsbürgschaft nicht vorliegt.*)
Gemäß § 16 Nr. 3 Abs. 1 VOB/B leisten wir Ihnen deshalb eine Zahlung in Höhe von DM .... als Abschlagszahlung für Ihr unbestrittenes Guthaben.

Mit freundlichen Grüßen

....
(Unterschrift des Auftraggebers)

*) Unzutreffendes bitte streichen

Besondere Hinweise zu § 16 Nr. 3 VOB/B (Muster 8.3)

1. **VOB-Text**

    (1) Die Schlußzahlung ist alsbald nach Prüfung und Feststellung der vom Auftragnehmer vorgelegten Schlußrechnung zu leisten, spätestens innerhalb von 2 Monaten nach Zugang. Die Prüfung der Schlußrechnung ist nach Möglichkeit zu beschleunigen. Verzögert sie sich, so ist das unbestrittene Guthaben als Abschlagszahlung sofort zu zahlen.

    (2) Die vorbehaltlose Annahme der Schlußzahlung schließt Nachforderungen aus, wenn der Auftragnehmer über die Schlußzahlung schriftlich unterrichtet und auf die Ausschlußwirkung hingewiesen wurde.

    (3) Einer Schlußzahlung steht es gleich, wenn der Auftraggeber unter Hinweis auf geleistete Zahlungen weitere Zahlungen endgültig und schriftlich ablehnt.

    (4) Auch früher gestellte, aber unerledigte Forderungen werden ausgeschlossen, wenn sie nicht nochmals vorbehalten werden.

    (5) Ein Vorbehalt ist innerhalb von 24 Werktagen nach Zugang der Mitteilung nach Absätzen 2 und 3 über die Schlußzahlung zu erklären. Er wird hinfällig, wenn nicht innerhalb von weiteren 24 Werktagen eine prüfbare Rechnung über die vorbehaltenen Forderungen eingereicht oder, wenn das nicht möglich ist, der Vorbehalt eingehend begründet wird.

    (6) Die Ausschlußfristen gelten nicht für ein Verlangen nach Richtigstellung der Schlußrechnung und -zahlung wegen Aufmaß-, Rechen- und Übertragungsfehlern.

2. **Erläuterungen**

    2.1 Der Auftraggeber ist nicht verpflichtet, die Schlußzahlung in voller Höhe zu leisten, wenn die Leistung des Auftragnehmers Mängel aufweist oder nicht prüffähig ist (§ 14 VOB/B – vgl. insoweit Muster 8.2) ist. In diesen Fällen wird die Schlußrechnung nicht fällig.
    Soweit die Leistung des Auftragnehmers Mängel aufweist, kann sich der Auftraggeber auf sein Zurückbehaltungsrecht berufen. Das Zurückbehaltungsrecht besteht in der Höhe der Differenz zwischen der mangelfreien und der mangelhaften Leistung.

    2.2 Soweit die Leistung des Auftragnehmers mangelfrei ist, muß der Auftraggeber gemäß § 16 Nr. 3 Abs. 1 Satz 3 VOB/B das unbestrittene Guthaben sofort als Abschlagszahlung auszahlen. Das gleiche gilt dann, wenn beispielsweise nur ein Teil der vom Auftragnehmer abgerechneten Positionen nicht prüffähig ist und die übrigen ohne weiteres an Hand der Schlußrechnung bzw. dieser beigefügten Unterlagen überprüft werden kann.

    2.3 Eine Fälligkeit der Schlußrechnung gemäß § 16 Nr. 3 Abs. 1 VOB/B tritt für die Berechnung mangelhafter Leistungen bzw. nicht ausreichender Prüffähigkeit erst dann ein, wenn die Mängel beseitigt sind bzw. die Rechnung so aufgestellt wurde, daß sie im Sinne von § 14 VOB/B prüffähig ist. Erst von diesem Zeitpunkt an beginnt die gemäß § 16 Nr. 3 Abs. 1 VOB/B vorgesehene 2-Monats-Frist zu laufen.

Muster 8.4 – Erstellung der Schlußrechnung durch den Auftraggeber gemäß § 14 Nr. 3 VOB/B

An den . . . ., den . . . .
Auftragnehmer

Bauvorhaben . . . .
gemäß Bauvertrag vom . . . .
hier: Erstellung der Schlußrechnung durch den Auftraggeber

Sehr geehrte Damen und Herren,

gemäß § 14 Nr. 3 VOB/B muß die Schlußrechnung bei Leistungen mit einer vertraglichen Ausführungsfrist von höchstens 3 Monaten spätestens 12 Werktage nach Fertigstellung eingereicht werden. Diese Frist wird um jeweils 6 Werktage für je 3 weitere Monate Ausführungsfrist verlängert. Diese nach der VOB vorgegebenen Fristen haben Sie überschritten.
Wir fordern Sie deshalb auf, unverzüglich, spätestens bis zum . . . . eine prüfbare Schlußrechnung einzureichen. Sollten Sie diese Frist nicht einhalten, so werden wir auf Ihre Kosten die Schlußrechnung aufstellen lassen.

Mit freundlichen Grüßen

. . . .
(Unterschrift des Auftraggebers)

Muster 8.4 a – Schlußzahlungshinweis gemäß § 16 Nr. 3 Abs. 2 VOB/B

An den ...., den ....
Auftragnehmer

Bauvorhaben ....
Ihre Schlußrechnung Nr. .... vom ....
hier: Schlußzahlung gemäß § 16 Nr. 3 Abs. 2 VOB/B

Sehr geehrte Damen und Herren,

wir bestätigen den Eingang Ihrer Schlußrechnung Nr. .... vom .... Wir haben sie, wie Sie dem Rücklaufexemplar entnehmen können, geprüft und das Ergebnis mit DM .... festgestellt. Mit Rücksicht auf die von uns geleisteten Zahlungen werden weitere Zahlungen hiermit endgültig abgelehnt (Rückforderungen bleiben vorbehalten)*). Dieser Betrag wurde Ihnen am .... als Schlußzahlung überwiesen. Die vorbehaltlose Annahme schließt Nachforderungen aus. Dies gilt auch für Ihre früher gestellten und unerledigten Forderungen gem. Rechnungen Nr. .... vom ....

Mit freundlichen Grüßen

....
(Unterschrift des Auftraggebers)

*) Unzutreffendes bitte streichen

Besondere Hinweise zu § 16 Nr. 3 Abs. 1 VOB/B in Verbindung mit § 14 Nr. 3 VOB/B (Muster 8.4 und 8.4 a)

1. **VOB-Text**

   § 16 Nr. 3
   (1) Die Schlußzahlung ist alsbald nach Prüfung und Feststellung der vom Auftragnehmer vorgelegten Schlußrechnung zu leisten, spätestens innerhalb von 2 Monaten nach Zugang. Die Prüfung der Schlußrechnung ist nach Möglichkeit zu beschleunigen. Verzögert sie sich, so ist das unbestrittene Guthaben als Abschlagszahlung sofort zu zahlen.

   § 14 Nr. 3
   Die Schlußrechnung muß bei Leistungen mit einer vertraglichen Ausführungsfrist von höchstens 3 Monaten spätestens 12 Werktage nach Fertigstellung eingereicht werden, wenn nichts anderes vereinbart ist; diese Frist wird um je 6 Werktage für je weitere 3 Monate Ausführungsfrist verlängert.

2. **Erläuterungen**

   2.1 Der Auftragnehmer hat nicht nur das Recht, sondern auch die Pflicht, eine Schlußrechnung im Sinne von § 16 Nr. 3 Abs. 1 VOB/B aufzustellen. Die VOB sieht hierfür bestimmte Fristen vor, die in § 14 Nr. 3 VOB/B geregelt sind. Danach muß die Schlußrechnung bei Leistungen mit einer vertraglichen Ausführungsfrist von höchstens 3 Monaten spätestens 12 Werktage nach Fertigstellung eingereicht werden, wenn nichts anderes vereinbart ist. Diese Frist wird um je 6 Werktage für je 3 weitere Monate Ausführungsfrist verlängert.

   2.2 Hält der Auftragnehmer diese Fristen nicht ein, kommt § 14 Nr. 4 zur Anwendung. Nach dieser Bestimmung hat der Auftraggeber dem Auftragnehmer zunächst eine angemessene Frist für die Erstellung der prüfbaren Schlußrechnung zu setzen. Hält der Auftragnehmer diese Frist nicht ein, so kann der Auftraggeber – und zwar ohne daß es eines entsprechenden Hinweises bedarf – dann die Schlußrechnung durch einen Dritten erstellen lassen und die hierdurch entstehenden Kosten dem Auftragnehmer auferlegen, indem er sie von der Schlußzahlung an den Auftragnehmer in Abzug bringt. Soweit beispielsweise der Auftraggeber die Schlußrechnung selbst erstellt, stehen ihm die hierfür aufgewandten Kosten (Arbeitszeit, Material etc.) zu. Läßt hingegen der Auftraggeber die Schlußrechnung durch einen Dritten erstellen, dann kann er vom Auftragnehmer alle Kosten ersetzt verlangen, die zwangsläufig durch die Aufstellung einer prüfbaren Rechnung entstehen. Wird beispielsweise die Schlußrechnung durch einen Architekten oder Ingenieur erstellt, so ist dieser berechtigt, seine Kosten nach der HOAI zu berechnen, die dann der Auftragnehmer dem Auftraggeber zu vergüten hat. Das gleiche gilt beispielsweise auch dann, wenn nachträglich noch ein Aufmaß erstellt werden muß.

Wird die Schlußrechnung durch den Auftraggeber selbst oder einen Dritten erstellt, dann muß sie so erstellt werden, daß der Auftragnehmer in der Lage ist, diese Rechnung zu prüfen. Daraus folgt, daß an eine derartige Rechnungserstellung die gleichen Anforderungen bezüglich der Prüffähigkeit zu stellen sind, wie sie an den Auftragnehmer zu stellen sind, wenn dieser die Rechnung selbst erstellt.

Die jeweilige Mehrwertsteuer ist gesondert auszuweisen. Für die Fälligkeit einer durch den Auftraggeber oder einen von ihm beauftragten Dritten erstellten Schlußrechnung gilt § 16 Nr. 3 Abs. 1 sinngemäß.

Muster 8.5 – Zahlung an Gläubiger gemäß § 16 Nr. 6 VOB/B

An den
Auftragnehmer

. . . ., den . . . .

Bauvorhaben . . . .
gemäß Bauvertrag vom . . . .
hier: Zahlung an Ihre Gläubiger

Sehr geehrte Damen und Herren,

wie wir von den von Ihnen in bezug auf das Bauvorhaben . . . . (Bauvertrag vom . . . .) beteiligten Nachunternehmern schriftlich mitgeteilt bekommen haben, befinden Sie sich mit fälligen Zahlungen aus den von Ihnen mit diesen Nachunternehmern abgeschlossenen Werkverträgen in Verzug. Es handelt sich dabei im einzelnen um die folgenden Rechnungen:

. . . .

Die Rechnungen und die den Zahlungsverzug auslösenden Mahnungen liegen uns vor.
Wir fordern Sie hiermit auf, bis zum . . . . schriftlich zu erklären, daß Sie diese Forderungen der Nachunternehmer (Firma . . . .) anerkennen.

Sollte uns die Erklärung bis zu diesem Zeitpunkt nicht in schriftlicher Form vorliegen, gelten die Forderungen als anerkannt und der Zahlungsverzug als bestätigt.

Wir werden nach Eingang des Anerkenntnisses oder fruchtlosem Fristablauf die fälligen Zahlungen an den Nachunternehmer erbringen. In Höhe der Zahlung wird Ihr Vergütungsanspruch gekürzt.

Mit freundlichen Grüßen

. . . .
(Unterschrift des Auftraggebers)

Muster 8.5 a – Zahlung an Gläubiger gemäß § 16 Nr. 6 VOB/B

An den . . . ., den . . . .
Nachunternehmer

Bauvorhaben . . . .
gemäß Bauvertrag vom . . . .
hier: Zahlungsanforderung gemäß § 16 Nr. 6 VOB/B

Sehr geehrte Damen und Herren,

wir überreichen Ihnen in der Anlage die Durchschrift des Schreibens, das wir gemäß § 16 Nr. 6 VOB/B an Ihren Auftraggeber mit dem Hinweis darauf gerichtet haben, daß dieser die in diesem Schreiben aufgeführten Erklärungen abgibt. Für den Fall, daß keine Erklärung Ihres Auftraggebers eingeht und Ihre Forderung sich als nicht bestehend oder einredebehaftet herausstellen sollte, werden wir Rückforderungsansprüche geltend machen.
Wir fordern Sie hiermit auf, diese Erklärung durch Rücksendung der mit Ihrer Unterschrift versehenen Kopie dieses Schreibens anzuerkennen.

Mit freundlichen Grüßen

. . . .
(Unterschrift des Auftraggebers)

Besondere Hinweise zu § 16 Nr. 6 VOB/B (Muster 8.5 und 8.5 a)

1. **VOB-Text**

   Der Auftraggeber ist berechtigt, zur Erfüllung seiner Verpflichtungen aus Nummern 1 bis 5 Zahlungen an Gläubiger des Auftragnehmers zu leisten, soweit sie an der Ausführung der vertraglichen Leistung des Auftragnehmers aufgrund eines mit diesem abgeschlossenen Dienst- oder Werkvertrags beteiligt sind und der Auftragnehmer in Zahlungsverzug gekommen ist. Der Auftragnehmer ist verpflichtet, sich auf Verlangen des Auftraggebers innerhalb einer von diesem gesetzten Frist darüber zu erklären, ob und inwieweit er die Forderungen seiner Gläubiger anerkennt; wird diese Erklärung nicht rechtzeitig abgegeben, so gelten die Forderungen als anerkannt und der Zahlungsverzug als bestätigt.

2. **Erläuterungen**

   2.1 Gemäß § 16 Nr. 6 VOB/B ist der Auftraggeber berechtigt, zur Erfüllung seiner Verpflichtungen (d. h. Zahlung der Vergütung an den Auftragnehmer) Zahlungen an den Gläubiger des Auftragnehmers zu leisten. Voraussetzung ist allerdings, daß diese Dritten aufgrund eines Werkvertrages oder Dienstvertrages an den vom Auftraggeber an den Auftragnehmer in Auftrag gegebenen Leistungen beteiligt sind und der Auftragnehmer sich in Zahlungsverzug befindet. In erster Linie kommen deshalb die sogenannten Subunternehmer (Nachunternehmer) in Frage, die beispielsweise der Auftragnehmer zur Ausführung eines Teils der ihm in Auftrag gegebenen Leistungen beauftragt hat. Diese Regelung des § 16 Nr. 6 VOB/B ist insoweit von einer Besonderheit, weil grundsätzlich der Auftraggeber in keinem Vertragsverhältnis zu den vom Auftragnehmer beauftragten Subunternehmern steht. Etwas anderes gilt allerdings, soweit es sich um sogenannte Nebenunternehmer handelt. Weitere Voraussetzung ist, daß der Auftraggeber den Auftragnehmer davon unterrichtet hat, daß er beabsichtigt, Zahlungen an Dritte zu leisten, die die vorbezeichneten Voraussetzungen erfüllen.

   2.2 Allerdings kann diese Verfahrensweise nur dann durchgeführt werden, wenn der Auftragnehmer hierzu sein Einverständnis erklärt hat. Deshalb ist der Auftragnehmer auch verpflichtet, innerhalb einer vom Auftraggeber zu setzenden angemessenen Frist zu erklären, ob und inwieweit er die Forderungen seiner Gläubiger (in der Regel Subunternehmer) anerkennt. Geht die Erklärung nicht innerhalb der gesetzten Frist ein, dann gilt die Fiktion, daß der Auftragnehmer durch sein Schweigen die Forderungen seiner Gläubiger gegenüber dem Auftraggeber anerkennt und den Zahlungsverzug bestätigt.
   Zwar sind derartige Fiktionen grundsätzlich nach § 10 Nr. 5 AGBG als unwirksam anzusehen. Im vorliegenden Falle ist jedoch davon auszugehen, daß diese Regelung – nicht zuletzt weil sie praxisbezogen ist und den beiderseitigen Interessen von Auftraggeber und Auftragnehmer entspricht – wirksam ist (vgl. insoweit auch Heiermann/Linke, AGB im Bauwesen, S. 118).

Muster 8.6 – Schlußzahlung gemäß § 16 Nr. 3 Abs. 2 – 6 VOB/B

An den . . . ., den . . . .
Auftragnehmer

Bauvorhaben . . . .
gemäß Bauvertrag vom . . . .
hier: Nachforderungen

Sehr geehrte Damen und Herren,

wir nehmen Bezug auf Ihre Schlußrechnung vom . . . . und die in dieser Schlußrechnung enthaltenen Nachforderungen aus dem o. g. Bauvorhaben.

Wir haben die Rechnung, wie Sie dem Rücklaufexemplar entnehmen konnten, geprüft. Den sich ergebenden Betrag von DM . . . . haben wir als Schlußzahlung an Sie zur Anweisung gebracht. Nachforderungen sind ausgeschlossen, sofern Sie nicht innerhalb des Zeitraums von 24 Werktagen nach Zugang dieser Mitteilung einen Vorbehalt erklärt haben. Dieser Vorbehalt ist im übrigen innerhalb der Frist von weiteren 24 Werktagen zu begründen.

Mit freundlichen Grüßen

. . . .
(Unterschrift des Auftraggebers)

Muster 8.6 a – Hinweis auf Schlußzahlung gemäß § 16 Nr. 3 Abs. 3 VOB/B

An den
Auftragnehmer

. . . ., den . . . .

Bauvorhaben . . . .
gemäß Bauvertrag vom . . . .
hier: Nachforderungen

Sehr geehrte Damen und Herren,

wir nehmen Bezug auf Ihre Schlußrechnung vom . . . . und die in dieser Schlußrechnung enthaltenen Nachforderungen aus dem o. g. Bauvorhaben.

Wir haben die Rechnung, wie Sie dem Rücklaufexemplar entnehmen konnten, geprüft. Mit Rücksicht auf die von uns bisher geleisteten Abschlagszahlungen in Höhe von insgesamt DM . . . ., die wir auf dem Rücklaufexemplar im einzelnen vermerkt haben, werden weitere Zahlungen an Sie hiermit abgelehnt/liegt eine Überzahlung in Höhe von DM . . . . vor, die zurückgefordert wird*). Dies gilt auch für die von Ihnen geltend gemachten Nachforderungen.

Wir weisen darauf hin, daß die vorbehaltlose Entgegennahme dieser Erklärung Sie mit Nachforderungen ausschließt (§ 16 Nr. 3 Abs. 2 – 5 VOB/B). Der Vorbehalt ist innerhalb von 24 Werktagen nach Zugang dieser Mitteilung zu erklären.

Mit freundlichen Grüßen

. . . .
(Unterschrift des Auftraggebers)

*) Unzutreffendes bitte streichen

Besondere Hinweise zu § 16 Nr. 3 Abs. 2 – 6 VOB/B (Muster 8.6 und 8.6 a)

1. **VOB-Text**

    (2) Die vorbehaltlose Annahme der Schlußzahlung schließt Nachforderungen aus, wenn der Auftragnehmer über die Schlußzahlung schriftlich unterrichtet und auf die Ausschlußwirkung hingewiesen wurde.

    (3) Einer Schlußzahlung steht es gleich, wenn der Auftraggeber unter Hinweis auf geleistete Zahlungen weitere Zahlungen endgültig und schriftlich ablehnt.

    (4) Auch früher gestellte, aber unerledigte Forderungen werden ausgeschlossen, wenn sie nicht nochmals vorbehalten werden.

    (5) Ein Vorbehalt ist innerhalb von 24 Werktagen nach Zugang der Mitteilung nach Absätzen 2 und 3 über die Schlußzahlung zu erklären. Er wird hinfällig, wenn nicht innerhalb von weiteren 24 Werktagen eine prüfbare Rechnung über die vorbehaltenen Forderungen eingereicht oder, wenn das nicht möglich ist, der Vorbehalt eingehend begründet wird.

    (6) Die Ausschlußfristen gelten nicht für ein Verlangen nach Richtigstellung der Schlußrechnung und -zahlung wegen Aufmaß-, Rechen- und Übertragungsfehlern.

2. **Erläuterungen**

   2.1 Nach § 16 Nr. 3 Abs. 2 VOB/B schließt die vorbehaltlose Annahme einer Schlußzahlung grundsätzlich Nachforderungen des Auftragnehmers aus. Dies gilt selbst dann, wenn der Auftragnehmer nur versehentlich den Vorbehalt nicht erklärt hat, so daß in einem derartigen Fall diese Forderungen nicht mehr durchsetzbar sind (BGH, NJW 1988, 55 ff.; Heiermann/Riedl/Rusam, a. a. O., B § 16 Rdn. 72). Lediglich in den Fällen, in denen die VOB „als Ganzes" vereinbart worden ist, hält diese Regelung dem AGB-Gesetz stand (BGH, ZfBR 1990, 70; Heiermann/Riedl/Rusam, a. a. O., B § 16 Rdn. 71 m. w. N.). Ist dies nicht der Fall, verstößt diese Regelung aus § 16 Nr. 3 Abs. 2 VOB/B gegen § 9 AGBG, was sie unwirksam macht (vgl. w. v.). Welche Änderungen der Regelungen aus der VOB/B soweit in „Kernbereiche" eingreifen, daß die VOB dann nicht mehr „als Ganzes" vereinbart worden ist, ist im einzelnen der ausführlichen Darstellung bei Heiermann/Riedl/Rusam, a. a. O., B § 16 Rdn. 71 zu entnehmen. Die Vorbehaltsfrist beträgt nunmehr 24 Werktage.

   Der Vorbehalt ist eine empfangsbedürftige Willenserklärung, die innerhalb der Frist von 24 Werktagen nach Eingang der Schlußzahlung dem Auftraggeber gegenüber erklärt werden muß. Das Fehlen eines Vorbehalts ist im Wege der Einrede geltend zu machen, so daß der Auftragnehmer nur dann mit seinem Vergütungsanspruch ausgeschlossen wird, wenn der Auftraggeber die entsprechende Einrede geltend macht. Insoweit ist auch ein Einredeverzicht möglich.

   2.2 Für die Erklärung des Vorbehalts ist eine Form nicht einzuhalten, wobei jedoch aus Gründen des Nachweises die Einhaltung der Schriftform empfehlenswert ist. In der Erklärung muß auch das Wort „Vorbehalt" nicht verwendet werden, der Auftragnehmer muß jedoch zweifelsfrei zum Ausdruck bringen, daß er diese Form der Abrechnung und die Schlußzahlung nicht hinnehmen will. Adressat der Vorbehaltserklärung ist der Auftraggeber, wobei es sich immer empfiehlt, ihm gegenüber den Vorbehalt zu erklären. Der Architekt ist nämlich nicht in jedem Fall als bevollmächtigt für die Entgegennahme derartiger Willenserklärungen anzusehen (vgl. wegen der Einzelheiten Heiermann/Riedl/Rusam, a. a. O., B § 16 Rdn. 94).

2.3 Die Frist für die Vorbehaltserklärung beträgt nach der Neufassung der VOB/B nunmehr 24 Werktage nach Zugang der Mitteilung bzw. der Schlußzahlungserklärung (Heiermann/Riedl/Rusam, a. a. O., § 16 Rdn. 95 ff.).

2.4 Einer Begründung bedarf es bei der Vorbehaltserklärung nach § 16 Nr. 3 Abs. 5 Satz 2 VOB/B nicht, wenn der Auftragnehmer über eine bei Annahme der Schlußzahlung vorbehaltene Forderung bereits eine prüfbare Abrechnung erteilt hat (Heiermann/Riedl/Rusam, a. a. O., B § 16 Rdn. 106 m. w. N.). Damit gilt die in § 16 Nr. 3 Abs. 5 VOB/B vorgesehene weitere Frist von 24 Werktagen nur für diejenigen notwendigen Begründungen, die über eine prüfbare Schlußrechnung hinausgehen.

2.5 Für die Vorbehaltsfrist von 24 Werktagen ist der Eingang der Schlußzahlung maßgebend bzw. der Zugang der Mitteilung nach Abs. 2 und 3 über die Schlußzahlung. Damit steht fest, daß diese Frist nicht vor Eingang der Mitteilung beginnt.

2.6 Auf den Vorbehalt kann ausnahmsweise verzichtet werden, wenn der Auftragnehmer dem Auftraggeber gegenüber in einem engen zeitlichen Zusammenhang mit dem Eingang der Schlußzahlung oder der Ablehnung weiterer Zahlungen erklärt hat, daß er auf der vollen Bezahlung der Schlußrechnung besteht (BGH, ZfBR 1980, 140; Heiermann/Riedl/Rusam, a. a. O., B § 16 Rdn. 103 m. w. N.). Das gilt insbesondere dann, wenn der Auftragnehmer innerhalb der Vorbehaltsfrist bereits die Klage eingereicht hat, mit der er seine gesamten Forderungen geltend macht.

2.7 Die Vorbehaltsbegründungsfrist von 24 Werktagen schließt sich an die Vorbehaltsfrist von 24 Werktagen an, so daß von einer Gesamtfrist von 48 Werktagen auszugehen ist. Nicht maßgebend ist der Tag des Eingangs der Vorbehaltserklärung beim Auftraggeber, den der Auftragnehmer ohnehin nicht bestimmen kann.
Das ganze gilt im übrigen auch für Teilschlußzahlungen gemäß § 16 Nr. 4 VOB/B.

Muster 8.7 – Vergütung gemäß § 16 Nr. 3 VOB/B – Verjährungseinrede

An den ...., den ....
Auftragnehmer

Bauvorhaben ....
gemäß Bauvertrag vom ....
hier: Ihre Vergütung

Sehr geehrte Damen und Herren,

Sie haben uns mit Schreiben vom .... Ihre Schluß-/Rechnung*) vom .... vorgelegt. Wir erheben hiermit die Einrede der Verjährung. Seit Entstehung des Anspruchs sind mehr als zwei Jahre vergangen, so daß hier die Verjährungsregelung aus § 196 Abs. 1 Ziff. 1 BGB eingreift.

Mit freundlichen Grüßen

....
(Unterschrift des Auftraggebers)

*) Unzutreffendes bitte streichen

Besondere Hinweise zu § 16 Nr. 3 VOB/B in Verbindung mit § 196 Abs. 1 BGB (Muster 8.7)

1. **VOB-Text**
   § 16 Nr. 3 VOB/B
   (1) Die Schlußzahlung ist alsbald nach Prüfung und Feststellung der vom Auftragnehmer vorgelegten Schlußrechnung zu leisten, spätestens innerhalb von 2 Monaten nach Zugang. Die Prüfung der Schlußrechnung ist nach Möglichkeit zu beschleunigen. Verzögert sie sich, so ist das unbestrittene Guthaben als Abschlagszahlung sofort zu zahlen.

   § 196 Abs. 1 BGB:
   In zwei Jahren verjähren die Ansprüche:
   1. der Kaufleute, Fabrikanten, Handwerker und derjenigen, welche ein Kunstgewerbe betreiben, für Lieferung von Waren, Ausführung von Arbeiten und Besorgung fremder Geschäfte, mit Einschluß der Auslagen, es sei denn, daß die Leistung für den Gewerbebetrieb des Schuldners erfolgt;
   2. derjenigen, welche Land- oder Forstwirtschaft betreiben, für Lieferung von land- und forstwirtschaftlichen Erzeugnissen, sofern die Lieferung zur Verwendung im Haushalte des Schuldners erfolgt;
   3. der Eisenbahnunternehmungen, Frachtfuhrleute, Schiffer, Lohnkutscher und Boten wegen des Fahrgeldes, der Fracht, des Fuhr- und Botenlohns, mit Einschluß der Auslagen;
   4. der Gastwirte und derjenigen, welche Speisen oder Getränke gewerbsmäßig verabreichen, für Gewährung von Wohnung und Beköstigung sowie für andere den Gästen zur Befriedigung ihrer Bedürfnisse gewährte Leistungen, mit Einschluß der Auslagen;
   5. derjenigen, welche Lotterielose vertreiben, aus dem Vertriebe der Lose, es sei denn, daß die Lose zum Weitervertriebe geliefert werden;
   6. derjenigen, welche bewegliche Sachen gewerbsmäßig vermieten, wegen des Mietzinses;
   7. derjenigen, welche, ohne zu den in Nummer 1 bezeichneten Personen zu gehören, die Besorgung fremder Geschäfte oder die Leistung von Diensten gewerbsmäßig betreiben, wegen der ihnen aus dem Gewerbebetrieb gebührenden Vergütungen, mit Einschluß der Auslagen;
   8. derjenigen, welche im Privatdienste stehen, wegen des Gehalts, Lohnes oder anderer Dienstbezüge, mit Einschluß der Auslagen, sowie der Dienstberechtigten wegen der auf solche Ansprüche gewährten Vorschüsse;
   9. der gewerblichen Arbeiter – Gesellen, Gehilfen, Lehrlinge, Fabrikarbeiter –, der Tagelöhner und Handarbeiter wegen des Lohnes und anderer anstelle oder als Teil des Lohnes vereinbarter Leistungen, mit Einschluß der Auslagen, sowie der Arbeitgeber wegen der auf solche Ansprüche gewährten Vorschüsse;
   10. der Lehrherren und Lehrmeister wegen des Lehrgeldes und anderer im Lehrvertrag vereinbarter Leistungen sowie wegen der für die Lehrlinge bestrittenen Auslagen;
   11. der öffentlichen Anstalten, welche dem Unterrichte, der Erziehung, Verpflegung oder Heilung dienen, sowie der Inhaber von Privatanstalten solcher Art für Gewährung von Unterricht, Verpflegung oder Heilung und für die damit zusammenhängenden Aufwendungen;

12. derjenigen, welche Personen zur Verpflegung oder zur Erziehung aufnehmen, für Leistungen und Aufwendungen der in Nummer 11 bezeichneten Art;
13. der öffentlichen Lehrer und der Privatlehrer wegen ihrer Honorare, die Ansprüche der öffentlichen Lehrer jedoch nicht, wenn sie auf Grund besonderer Einrichtungen gestundet sind;
14. der Ärzte, insbesondere auch der Wundärzte, Geburtshelfer, Zahnärzte und Tierärzte, sowie der Hebammen für ihre Dienstleistungen, mit Einschluß der Auslagen;
15. der Rechtsanwälte, Notare sowie aller Personen, die zur Besorgung gewisser Geschäfte öffentlich bestellt oder zugelassen sind, wegen ihrer Gebühren und Auslagen, soweit nicht diese zur Staatskasse fließen;
16. der Parteien wegen der ihren Rechtsanwälten geleisteten Vorschüsse;
17. der Zeugen und Sachverständigen wegen ihrer Gebühren und Auslagen.

2. **Erläuterungen**:

2.1 Die VOB enthält im Hinblick auf die Verjährung eines Vergütungsanspruchs keine besondere Regelung. Mangels besonderer Vereinbarungen im Bauvertrag verjähren die Vergütungsansprüche des Auftragnehmers nach den Regelungen aus §§ 194 ff. BGB. Für den Bauunternehmer beträgt die Frist gemäß § 196 Abs. 1 Ziff. 1 BGB grundsätzlich zwei Jahre, wobei eine vertragliche Verkürzung gegen § 9 AGBG verstoßen kann (OLG Düsseldorf, NJW-RR 1988, 147). Dies gilt im übrigen auch für die Vergütungsansprüche des Generalunternehmers, die gemäß § 196 Abs. 1 Ziff. 7 BGB zwei Jahre betragen, und für die des Bauträgers, die sich nach § 196 Abs. 1 Ziff. 1 BGB richten.

2.2 Hat der Bauunternehmer die Leistungen für den Gewerbebetrieb des Auftraggebers erbracht, gilt gemäß § 196 Abs. 1 Ziff. 1, 2. Halbsatz, Abs. 2 BGB die Vierjahresfrist. Ein Gewerbebetrieb liegt dann vor, wenn der Auftraggeber in der Absicht der Gewinnerzielung handelt und dabei das Gewerbe berufsmäßig ausübt (vgl. wegen der Einzelheiten Heiermann/Riedl/Rusam, a. a. O., B § 2 Rdn. 8 ff.). Dies kann im übrigen auch für den Staat oder die Gemeinden gelten, die das Bauwerk für Zwecke eines wirtschaftlichen Unternehmens mit Gewinnerzielung nutzen (Heiermann/Riedl/Rusam, a. a. O., B § 2 Rdn. 10).

2.3 Gemäß §§ 198, 201 BGB beginnt der Lauf der Verjährung am Ende des Jahres, in dem die Fälligkeit der Vergütungsforderung eingetreten ist. Dies setzt bei einer Schlußzahlung grundsätzlich den Ablauf der sich aus § 16 Nr. 3 Abs. 1 VOB/B festgelegten Prüfungszeitraum von zwei Monaten voraus (vgl. wegen der Einzelheiten Heiermann/Riedl/Rusam, a. a. O., B § 2 Rdn. 12). Voraussetzung für den Eintritt der Fälligkeit ist jedoch die Vorlage einer prüfbaren Rechnung (BGH, ZfBR 1990, 226). Ferner ist Voraussetzung für die Fälligkeit der Werklohnforderung die Abnahme der Leistung (BGH, ZfBR 1981, 82).

2.4 Für eine Hemmung oder Unterbrechung der Verjährung gelten die gesetzlichen Bestimmungen der §§ 202 ff. BGB, wobei ein Anerkenntnis des Vergütungsanspruchs durch den Auftraggeber grundsätzlich zur Unterbrechung der Verjährung führt (§§ 208, 217 BGB).

2.5 Die Verjährung muß im Wege der Einrede geltend gemacht werden, der unter Umständen der Einwand der unzulässigen Rechtsausübung entgegenstehen kann (BGH, ZfBR 1990, 64). Wird die Einrede nicht erhoben, kann der Auftraggeber das Geleistete nicht zurückfordern.

Muster 8.8 – Rückgabe von Sicherheiten gemäß § 17 Nr. 8 VOB/B

An den ...., den ....
Auftragnehmer

Bauvorhaben ....
gemäß Bauvertrag vom ....
hier: Rückgabe von Sicherheiten

Sehr geehrte Damen und Herren,

mit Schreiben vom .... haben Sie uns aufgefordert, den Sicherheitseinbehalt auszuzahlen/ die Gewährleistungsbürgschaft zurückzugeben.*)
Eine Rückgabe dieser Sicherheiten kann jedoch nicht erfolgen, weil bis heute unsere Ansprüche aus dem Bauvertrag noch nicht erfüllt sind. Hierbei handelt es sich um folgende: ....
Wir sind deshalb berechtigt, die Sicherheit/einen Teil der Sicherheit*) zurückzuhalten. Sobald Sie Ihre vertraglichen Verpflichtungen erfüllt haben, werden Sie die volle Sicherheit unverzüglich zurückerhalten.

Mit freundlichen Grüßen

....
(Unterschrift des Auftraggebers)

*) Unzutreffendes bitte streichen

Besondere Hinweise zu § 17 Nr. 8 VOB/B (Muster 8.8)

1. **VOB-Text**
   Der Auftraggeber hat eine nicht verwertete Sicherheit zum vereinbarten Zeitpunkt, spätestens nach Ablauf der Verjährungsfrist für die Gewährleistung, zurückzugeben. Soweit jedoch zu dieser Zeit seine Ansprüche noch nicht erfüllt sind, darf er einen entsprechenden Teil der Sicherheit zurückhalten.

2. **Erläuterungen**

   2.1 Grundsätzlich kann der Auftraggeber eine Sicherheitsleistung (sei es in Form von Einbehalt eines bestimmten Prozentsatzes der Vergütung bzw. Hergabe einer Bürgschaft) nur dann verlangen, wenn dies vertraglich vereinbart ist (vgl. § 17 Nr. 1 VOB/B).

   2.2 Die Rückgabe der Sicherheit regelt sich nach § 17 Nr. 8 VOB/B. Danach hat der Auftraggeber eine nicht verwertete Sicherheit zum vereinbarten Zeitpunkt, spätestens jedoch nach Ablauf der Verjährungsfrist für die Gewährleistung, zurückzugeben.
   Allerdings kann der Auftragnehmer eine von ihm geleistete Sicherheit erst dann zurückfordern, wenn sämtliche Verjährungsfristen für Gewährleistungsansprüche abgelaufen sind. Hat beispielsweise der Auftragnehmer 1 Jahr und 11 Monate nach der Abnahme noch Mängelbeseitigungsleistungen durchgeführt, dann beginnt mit der Beendigung dieser Mängelbeseitigungsleistungen die vereinbarte Verjährungsfrist erneut zu laufen. Erst mit dem Ablauf dieser Verjährungsfrist für die Mängelbeseitigungsleistung ist damit endgültig eine Verjährung von Gewährleistungsansprüchen eingetreten. Daraus ergibt sich aber auch, daß nach Ablauf der zweijährigen Verjährungsfrist für die vertraglichen Leistungen in diesem Falle nicht die gesamte Sicherheit vom Auftragnehmer zurückgefordert werden kann, sondern nur ein Teil. Dies folgt daraus, daß der Auftraggeber Anspruch auf Sicherheit für die noch nicht abgelaufenen Gewährleistungsansprüche hat. Es empfiehlt sich in solchen Fällen, beispielsweise den Austausch von Bürgschaften in der Weise vorzunehmen, daß der Auftragnehmer Zug um Zug gegen die Hergabe einer für die noch bestehenden Gewährleistungsansprüche angemessenen Bürgschaft die ursprüngliche Bürgschaft zurückerhält.

   2.3 Der Anspruch des Auftragnehmers auf Auszahlung der Sicherheitsleistung verjährt gemäß §§ 196 Abs. 1 Nr. 1 bzw. Abs. 2, 201 BGB. Auch diese Frist beginnt erst mit dem Schluß des Jahres, in dem der Rückgabeanspruch fällig wird. Ist der Auftraggeber berechtigt, die Sicherheit gemäß § 17 Nr. 8 VOB/B zurückzuhalten, muß die auf Rückgabe gerichtete Klage des Auftragnehmers als zu diesem Zeitpunkt unbegründet abgewiesen werden, da eine Leistung Zug um Zug ausgeschlossen ist.
   Unter bestimmten Umständen kann die Inanspruchnahme einer Sicherheit im Wege der einstweiligen Verfügung untersagt werden (vgl. wegen der Einzelheiten Heiermann/Riedl/Rusam, a. a. O., B § 17 Rdn. 27 ff.).

2.4 Die Rückgabe der Bürgschaft kann auch nach Ablaufen der Gewährleistungsfristen bzw. nach Eintritt der Verjährung verweigert werden. Hat der Auftraggeber nämlich vor Ablauf der Frist den Mangel gerügt, kann er auch nach Fristablauf bzw. Verjährungseintritt die Rückgabe der Sicherheit (Bürgschaft) verweigern.

Anhang – EG-Sektorenrichtlinie (SKR)

Sowohl der Abschnitt 3 als auch der Abschnitt 4 gelten für Auftragsvergaben in den Bereichen Wasser-, Energie- und Verkehrsversorgung sowie der Telekommunikation bei Überschreitung des Schwellenwertes von 5 Mio. ECU (§§ 1b Nr. 1 Abs. 1, 1 Nr. 2 Abs. 1 SKR). Der Unterschied zwischen den beiden Abschnitten, die auf der Sektorenrichtlinie beruhen, liegt im Adressatenkreis (vgl. Schlenke/Freise, ZfBR 1993, 156 ff.). Im Ergebnis wird man mit Schlenke/Freise (a. a. O). davon auszugehen haben, daß die haushaltsrechtlich gebundenen Auftraggeber bei schwellenwertüberschreitenden Aufträgen auf den Gebieten der EG-Sektorenrichtlinie (s. o.) den Abschnitt 3 der VOB/A anzuwenden haben, während die Anwendung des Abschnitts 4 denjenigen privaten Auftraggebern obliegt, entweder von den öffentlich-rechtlichen Stellen dominiert werden oder denen auf den maßgeblichen Gebieten der Sektorenrichtlinie von Behörden besondere oder ausschließliche Rechte verliehen wurden.

Der Adressatenkreis des Abschnitts 4 (VOB/A) richtet sich bei den Vergaben ausschließlich nach den Bestimmungen der EG-Sektorenrichtlinie (VOB/A-SKR). Die Regelungen der VOB/A-SKR sind im wesentlichen bereits entweder in den Basisparagraphen oder in den b-Paragraphen enthalten, so daß auf die entsprechenden Musterbriefe verwiesen werden kann (vgl. auch Ingenstau/Korbion, a. a. O., Vorbem. zur VOB/A-SKR). Eine wesentliche Abweichung findet sich allerdings in § 3 Nr. 1 VOB/A-SKR, mit dem die freie Wahl zwischen den Vergabearten festgelegt ist. Eine weitere Besonderheit besteht gem. § 6 Nr. 7 VOB/A-SKR darin, daß von den vorgegebenen technischen Spezifikationen abweichende Leistungen nur dann angeboten werden dürfen, „wenn sie mit dem geforderten Schutzniveau in bezug auf Sicherheit, Gesundheit und Gebrauchstauglichkeit gleichwertig" sind. Auf die Sondervorschrift des § 10 VOB/A-SKR zur Angebotswertung wird der Vollständigkeit halber hingewiesen (vgl. insoweit Ingenstau/Korbion, a. a. O., § 10 SKR Rdn. 1 – 4).

Aus dem Abschnitt 3 (b-Paragraphen) ist zunächst auf die Eingangsbestimmung des § 1 b mit der Festlegung des Schwellenwertes und den ausdrücklichen Vertraulichkeitschutz des § 2 b hinzuweisen. Von besonderer Bedeutung ist § 3 b mit der Maßgabe, daß der wegen Unterschreitung des Schwellenwertes (§ 1 b) nicht zur Anwendung der b-Paragraphen verpflichtete Auftraggeber grundsätzlich in der Entscheidung über die Wahl des Vergabeverfahrens frei ist; in diesen Fällen steht es dem öffentlichen Auftraggeber auf dem Gebiet der Sektorenrichtlinie sogar frei, ob er überhaupt nach den Basisparagraphen ausschreiben will (vgl. wegen der Einzelheiten Ingenstau/Korbion, a. a. O., A § 3 b Rdn. 1). Ferner ist bemerkenswert, daß die einzelnen Vergabearten in § 3 b nicht abgestuft bzw. mit einer Rangfolge versehen wurden. Schließlich ist noch auf die Zulässigkeit eines „Verhandlungsverfahrens ohne vorherigen Aufruf" gem. § 3 b Nr. 2 hinzuweisen.

Auf die Besonderheiten in bezug auf die Teilnehmer am Wettbewerb in § 8 b wird aufmerksam gemacht, wobei die in internationalem Wettbewerb bekannte „Präqualifikation" zu erwähnen ist (§ 8 b Nr. 5).

Bei der Leistungsbeschreibung ist die Regelung in § 9 b zu den Spezifikationen zu beachten, während sich aus § 10 b die Einzelheiten bezüglich der Vergabeunterlagen entnehmen lassen. Der Aufruf zum Wettbewerb ist detailliert in § 17 b geregelt; insoweit ist auch der Anhang A/SKR für das Offenen Verfahren von Bedeutung (vgl. auch § 18 b mit der Möglichkeit Verlängerung von Fristen in allen Vergabearten). Mit den Angebotswertungskriterien beschäftigt sich § 25 b Nr. 1;

die Behandlung der Angebote, die aufgrund staatlicher Beihilfen besonders niedrig sind (Zurückweisung nur bei vorherigem Hinweis und Fehlen der Beteiligung der EG-Kommission) ist in § 25 b Nr. 2 geregelt.

Im Bedarfsfall macht es im übrigen keine Schwierigkeiten, die vorstehenden Musterbriefe entsprechend den Bestimmungen der b-Paragraphen zu ergänzen oder zu modifizieren, wobei die in diesem Anhang gegebenen kurzen Hinweise auf beachtenswerte Besonderheiten eine Hilfestellung bedeuten sollen.

BAUVERLAG

Handkommentar zur VOB
Teile A und B

Von Prof. W. Heiermann, Dr. jur. R. Riedl und M. Rusam. 8., überarbeitete und erweiterte Auflage 1997. Ca. 1.650 Seiten DIN A 5 (Dünndruckpapier).
Gebunden ca. DM 218,– / ca. öS. 1.591,– / ca. sFr 194,–
ISBN 3-7625-3326-1

Im Juni 1996 erschien der Ergänzungsband 1996 zur VOB in der – neben der Überarbeitung des Teils C – Änderungen in den Vertragsgrundlagen des Teils B vorgenommen wurden. Diese Neuerungen, aber auch die fortschreitende Vereinheitlichung des europäischen Vergaberechts und die Weiterentwicklung in der Rechtsprechungspraxis auch im Zusammenhang mit Teil A der VOB sind Anlaß für eine Aktualisierung des bewährten Handkommentars bereits knapp drei Jahre nach Erscheinen der 7. Auflage. Aktualität, Kompetenz und Praxisnähe – die Vorzüge der vorherigen Auflagen, die den Erfolg des Werkes bestimmen, zeichnen auch diese Neubearbeitung aus. Die jahrzehntelange Erfahrung der Autoren auf dem Gebiet des Bauvertragsrechts bürgt für eine fundierte Kommentierung. Die sich gut ergänzenden, ausgewiesenen Fachleute, ein Rechtsanwalt, ein Richter und ein leitender Referent für das öffentliche Vergabewesen, führen wie immer sicher und kenntnisreich durch ihre Spezialgebiete. Sie beschränken sich bei rechtstheoretischen Erörterungen bewußt auf das Notwendige und veranschaulichen die Erläuterungen durch Beispiele aus ihrer Berufspraxis.

Den bewährten „Handkommentar zur VOB" wird es erstmals auch auf CD-ROM geben.

Die Vorteile:

- Direkte Paragraphen-Suche
- Komplexe Volltext-Suche
- Schnelle Sachwortverzeichnis-Suche
- Einfacher Wechsel zwischen Verordnungstext und Kommentar
- Einblenden der Querverweisstellen
- Textausdruck mit Quellenangabe
- Übernahme der Texte in andere Programme

Paketpreis für Buch und CD-ROM:
ca. DM 288,– / ca. öS 2.102,– / ca. sFr 256,–
ISBN 3-7625-3418-7
Die CD-ROM wird nur zusammen mit dem Buch abgegeben.

Preis bei Drucklegung, Preisänderungen vorbehalten.

BAUVERLAG GMBH · D-65173 Wiesbaden

Rechtsschutz bei der Vergabe öffentlicher Aufträge
Ein Leitfaden für die Praxis

Von Prof. W. Heiermann und Dr. T. Ax, Rechtsanwälte. 1997. Ca. 200 Seiten DIN A 5. Gebunden ca. DM 98,– / ca. öS 715,– / ca. sFr 89,–
ISBN 3-7625-3393-8

Die Regelungen der VOB/A sind im Laufe der Zeit immer komplizierter geworden, nicht zuletzt durch die umfangreichen Bestimmungen der EG-Baukoordinierungsrichtlinie und der EG-Sektorenrichtlinie. Mit der zunehmenden Kompliziertheit der VOB wächst die Gefahr, daß sie nicht ordnungsgemäß angewendet wird. Die Vergabe öffentlicher Aufträge ist deshalb nachprüfbar. Ein Bieter, dem z. B. bei der Ausschreibung nicht die gleichen Informationen wie den Mitbietern zur Verfügung standen, kann gegen diese Benachteiligung rechtlich vorgehen. In der Bundesrepublik ist diese Überprüfung durch das Haushaltsgrundsätzegesetz und die Nachprüfungsverordnung nur in groben Zügen geregelt; seit Aufnahme ihrer Tätigkeit haben jedoch die Vergabeüberwachungsausschüsse durch ihre Rechtsprechung dazu beigetragen, die bestehenden Lücken durch Analogien zu füllen.

Bisher fehlte eine einheitliche Darstellung dieser schwierigen Materie. Heiermann und Ax geben eine Übersicht über die Rechtsbehelfe bei der Vergabe öffentlicher Aufträge. Neben der Kommentierung der gesetzlichen Vorschriften wird vor allem die Entscheidungspraxis der Ausschüsse auf Länder- und Bundesebene in allen notwendigen Details behandelt. Der Leitfaden ist eine wichtige Ergänzung zum Handkommentar und trägt zur richtigen Anwendung der VOB durch die Auftraggeber und zur Rechtssicherheit der Auftragnehmer bei.

Preis bei Drucklegung, Preisänderungen vorbehalten.

BAUVERLAG GMBH · D-65173 Wiesbaden

BAUVERLAG

VOB-Musterbriefe für Auftragnehmer
Bauunternehmen und Ausbaubetriebe
Formularbuch für die Baupraxis mit Erläuterungen zu den Formerfordernissen der VOB

Von Prof. W. Heiermann und L. Linke, Rechtsanwälte. 8., durchgesehene Auflage 1997. Ca. 250 Seiten DIN A 5. Gebunden ca. DM 68,– / ca. öS 496,– / ca. sFr 62,–
ISBN 3-7625-3296-6

Die VOB schreibt eine Vielzahl von Formerfordernissen bei der Abwicklung von Bauverträgen vor, mit denen die Unternehmer oft wenig vertraut sind. Um ihnen den notwendigen Schriftverkehr bei der Ausführung von Bauleistungen zu erleichtern, legen die Autoren – seit vielen Jahren als Rechtsanwälte auf dem Gebiet des Baurechts tätig – hier eine Formularsammlung vor. Sie enthält nicht nur Musterbriefe zu den vielfältigen Problemen im Zusammenhang mit der Vergabe und Ausführung von Bauleistungen, sondern auch die entsprechenden rechtlichen Erläuterungen unter Bezugnahme auf die einschlägige Literatur und Rechtsprechung.

Kommentar zur VOB/A-SKR

Von Prof. W. Heiermann, H. Franke und M. Müller unter Mitarbeit von I. Häußler und E. Fuchs. 1994. 396 Seiten DIN A 5. Gebunden DM 138,– / öS 1.007,– / sFr 122,–
ISBN 3-7625-3159-5

Die EG-Sektorenrichtlinie innerhalb der VOB beinhaltet die speziell für Auftraggeber in den Bereichen Wasser-, Energie-, Verkehrsversorgung und Telekommunikation aufgestellten Vergaberegelungen. Dieser Kommentar erläutert Paragraph für Paragraph die einschlägigen Bestimmungen und vermittelt den Anwendern Sicherheit bei der Ausgestaltung der Verdingungsunterlagen und der Auslegung der Vergabebestimmungen.

Preise bei Drucklegung, Preisänderungen vorbehalten.

BAUVERLAG GMBH · D-65173 Wiesbaden

Bauvertragsrecht nach VOB und BGB

Handbuch des privaten Baurechts

Von Prof. Dr. jur. K. Vygen, Richter am OLG Düsseldorf. 3., überarbeitete und erweiterte Auflage 1997. Ca. 600 Seiten DIN A 5. Gebunden ca. DM 178,– / ca. öS 1.299,– / ca. sFr 158,–
ISBN 3-7625-3032-7

Ursache von Baustreitigkeiten und nachfolgenden Prozessen ist meistens ein unvollständiger oder unklarer Bauvertrag. Aus Unkenntnis der Grundzüge des privaten Baurechts unterlaufen leicht Fehler bei der Vertragsgestaltung.

Klaus Vygen, ein ausgewiesener Kenner der Materie, erläutert den Bauvertrag nach BGB und VOB/B und beschreibt anhand einzelner Fallbeispiele den Weg vom Vergabeverfahren nach der VOB/A über die inhaltliche Gestaltung und den Abschluß des Bauvertrags bis zur Bauausführung und Abnahme der Bauleistung. Sein erklärtes Ziel ist es, Empfehlungen für die Ausgestaltung eindeutiger, klarer Bauverträge zu geben, die bei der Abwicklung keinen Anlaß zu Streitigkeiten bieten.

In der Überarbeitung sind die neueste Rechtsprechung und Literatur bis September 1996 berücksichtigt, ebenso die Ergänzung der VOB vom Juni 1996 und das selbständige Beweisverfahren. Neu eingefügt wurde ein Abschnitt über die Kündigungsvoraussetzungen und -folgen beim Bauvertrag durch Auftragnehmer und Auftraggeber sowie ein Kapitel über Nachtragsangebote.

Preis bei Drucklegung, Preisänderungen vorbehalten.

BAUVERLAG GMBH · D-65173 Wiesbaden

BAUVERLAG

VOB im Bild
Abrechnung nach der VOB

Bearbeitet und herausgegeben von Ministerialdirigent Dipl.-Ing. R. Franz und Ministerialrat Dipl.-Ing. W. Stern.
14., überarbeitete und erweiterte Auflage 1996.

Hochbau- und Ausbauarbeiten

311 Seiten DIN A 4 mit 645 zweifarbigen Abbildungen.
Gebunden DM 168,– / öS 1.226,– / sFr 149,–
ISBN 3-7625-3207-9

Tiefbau- und Erdarbeiten

141 Seiten DIN A 4 mit 237 zweifarbigen Abbildungen.
Gebunden DM 98,– / öS 715,– / sFr 89,–
ISBN 3-7625-3304-0

Der bewährte Bildkommentar stellt die oft schwer verständlichen Texte der VOB Teil C auch zeichnerisch dar, so daß Praktiker bei der Aufstellung und Prüfung von Massenberechnungen mit einem Blick das Wesentliche der jeweiligen Bestimmung erfassen können. Wie bereits die 13. Auflage erscheint die Neubearbeitung in 2 Bänden, gegliedert nach Tätigkeitsfeldern (Hochbau- und Ausbauarbeiten, Tiefbau- und Erdbauarbeiten), und ermöglicht dadurch Auftraggebern und Auftragnehmern den gezielten Zugriff auf Informationen zu ihrem Arbeitsgebiet.

Preise bei Drucklegung, Preisänderungen vorbehalten.

BAUVERLAG GMBH · D-65173 Wiesbaden